体育休闲经济学

[英]克里斯·格拉顿 彼得·泰勒 著
凡红 熊欢 吴平 刘涛 译
晏学宁 审校

人民体育出版社

目　录

前　言 …………………………………………（ 1 ）

第一部分　导言 ………………………………（ 1 ）

　　第一章　体育与经济学 ……………………（ 3 ）
　　第二章　经济在体育中的重要性 …………（ 14 ）

第二部分　需求 ………………………………（ 35 ）

　　第三章　对休闲时间的需求 ………………（ 37 ）
　　第四章　体育需求：理论 …………………（ 57 ）
　　第五章　体育需求：论据 …………………（ 79 ）

第三部分　供给 ………………………………（121）

　　第六章　政府和体育 ………………………（123）
　　第七章　志愿行业和体育 …………………（153）
　　第八章　商业和体育 ………………………（175）

第四部分 体育经济学的当代议题 …………（199）

第九章 体育赞助 ……………………………（201）

第十章 重大体育赛事 ………………………（223）

第十一章 职业团队体育 ……………………（243）

第十二章 体育和转播 ………………………（270）

主要参考文献 ………………………………………（289）

前 言

　　本书的核心是运用经济学方法来分析体育产业。目前，体育作为一种产业已经得到广泛的认同。体育对于一个社会的国民收入、消费以及就业都发挥了显著的作用。但是，现在对于体育产业的系统研究非常缺乏，特别是从经济学角度对体育的探讨更是少之甚少。本书正是填补了学术上的这块空白。

　　本书是在1985年出版的《体育与休闲：经济学分析》一书的基础上修改完成的，书名改为《体育休闲经济学》。在1985年后，体育经济学领域发生了一些变化，本书的出版也是基于这些改变而重新编写而成。在过去的15年间，更广泛的体育研究层出不穷，这使我们对体育产业的发展和演变有了更深入的思考。1985年，我们就体育和休闲产业做了一系列的社会调查与访问，有些事例沿用到了这本书，有些事例就不再引用了。在书后的主要参考文献是对当今体育产业学术研究的一个总结，很多信息都是可以找到的，相比1985年的版本，更加全面。

1985年的版本是把体育作为一项产业来研究。除此之外，它还把体育归作一种应用微观经济学来研究。和其他应用微观经济学（如健康、教育、住房和交通）不同，在20~30年间应用经济学快速发展的过程中，体育并没有得到相应的发展，这就导致了在1985年版的书中虽然提出了一些相关问题、提供了分析框架，但并没有得到相应的答案。本书正好弥补了这些缺憾。

虽然理想地说，这本书的读者需要具备基础的经济学原理知识。但是，我们也可以相当自信地说，那些没有经济学基础知识但是对体育产业有着极大兴趣的读者，也可以完全理解本书。

我们非常感激我们的妻子：克里斯蒂娜和贾尼丝的支持和帮助。她们为我们的写作提供了大量的空间和时间。莉齐·沃茨和路易斯·栋沃思也帮助我们做了大量的校对和编辑工作。对此表示深深的感谢。

克里斯·格拉顿　彼得·泰勒

第一部分

导言

第一章

体育与经济学

引 言

本书运用经济学原理对体育市场进行分析，如体育市场中的供求关系。众所周知，体育是经济行为的一个重要组成部分，是日益发展的休闲产业的一个重要组成部分。休闲产业现在已占英国消费总数的15%。休闲产业的就业人数占英国就业总数的10%。同时，休闲产业给英国带来每年200亿的外汇收入。虽然体育在休闲产业中不是最大的部分，却是发展最快的部分。

许多书和文章都写到金钱与体育的关系，因此，当本书使用"体育经济"一词时，大多数人认为本书涉及的是体育商业，或者是财力雄厚的竞技体育市场。竞技体育市场能够吸引赞助商，并通过出卖电视转播权和票房收入而获得厚利。然而，尽管竞技体育通过国际体育比赛和电视转播而获利，但它在整个体育市场中只占一小部分。

相对而言，在竞技体育市场内流动的金钱比较好计算，它包括运动员和日益职业化的精英体育的买卖收入。但是如果要计算整个国家，包括精英体育和大众体育的支出，以及精英体育、大众体育和休闲娱乐市场的平衡关系就不是一件容易的事了。

4　体育休闲经济学

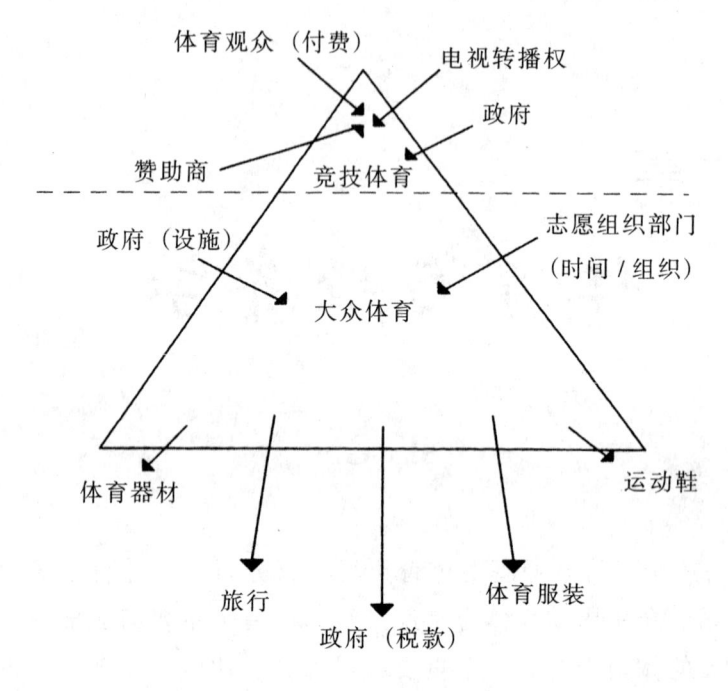

图 1.1　体育市场

　　图 1.1 显示了体育市场内的金字塔关系，位于塔尖的是数量较少的体育尖子运动员，他们有能力在国内和国际市场上竞争。在这个阶层，金钱主要来自赞助商、付钱看比赛的观众、体育彩票和急于播放高档次体育比赛的电视台。

　　虽然竞技体育的市场已经商业化了，但是它仍然需要政府的资助。每一个国家都希望自己的运动员成为国际水平的运动员。每一个国家都希望在国际体坛上取得优异成绩。为了在竞技体育和国际体坛取得优异成绩，政府通过直接和间接的方式资助竞技体育，譬如直接给竞技体育拨款，或者通过政府控制的体育彩票为竞技体育提供资助。

在金字塔的底部是休闲体育。人们参加这类体育的目的是为了开心、娱乐和健康。中央政府主要是通过体育彩票给予资助。大部分资助则来自地方政府，而地方政府的资助主要体现在为学校和公共体育场所提供体育设施。经济学可以为这种政府行为提供合理的解释。政府为这类体育提供的资助多于竞技体育，图1.1同时显示了非官方组织——志愿者组织在休闲体育中的重要作用。志愿者组织主要的贡献是志愿者的时间，并且不付工资。因此，很难用金钱来计算志愿者组织的贡献价值（但在此书中我们会尽力而为）。

除了政府和非政府组织的资助外，体育参加者购买体育器材、体育服装和运动鞋是支撑休闲体育的另一个经济来源。这些体育参加者同时为政府的税收作出了贡献，因为政府对与体育相关的个人支出收税。事实上，在英国，体育参加者通过税收而支付给政府的钱比政府资助体育的钱要多。所以，我们可以说，体育给政府的钱比政府给体育的钱多得多。

另外一个与休闲体育相关的正在发展的新领域是休闲体育旅游。休闲体育旅游是旅游消费的一个重要组成部分，大约占旅游消费总数的30%。休闲体育旅游在过去的20年中增长很快，占休闲旅游的10%。

图1.1显示了体育市场内部供求关系。在供给方面，有政府、赞助商和志愿者组织。政府赞助大众体育的精英体育，但同时强调体育税收；赞助商赞助精英体育和大众体育，其中，一些体育用品商家（如耐克、阿迪达斯、锐步）赞助体育是为了推销其产品，通过体育参加者购买他们的产品而获利，但大多数赞助商与体育没有直接的关系（如可口可乐和麦当劳），他们不是直接通过销售体育用品而获利；在政府和赞助商之间的是志愿者组织，他

们对体育的贡献在于志愿者的无报酬劳动时间，但他们需要自己筹集经费来维持组织的运转。

在需求方面，有对参加体育的时间需求，对参加人员的需求，对体育设施的需求，对体育服装和运动鞋的需求，对体育器材的需求和对交通的需求。因此，参加体育运动是人对一系列体育产品和体育服务的需求，并由前面所提到的政府、商家和志愿者组织来提供产品和服务来满足这些需求。

与此同时，体育参加者和体育观众的需求又各不相同。特别是在竞技体育高度发展的时代，人们对体育观赏的要求越来越高。也许一些体育观众同时参加体育活动，但大多数观众并非如此。观众也许仅去比赛场地观看一项体育比赛，或者通过电视观看，或者听收音机，或者看报纸。所有这些都属于体育市场的需求部分。

图1.1只是显示了国内体育市场的供求关系。事实上，体育市场的供求关系非常复杂，现在人们逐渐用全球性体育市场这个词来表示。几乎每个国家的体育市场都与世界接轨。2/3的世界人口（超过35亿）通过电视观看了1996年亚特兰大奥运会。400亿人通过电视观看1998年足球世界杯。同时，一些商业集团也在全球制造和推销它们的产品。耐克的鞋在美国的俄勒冈州设计，在泰国、印尼、中国和韩国的工厂生产，在全球推销。其标志和口号"just do it"家喻户晓。1997年耐克公司的固定资产达到175亿美元，位于世界500强的第167位。

这本书将分析越来越复杂、越来越全球化的体育市场和经济。不过，首先让我们看看体育的定义。

体育的定义

所有研究体育的研究者们都曾面临过如何定义体育这样的

问题。体育包括各种各样的娱乐活动，但研究娱乐的研究者们对什么是娱乐这个问题仍在争论不休。大多数人认为对娱乐很难下一个准确的定义，因为它取决于个人的参与行为，一个人的娱乐并不代表另一个人的娱乐。事实上我们可以为此写一本书。

1980年，《欧洲体育大众化宪章》将体育分为四个部分。

1. 竞技体育：遵守规则和接受对手的挑战。
2. 户外体育：参加者选择在田野、森林、高山、河流和天空接受大自然的挑战。
3. 健美活动：参加者为了自身的美而选择的活动，如舞蹈、滑冰、艺术体操和游泳。
4. 健身活动：参加者为了长久的身心健康和更好地工作而进行的活动。

1992年，欧共体的《欧洲体育宪章》对体育下了更确切的定义：

"体育"是包括所有形式的身体活动。这些活动可以是有组织的和自发的。其目的是表现或促进身心的健康，同时建立社会关系和在竞技体育的领域里取得成绩。

目前主要的问题在于如何区分竞技体育和娱乐体育。足球、田径和体操是奥林匹克项目，也是各个国家公认的竞技体育。到电影院看电影，到饭店去吃饭，在家看电视以及其他在休息时间内进行的活动不是体育。但是台球和飞镖是体育还是娱乐？这些是很难区分的。

也许我们可以说它们是体育，因为它们出现在电视的体育节目和报纸的体育版报道中。同时它们也是竞技体育，因为有专门的世界大赛。在一些台球和飞镖开展得好的国家，它们也被收进参加体育活动的调查问卷中。然而，这些活动并不是体力活动，它们似乎达不到体育基本定义的"身体活动"。

另外一类活动虽然是身体活动，但不是竞技活动。譬如整理花园，虽然也包括一定的体力活动，但却不是竞技活动。因此，一些国家把它归在"体育和娱乐"类中。最不好区分的是走步，特别是对体力有一定要求的、在田野和丘陵里为了锻炼身体而进行的走步活动，应该算作体育还是娱乐呢？这种混淆给体育参与的国际性比较带来难度，尤其是走步，它在北欧国家很流行，但在中欧和南欧却不流行。

罗杰斯（1977）肯定了《欧洲体育大众化宪章》中关于体育的定义：体育是身体的运动，它既包括以娱乐为目的的健身活动，也包括以成绩为目标的竞技运动。体育是有组织的身体活动，而那些被电视和体育经纪社会所承认的活动也是体育。罗杰斯把体育分为几种类型（图1.2），他认为这是基本类别的划分，各个国家可视国情的不同而调整。

图1.2的核心部分是所有国家公认的体育。第二圈是没有直接对抗性的体育和娱乐活动，运动形式根据国情而不同，英国把走步归在这一类。第三圈是有组织的体育竞赛，但不是直接的身体竞赛，英国将台球和飞镖归在这一类。第四圈包括所有国家公认的非竞技身体活动。

第一部分 导 言 9

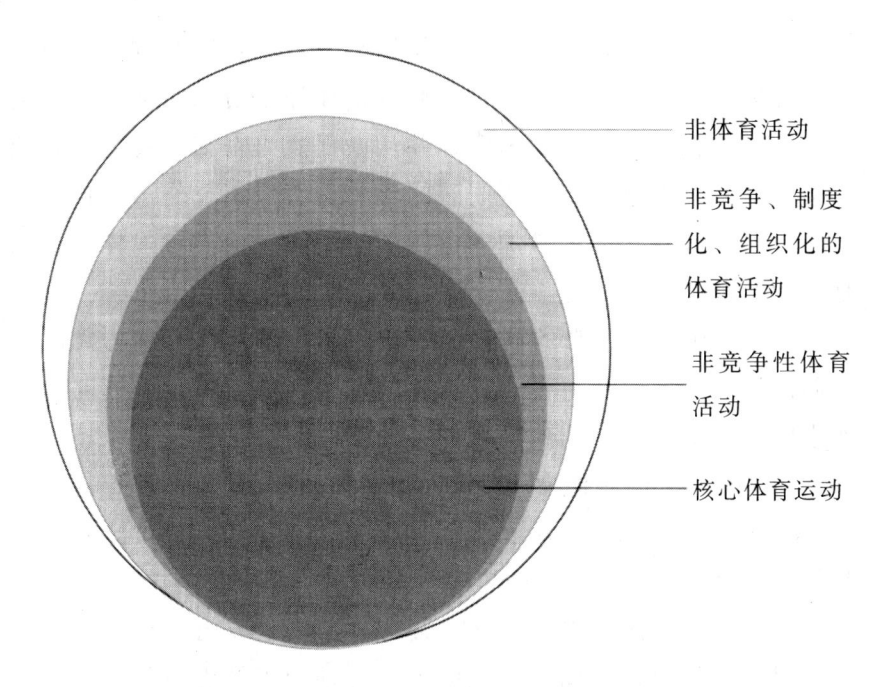

　　　　　　　　　　　——— 非体育活动
　　　　　　　　　　　——— 非竞争、制度
　　　　　　　　　　　　　 化、组织化的
　　　　　　　　　　　　　 体育活动
　　　　　　　　　　　——— 非竞争性体育
　　　　　　　　　　　　　 活动
　　　　　　　　　　　——— 核心体育运动

图 1.2 体育运动和非体育运动的理论划分

体育的经济特点：体育是商业产品

　　体育会对人的体质和身体带来变化。体质的变化包括心理的满足和在同伴眼中地位的上升而带来的快感，身体的变化包括身体的健康。体育锻炼与健康是直接相连的。大量的事实证明经常参加体育活动的人能够在工作、学习和生活方面成功而且长寿。我们将在本书的后面探讨这个问题。现在，我们将探讨为什么体育是商品，以及体育是什么样的商品。我们将沿袭健康经济学者的理论。

首先，体育是有时间限制的消费品。它所带来的是眼前利益。大多数体育观众属于这一类。他们观赏体操和滑冰并从中得到美的享受，他们观看超级足球联赛并从中得到兴奋感。每一名观众都会对他所付的票价和他所观看的比赛是否成正比作出评价。同时，大多数体育活动的参加者也属于这一类，他们参加体育活动是因为他们喜欢。

当然，体育所带来的利益也是长远的。体育也可称为无时间限制的消费品。体育所带来的快感既在眼前又在将来。同时，像所有的无时间限制的消费品一样，随着时间的推移，如果不经常参加体育活动，健康作为一个商品也会逐渐贬值。

体育作为有时间限制和无时间限制的消费品有其相同之处，都是人们为了娱乐而付钱的消费行为。

但是，另一种形式是体育在劳动力市场上成为一种资本。体育可以使人健康，从而使健康的人在劳动力市场上占有优势。这是贝克尔（1964）人力资本理论的发展。人和机器一样，好的机器生产力强，健康的人也如此。因此，人们为自己的智力（教育）和体力（体力）投资。

此外，在劳动力市场上，体育不与健康相连，而是与生产高竞技的运动员相关。在运动员身上投资了一定的人力和物力后，运动员和投资者都希望运动员可以满足体育市场的需要而且从体育运动中受益。这是传统的人力资本理论。譬如，足球运动员使体育市场生产足球赛的一部分。足球运动员的好坏取决于他的训练程度。训练程度高的运动员在体力和时间上投资决定他的工资回报。

根据贝克尔（1964）的理论，体育作为商品需要时间和设备来生产。譬如，要"生产"一场羽毛球比赛需要时间挑选运动员、买羽毛球拍和球，还要租场地。

不同的体育为不同的人（根据年龄和经历）带来不同的效益。年轻人喜欢从体育活动中得到直接的快感。随着时间的推移他们会逐渐对那些对健康有益的无时间限制的体育活动感兴趣。

芬特姆、巴锡（1978，1981）和卫生部（1991）一致承认体育活动对健康的作用，特别是对老人和病人。但是，体育同时也会带来伤病，甚至死亡，譬如登山和攀岩等与冒险体育相关的活动。因此，我们需要用数据分析的方法来对体育的利与弊进行进一步的研究。尼科尔（1994）近期的研究证明45岁以上的人通常不选择受伤率高的体育活动，如足球和橄榄球。体育的利与弊同参与者的年龄和项目密切相关。

从经济学家的角度分析，所有的顾客在购买商品时对商品的性能都有所了解，因此能作出理智的选择。但对体育这个特殊商品，购买者对参加体育运动所带来的眼前利益和长远利益都没有彻底的了解，因此无法作出理智的选择。

人们将问：我从参加体育运动中得到的满足感能与我付的金钱成正比吗？既然一些体育活动所带来的满足感需要长时间来完成，那么人们需要对他们为此所付出的时间和金钱的投资作出估算，并决定是否投资。总而言之，体育运动总体上是对人的身心发展有益的，但对各个不同的人其作用各有不同。

体育市场经济学的结构分析

这一章主要解释经济与体育的关系。这本书将用经济学的原理来分析体育市场是如何运作的。

在本书的第二章用宏观经济学的原理来分析体育，用英国人的收入来分析体育的经济效益。该章同时指出这种分析受地方和区域性局限，特别是在体育旅游和体育赛事方面，现在还没有全国性的数据。同时，它对体育参与的经济学的分析也是不够的，尽管这是一个重要的方面。

本书的第二部分包括第三章、第四章和第五章，它们是用微观经济学原理来分析体育，着重针对体育的需求关系的分析。第三章分析了对休闲时间的需求；第四章运用各种相关理论分析了对体育的需求；第五章分析了体育参与和经济的关系。

尽管我们基本上是用经济学的基本理论来分析体育和消费者的关系，但是，我们同时也用心理学和社会学的理论来分析心理和社会的因素对体育消费者的影响。

本书的第三部分着重分析市场的供应关系。体育市场是由政府、非政府机构和商业这三个部分组成的。因此，我们在第六章讨论政府与体育的关系，在第七章讨论非政府机构与体育的关系，在第八章讨论商业组织与体育的关系。

在 20 世纪 80 年代中这三个部分很清楚，其功能和目的都各不相同。到了 90 年代末，这三者的区分就不太明显了。在市场需求的驱动下，这三个机构尽量利用自己的力量来满足市场的需求。但在部分领域里，这三个机构又各有千秋。

非政府机构主要在俱乐部的层次与大众体育组织合作，为规模不大的俱乐部提供场地和设施。

政府主要负责联合非政府组织和大众体育组织为基层的大众体育服务。地方政府负责制定体育政策。同时与非政府组织（包括俱乐部、慈善事业组织和商业团体）为当地的人民提供参加体育锻炼的机会。

当政府和非政府机构联合起来时，将对体育产生积极的影响。首先，政府体育机构负责国际和国内的体育比赛。其次政府体育机构通过非政府机构来培养和训练优秀运动员。

商业组织主要在城市运作，着重于健身中心、乡村俱乐部和高尔夫俱乐部等等。其服务重点是为少数人提供高消费和高质量的服务。这类组织通常有自己的品牌。商业组织的另一大类是职业体育俱乐部。在 20 世纪 90 年代，职业体育俱乐部得到体育的转播权而发展很快。同时媒体结构的改变成为体育经济发展和变化的最主要的因素。

体育市场已经日益趋向全球化。其代表产品为球鞋、体育设备和体育服装。现在我们使用"体育供应商"的称呼而不用"体育产品制造商"，因为许多商家在当地设计产品后，往往将产品送到东南亚的工厂去生产，其生产和销售已成为全球性的行为。同时，运动员在国际比赛中的体育服装也是体育商业集团将体育产业国际化的一个重要标志。

政府、非政府机构和商业组织这三部分在体育市场中既合作又分离。地方政府和非政府机构的合作为基层的人民提供体育机会。商业组织在基层与地方政府和非政府机构争夺市场，同时在体育的国际化方面起带头作用。

本书的第三部分将运用传统的理论来讨论这三种体育组织，如政府的干预等等。同时，我们也要用更现代的理论来分析它们之间的关系，如体育市场的变化是由全球性的传媒和商业化支配的。

本书的第四部分将进一步分析体育市场的供应关系，特别是商业组织在其中的作用。第九章讨论体育赞助，第十章讨论经济与大型体育比赛的关系，第十一章讨论经济与职业体育，第十二章讨论经济与体育传媒的关系。

第二章
经济在体育中的重要性

引 言

从20世纪80年代后期到90年代前期,欧洲各国对体育经济的研究日趋重视。

英国的三项研究着重于研究体育在1985、1990和1995三个年度的本国经济中的重要性。同时,其他欧洲国家如荷兰、比利时、芬兰、丹麦、法国和德国也进行了同样的研究。琼斯在1989年对欧洲经济与体育的关系进行了全面的概述;安德雷夫在1994年对20世纪90年代初的发展作了概述。休闲产业研究中心(LIRC,1997a)在1997年对英国的所有研究作了总结。

在英国,主要是以国家工资收入标准作为研究基础来衡量体育在经济中的地位的。但大多数欧洲国家的研究方法有所不同。在这一章里我们着重介绍英国的研究方法和结果,在本章结束时我们也会对英国和荷兰的研究进行比较。

在对体育在经济中的重要性进行分析之前,让我们先对与此有关的经济模型进行分析。

经济模型

图 2.1 简单地显示了收入循环流向的经济模型,家庭将资金投资到企业生产的商品和服务上。其中一根箭头标示了消费者的支出(商品和服务)从家庭到企业的流向,另一根箭头标示了商品和服务(输出)从企业到家庭的流向。家庭同时提供他们的劳动力服务给企业以换回收入。因此,在图 2.1 的右边我们可以看到收入(工资)的流向是从企业到家庭;劳动力的流向是从家庭到企业。

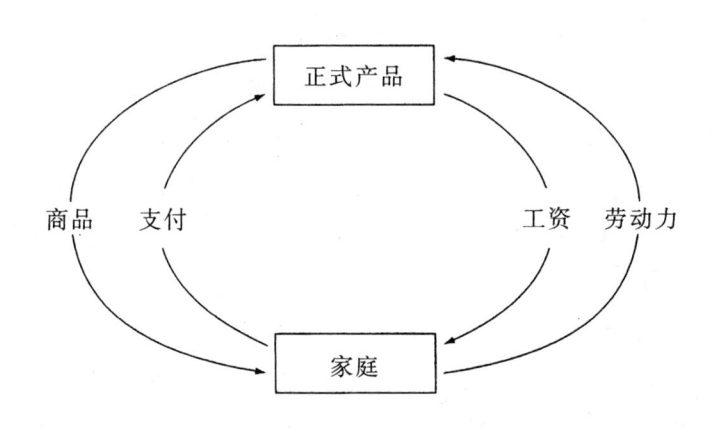

图 2.1 正式经济模型

资料来源:格尔舒尼(1997)

由于所有的服务都归属于家庭,因此,企业支付这些服务的总数组成了国家收入。在这个简单的模型中,所有的收入都用来购买商品和服务,故总支出和总收入是相等的,并与生产的商品和服务的总价值(总产值)相等。

如果希望测算出在这个模型中体育的经济重要性，那么将有三种选择：家庭对体育商品和服务的总支出可能和企业产出的体育商品和服务的总价值相等，同时也和那些在生产体育商品和提供服务的企业里工作的工人的总收入相等。测算这个总数的方法是将其作为国家收入账户下的一个子集户，测定支出（总支出）、收入（国家收入）和产出（国家产品）的流向。

显然，由于没有政府、储蓄、投资以及外国的影响等因素，图2.1模型因此不太现实。不过，在考虑到海外、政府、金融市场（储蓄和投资）等系统的资金流入与流出的情况下可以采用这个模型。任何购买商品和服务以外的支出（比如储蓄）都是收入循环中的一种输入；任何从其他部门（比如投资）进入到收入循环中来的都是一种输出。因此，税收、储蓄、进口都是输入；政府支出、投资支出和出口都是输出。如果输入和输出的数量相等，那么国家收支就会保持平衡。如果输入的总量比输出的多，那么支出、产出和收入都将相应增加。相反，如果输出比输入的总量多，那么总的支出就会下降。把新的元素放入到图2.1的模型中，使之更加有现实意义，这样，国家收入就会上下波动，这也是我们现实中真正发生的现象。

这种添加了新元素的收入模型只是一个经济学概念模型。国家收入财会方法对体育经济重要性的估算比这个模型要复杂得多，因为我们必须要算出和体育有关的支出，这些支出包括从海外或政府流入的部分以及向海外或政府流出的部分，但本质原则是一致的。

另外一个对体育起着重要作用的部门必须加入到这个模型中，这就是志愿者组织。

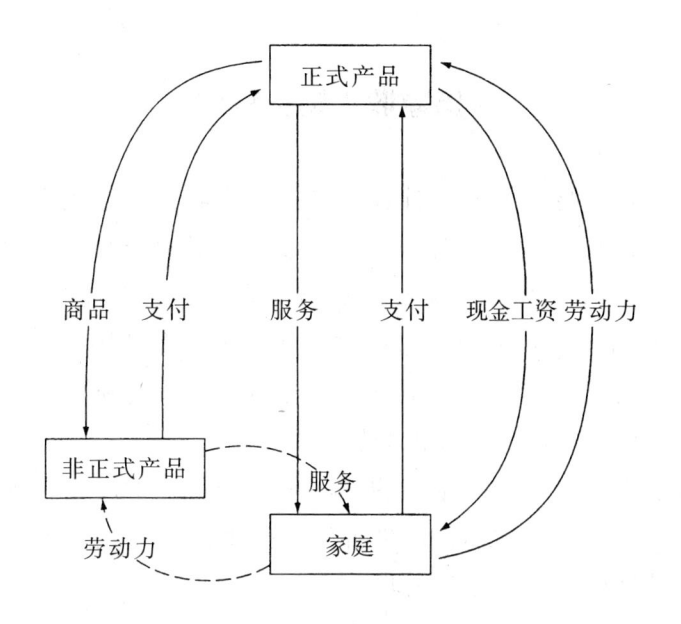

图 2.2 非正式经济模型

资料来源：格尔舒尼（1997）

图 2.2 用格尔舒尼所提出的正式和非正式经济的概念把志愿组织放进了这个模型中。正式经济的形式在图 2.1 中已经显示，它代表了一种市场交易。非正式经济是指家庭利用自己的时间和市场上购买来的体育商品生产出自我消费的体育服务。与正式经济不同，非正式经济的劳动力支出和收入并不相符。在非正式经济领域中，家庭是生产部门的一部分，它和贝克尔（1965）的家庭生产观念一致，只不过这里指的家庭是那些在志愿组织中连接在一起的家庭，他们"制造"产品并从这些产品中获得利益。志愿者组织的体育俱乐部就是一个很好的例子，其成员付出自己的时间和努力，但并不需要花钱来创造出更多的参与体育的机会。如果成员要向志愿者组织缴纳会费，那么这里面就包括了一种正式的经济活动，然而，这些支出对于真正的经济活动来说是很低的。

国家收入财务框架

国家收入财务框架是计算经济活动中收入、支出和产出的流动。所有政府部门的统计服务都开展这项计算工作，这是他们的主要任务。在此我们所关心的是与体育相关的那部分国家财务，而且只看与体育有关的产出、收入和支出。在英国，传统的做法是确认体育的最终支出。这个过程在图2.1中有所显示，它计算的主要是流入和流出体育市场的支出。

国家收入财务的框架指明了一个特殊行业的支出是如何作为其他行业中的收入并因此产生价值和就业机会的。运用到体育中，有7个特殊的部门与之有关联：

- 中央政府
- 地方政府
- 商业体育行业
- 商业非体育行业
- 消费部门
- 志愿组织
- 海外机构

其中唯一需要解释的是商业非体育部门。它是指那些支持体育活动或体育组织但自己并不直接生产体育产品和服务的企业，如为体育商提供食品的部门或为体育组织的旅行提供交通工具的部门。

以部门为准的估算的方法，其好处在于绝大部分对体育总支出的估算都是以英国国家收入财务所算出的各部门数据为基础的，因此，体育在国家经济中被视为一个很显著的部门。这个方法是把组成体育支出的各个要素分类，然后把它们分别放入以上所提到的各个部门中去，然后显示体育在各个部门中的支出以及对各部门收入的贡献。

部门分析法固然好，但是它只描绘了钱在各个部门的流向，却没有交代整个体育经济的情况，因为它对于很多经济活动都是重复计算的。比如，一个零售商在体育股市上的支出会在体育商品制造商的支出中被再次计算。

要反映整个体育经济的重要性，还必须测算出在各个部门中体育支出所新增的价值。新增价值正如它的名字所暗示的是在各个阶段产品增加的价值。比如，一个零售商以一定价格批发了体育商品，在寻找到零售地点以及推销后，以更高的价格卖给个人。在价格上的不同就是所谓的新增价值，这反映在零售商的工资和利润上。

在英国，对体育新增价值的估算采用相关商业机构的信息或是采用输入和产出表来确定总的工资、奖金和利润的成分，这些成分用来把收入转变为新增价值（如工资、奖金和利润或减去输入的营业额）。这个估算方法因此也被国家收入财务框架所采用。

同样的，国家收入财务框架没有对雇用人数进行直接估算。每一个部门的平均工资是在新收入调查中计算出来的，各部门总的工资除以平均工资就是对雇用人数的估算。对不适用这些方法的部门，也可以使用其他的方法（比如人口统计法）。

尽管这种预算方法并没有体现出体育在经济中的重要性，但我们感到对于像体育这种还没有被官方看作是一种产业的行业来说，这个方法非常适用，它体现出了体育在经济中的价值。

休闲产业研究中心（LIRC，1997a）构建了一个计算体育对经济影响的模型。这个模型需要输入当年的数据，之后是第一次体育支出，再之后输入所有相关部门的账目报告，最后是新增价值和雇用情况。这个模型已经用于计算 1985—1990 年的经济影响，以及 1995 年以来对体育的经济影响。

表 2.1　消费者体育商品与服务支出的当前价格

	1985 年	1990 年	1995 年
体育会员费与注册费	593.92	1214.08	2010.81
服装	435.00	1157.00	1407.00
鞋类	290.00	795.00	938.00
旅游	274.78	334.20	473.92
博彩：			
足球	355.62	522.84	633.29
赌马	1199.26	2076.06	2299.27
其他体育支出	1927.24	2343.26	2649.27
总支出	5075.82	8442.44	10411.56

资料来源：休闲产业研究中心（LIRC，1997a）。

体育在英国的经济重要性

最近的英国估算指出：

● 消费者 1995 年在体育上的总支出是 104 亿英镑，相当于消费者总支出的 2.33%。

● 体育相关部门在 1995 年对英国经济产生的新增价值是 98 亿英镑，占国民生产总值的 1.6%。

- 和1985年的324470人相比，1995年在体育行业中的就业人数是415000人；1995年体育的就业总人数占全国总就业人数的1.61%，而1985年，体育就业人数占全国总就业人数的1.52%。

表2.1显示了从1985年到1995年人们主要的体育消费项目。由于消费价值都是以当前的价格来计算的，因此，反映出从1985年到1995年间价格上涨（通货膨胀）以及购买力上涨的情况。

表2.2给出了在1987年不变价格下的消费者的体育支出，以及在这10年中真正的体育支出的增长率。总的来说，从1985年到1995年的十年中，消费者的体育支出增长了30%，增长最快的是会费、体育收费以及体育服装和鞋帽。这一增长是随着十年来体育参与的增加而发生的。

表2.2 消费者体育商品与服务支出（持续1987年价格）

（单位：百万英镑）

	1985年	1995年	1985—1995年增长百分比
体育会员费与注册费	627.82	1348.63	115%
服装	459.83	943.66	105%
鞋类	306.55	629.11	105%
旅游	290.47	317.85	9%
博彩：			
足球	375.91	424.74	13%
赌马	1267.72	1542.09	22%
其他体育支出	2027.25	1776.84	-13%
总支出	5365.56	6982.93	30%

资料来源：休闲产业研究中心（LIRC，1997a）。

消费者体育支出总量的增加要比消费者总支出增加的速度快，体育支出占消费者总支出的比例从 1985 年的 2.01% 提高到了 1995 年的 2.33%。

表 2.3　各个部门体育新增价值百分比分布表

	1985 年	1990 年	1994 年
商业体育行业	20.10%	22.34%	20.92%
志愿组织	6.15%	10.93%	14.98%
商业非体育行业	64.40%	57.83%	54.31%
中央政府	0.27%	0.36%	0.47%
地方政府	9.08%	8.54%	9.32%

资料来源：休闲产业研究中心（LIRC，1997a）。

表 2.3 列出了各个部门对体育产生的新增价值。在 1985 年，体育新增价值主要产生在商业中的非体育部门。商业中非体育部门对新增价值的主导一直持续到 1995 年，虽然它的主导力量有所下降，但下降的部分主要被志愿者组织对新增价值的贡献填补上了。在志愿组织内，新增价值的产生是由于曾被认为是非正式的经济活动变成了正式经济活动，也就是说，在 1985 年那些被志愿者承担的工作，到 1995 年则需要花钱请人来做了。体育新增价值在 1995 年占总的 GDP 的 1.61%，而在 1985 年，它只占 1.34%。

表 2.4 列出了在体育行业中就业的人数。1995 年是 415000 人，而 1985 年只有 324470 人。体育行业就业总人数的比率在 1995 年占全国总就业人数的 1.61%，而 1985 年这个比率是 1.52%。

表 2.4　英国体育行业中的就业人数（1995 年）

部　门	就业人数（单位：千人）
商业体育行业	
体育观众俱乐部	21.84
体育参与者俱乐部	12.46
零售商	66.58
制造业	7.76
广播电视	5.40
商业部总数	114.05
志愿组织	49.06
非商业体育行业	197.03
中央政府	
交通	1.11
行政	0.76
中央政府总数	1.87
地方政府	
体育设施	32.08
教育	16.41
交通/警察	4.44
地方政府总数	52.93
总数	414.95

资料来源：休闲产业研究中心（LIRC，1997a）。

国际比较：英国和荷兰体育支出的比较

如前所述，在英国开展对体育经济重要性研究以来，其他欧洲国家也同时展开了这项研究。由于方法论的应用不同以及对体

24 体育休闲经济学

育支出这项概念的理解不同，使得国际比较研究较为困难。不过，对英国和荷兰这两个国家体育支出的比较研究是可行的。和英国一样，荷兰的这项研究也是在20世纪80年代和90年代开展的。

图2.3比较了英国与荷兰在1994年的体育支出。虽然两国在体育总支出水平上相似，但是支出的分布却不一样。荷兰人所支出的会费和注册费比英国人多，尽管英国的这项支出在1985—1995年间也有大幅度增长，从而缩小了两国之间的差距，但是荷兰的费用仍是英国的两倍。造成这个结果的主要原因是荷兰体育俱乐部的会员费是英国体育俱乐部的两倍，而将近25%的荷兰人是这些俱乐部的成员。另外一个原因是荷兰人体育花费较高的现象导致了对提供高质量的体育设施的需求，特别是在户外运动方面。因此，荷兰人虽然付出得多，但却享受到了高质量的体育活动。

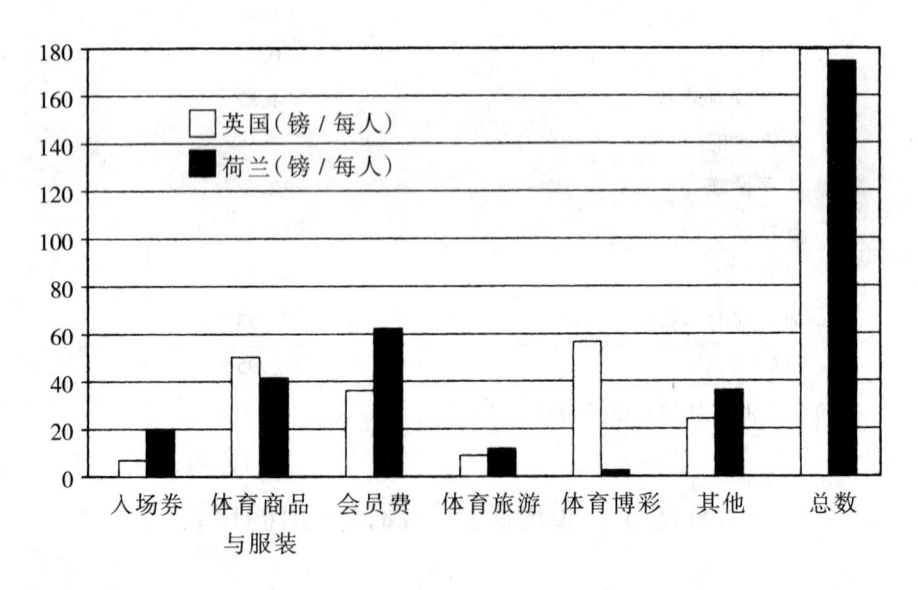

图2.3 英国与荷兰消费者体育支出的比较（1994）
资料来源：《英国与德国体育消费支出比较》（1994）。

体育会费支出的多少比一般的体育支出如体育用品、服装等更能说明体育支出水平的高低。在两项体育运动支出中可以反映出来（骑自行车和滑雪）这两项是荷兰人参与率比英国人高的体育运动。最后的主要不同点在于体育赌博在两国体育支出的重要性不同。体育赌博在英国是一项最大的体育支出，在荷兰却是最少的体育支出。

国家对体育经济重要性的测算不足

在本章中对体育经济重要性的测算都是设定同样的假设，运用同样的计算方法。但是大多数的测算低估了体育真正的经济重要性，因为他们少考虑了三项重要的经济活动：志愿者组织、体育赛事和体育旅游。

志愿者组织

缺乏关于志愿者组织在体育活动中的信息是一个始终没有解决的问题。要得到详细的经济数据需要一项专门的且简单可行的经济研究。事实上所有在英国进行的研究只是试图用从问卷中得到的初级数据来解决这个问题，然而这些初级数据的结果很不稳定。

在亨利预测研究中心（1986）的研究中没有新的调查数据，志愿者组织的数据是由体育局所提供的35家俱乐部（跨7项不同的体育项目）提出补助金申请时的资料。报告承认俱乐部向体育局提出的补助金申请并不代表所有的体育项目，但是并没有任何机制去纠正其中带有的偏见。

此研究中心在第二次研究（1992a）中，采集了新的初级数据，但是只在6项体育项目中作了调查（田径、板球、足球、高尔夫、橄榄球、航海)，且只返回了 232 张问卷。显然，由于调查规模较小，对体育志愿组织的研究可能会出现错误。这并不是研究者的错，而是对志愿者组织很难得出正常的统计估算。

但是，为什么传统的测算法低估了体育经济的重要性？原因和我们在前边提到的正式和非正式经济有关。传统的测算方法只看到了志愿组织对正式经济的贡献，即只看到了体育志愿者俱乐部中的收入与支出。他们并没有考虑到那些志愿者们无偿的劳动服务，这也是志愿组织中重要的资源。对体育志愿的测算应该包括这些无偿的劳动服务。在一些国家的研究中已经显示出，如果把这些无偿的服务资源算到体育经济的重要性中来，那测算出的数字将至少增加 50%。我们将在第七章继续探讨如何衡量志愿组织在英国体育中的价值问题。

体育赛事

家庭开支调查对人们观看体育赛事所付门票费的测算是唯一记录下的对体育经济重要性研究有重大意义的部分。其实这个记录只是观看体育赛事所支出费用的一小部分，因为除了门票费，在观看赛事期间参观者所支付的旅店以及餐饮的费用要占整个总支出的绝大部分。对于海外参观者，这个数字会更大。但是，因为参观体育赛事所发生的经济活动对于整个旅游市场来说只是很小的部分，所以很难从旅游市场总的统计资料中得到特殊旅游市场这一块的资料。

同时，体育赛事有一个很重要的空间要素。通常来说，由于主场的比赛一半以上的观众来自当地，这也使得体育赛事的经济重要性不那么明显。伦敦、曼彻斯特、伯明翰、利物浦、格拉斯哥、纽卡斯尔和利兹的观众成了观看足球比赛的主体，从国家的角度来说，这样的空间分布会限制赛事经济的增长。因此，英国体育经济研究并没有把这部分视为一项特殊的对体育经济有利的部分。然而，从一个城市到另一个城市观看足球比赛对于主办城市的经济有重大影响，故而一些重大的体育赛事便以吸引一些周边地区的参观者来刺激当地的经济。这种由于体育赛事带来的地区内的收入再分配至今还没有正式研究过，所以我们也不知道它对于体育经济到底有多大程度的贡献和影响。

当我们把视线转移到国际赛事，比如1996年的欧洲足球冠军杯赛等，空间性的收入再分配延伸到了国际领域，但很大程度上仍包括了地区内收入再分配的要素。这意味着，在国家范围内，体育赛事所带来的经济影响并不会很明显，但是在地区范围内，体育赛事对主办地区却有着广泛和深入的经济影响。它的重要性在1996年6月14日的《投资者记事》中可以看到：

1996年的欧洲足球冠军杯是一个商业盛事，是继足球世界杯以及奥运会之后的第三大体育赛事。当英国主办1966年的世界杯决赛时，赛事的总收入仅仅过200万英镑（相当于今天的2000万英镑）。这一次，仅门票就售出了5500万英镑，此外还要再加4500万英镑的电视转播以及价值5000万英镑的赞助费。

这1.5亿英镑仅仅是一个开头。根据国际注册产权部门（LPI）的数据，时代华纳公司买断了欧洲杯的商标权，并把这个商标出售给英国各个零售商，销售带有这些商标的商品至少要赚1.2亿英镑。11个官方赞助商投入1亿英镑。英国旅游协会估算大约有25万名游客将到英国观看冠军杯，他们将支出1.2亿英镑在住宿和娱乐上。莱德布鲁认为，在英国赌球的赌注可达到800万英镑。

然而，这些特殊赛事的贡献被低估了，或者说根本就没有引起标准支出和旅游调查的重视，因为这些调查通常只关注那些平常的消费行为。本书第十章将专门分析体育赛事经济，这一章涉及的主要问题是关于体育经济影响的研究低估了体育赛事经济的真正重要性。

体育旅游

体育旅游在不同的研究中有不同的定义方法。亨利预测研究中心的研究根本没有试图去认识体育旅游的经济重要性。他们认为只有两项支出可以算作是体育旅游：旅行和滑雪假日。第一项研究在苏格兰进行（彼达，1991）。由于这项研究的主要对象是以高尔夫假日为基础的旅游，而没有考虑到苏格兰传统的体育旅游项目，如钓鱼、滑雪、散步、打猎和射击等，因此，它的测量很值得怀疑。第二项是在威尔士进行的研究（社会科学高级研究中心，1995）。这项研究注意到了其他种类的体育假日，这些假日使消费者支出了5300万英镑，而在苏格兰彼达研究中，这个数字只有3100万英镑，这说明苏格兰体育旅游的开支要比威尔士少得多。这个结果和我们所预测的不太一致。

这只是对体育旅游的一些零星研究。最近所得到的证据证明与体育相关的旅游在旅游市场上有着不断上升的显著地位。研究证明，55%的英国居民在英国本地的旅行包括一定种类的体育和娱乐活动，其中20%的旅行主要目的是为参加体育和娱乐活动。《欧洲旅行监测》指出，在整个欧洲地区，5%的人假日旅行是为了参加冬季体育运动；1%的人是参加夏季体育运动；6%的人是登山旅行；另外10%的人是参加郊外休闲娱乐活动。因此，22%以上的人的欧洲旅行是和体育运动有关的。

我们需要一项对体育旅游价值系统的研究，特别是当收集相关数据的方法显然低估了体育旅游的两个重要元素时。这两个重要元素是：

- 由体育俱乐部所组织的体育旅行团。这种现象更多地是以体育团队的形式出现，比如足球队、橄榄球队、曲棍球队和板球队。这些旅行团队通常是在赛季末旅行，也就是说冬季运动在初春，夏季运动在初秋。随机采样的方法意味着低估了这些高峰期的体育旅游的数据。也由于低估了志愿组织以及志愿组织俱乐部的经济，因此也就大大低估了体育旅游经济。

- 在竞技体育的层次，国家队的成员大约每年有100天离家参加比赛和训练，包括在英国境内以及境外的训练与比赛。虽然这部分涉及的人员较少，但是他们用大量时间在外旅行的这种现象对体育旅游经济的影响不得不受到关注。

体育旅游经济测算的主要问题和志愿组织的问题相同：没有对其大小和重要性进行系统的研究。传统收集旅游行为数据的方法严重影响了对体育旅游经济的研究，因为体育旅游的高峰季节并不在一般旅行的高峰季节。只有明确研究的目标，所收集的第一手资料才能真正反映出这种形式的旅游规模。

虽然体育赛事对体育旅行很重要，但这只是体育旅游产业中的一部分。体育旅游对地方和区域经济做出的另一项重要贡献来自于到此地参加体育和休闲活动的游客的消费。在英国，以户外娱乐休闲活动为目的的旅行对此贡献最大。

- 1996年，高地和岛屿事业部测算了山地行走、登山以及相关的活动对苏格兰山地和岛屿地区经济的影响。据测算，这些活动会产生1.6亿英镑的经济效益和创造6000个工作机会。这可以与产生3500万英镑总支出、2200个工作机会的体育射击运动，产生3400万英镑总支出、3400个工作机会的钓鱼活动，以及产生1450万英镑的支出和365个工作机会的滑雪运动相媲美。

1995年整个英国的体育旅游市场大概价值15亿英镑，而且无论在城市还是郊区，这个数字都显示出增长的趋势。目前，国家对体育经济的测算低估了这部分的影响效果。

体育参与中更广泛的经济利益

即使我们可以得到上述所提到的各项体育支出的准确数据，但来自国家收入财务的测算，投入—产出模型，或乘数效应模型，仍然会低估体育经济在社会中的重要性。这是因为，至今还没有经济学家对体育更广泛的经济利益进行研究。这些经济利益包括：

- 健康的改善
- 危害社会行为的减少
- 体育对生活质量的贡献
- 自我投资

这些似乎都只是政府所关注的内容。我们将在第六章中更详细地讨论这个问题。但在这里要指出的是，传统的对体育经济影响的估算并没有考虑到这些利益。

测算体育经济影响的其他方法

投入—产出分析

投入—产出模式与国家收入财务所采用的资金流动模式（收入和开支）的方法不同之处在于它的焦点在于生产：对生产的投入和生产的产出。理论上讲，投入和产出是用物理性术语表达出来，生产技术也是用矩阵形式中的一个个箭头标出的每一个部门的产出和它所需其他部门的投入表示出来的。

福莱切尔（1989）指出，用投入—产出模型分析旅游经济，包括分析更广泛的经济问题，特别是在关注经济领域中各个部门相互依赖的情况以及提高经济数据质量和层次时具有优势。

投入—产出模式主要的劣势与它对体育经济重要性的衡量尤其相关。

● 只有前几年才有被计算出来的经济投入—产出表格。以前对旅游经济影响的研究用的是1979年和1984年的表格。在这之后几年的研究只能用1990年的表格。

● 工业的类型非常广泛，像体育这样次产业部门很容易被忽略。例如，用于体育的船舶归属于"造船业"，体育用的自行车属于"其他车辆"生产行业。

和体育有关的生产只是这些工业中很小的一部分。中央统计办公室也指出投入—产出表格不适用于对体育经济重要性的测算。

1990年，作为对体育经济重要性测算方法的检验，投入—产出方法被用来测算体育新增价值。这个方法测算出的数字是77.32亿，这个数字和用国家收入财务框架的LIRC模型测算出来的75.6亿相似。

乘数效应

乘数效应的分析方法通常用于估算在一个特定的地区的旅游和文化的经济重要性。然而，当将这一方法用于一个国家的水平时，这便会出现一系列的问题。亨利预测研究中心（1986，1992a）主要讨论了乘数效应在微观经济中的影响，并特别指出在金融市场的附加支出会有效地将乘数效应锐减到零的负面影响。对于能否用乘数效应分析方法来估算诸如体育等特定行业的经济影响，这仍是一个非常重要的问题。乘数效应主要是指在经济上的附加投资所产生的效果。它反映出支出的变化所产生的直接的、间接的和由此诱发的一系列效果。因此，在进行旅游对经济的影响的研究时，我们将旅游支出作为影响当地经济的一个附加的因素。但从国家的层面上来看是不合适的。

乘数效应特别适用于估算如体育赛事等特别事件对于经济的影响，这是因为这些活动会带来经济活动中附加的支出、收入和就业机会。乘数效应更适用于估算地方和区域经济的影响，而不适于对全国经济的影响进行评估。在本书第十章中我们将详细分析举办重大体育盛会对主办城市所带来的经济影响。

就业普查估计

沃恩（1986）从就业普查的数据中提出了估算旅游就业状况的框架。与上述三种分析方法从支出、附加值的分析到就业分析的顺序不同，就业普查方法直接用就业估计来进行分析。这种方法目前被用于旅游研究和艺术领域内就业的分析。

只有体育娱乐服务和体育商品生产者两类直接与体育相关。表2.5列出了从1981—1994年这两大类的就业数据。

体育就业数据从1991年的9000人降到1993年的6300人并没有反映就业下降的真实情况。在1992年推行的新的工业标准分类中，体育和娱乐类别与旧的分类大体相同，但新的体育商品类别排出了在旧的类别中所包括的几个产品领域。这种问题存在于其他的所有的和体育相关的就业分类。不仅1992年前后的分类是不可比较的，而且从更广的就业分类的角度来估算于体育相关的就业因素的假设比运用于支出类别则显得更加困难。我们认为这不是一个估算体育相关就业情况的可变的分析方法。

表 2.5 体育休闲服务与体育商品制造业就业人数比较

(单位：千人)

	体育休闲服务	体育商品制造
1981 年	272.4	9.8
1984 年	277.7	10.1
1987 年	301	9.6
1989 年	308.9	10.2
1990 年	324.4	
1991 年	338	9
1993 年	356.4	6.3
1994 年	355.2	

总 结

通过对体育经济重要性的测算显示出 1985—1995 年体育经济增长幅度相当大。1995 年体育支出占消费者总支出的 2.33%，而在 1985 年，这个数字是 2.01%；体育新增价值在 1995 年占全年 GDP 的 1.61%，而在 1985 年，它只占 GDP 的 1.34%；1995 年，和体育相关的就业数占全国总就业数的 1.61%，在 1985，体育行业的就业数只占全国总就业数的 1.52%。这些数据正像上述讨论中所指出的，只能是对体育行业的大小进行最低限度的测算。

从 1996 年到 2000 年，体育产业一直在加速增长。体育赛事对经济的作用有显著的提高。正像 1996 年欧洲足球冠军杯的例子一样，目前，我们还没有完全测算出它真正创造出的价值。体育彩票也将在以后几年壮大，体育彩票的经济利益也将开始多元化。

对于体育经济来说最大的变化将是出售体育赛事电视转播权

的上涨。这个问题我们将在第 12 章专门谈论。很多交易已经完成（比如 BSkyB 影视公司用 6.7 亿英镑购买了 1997—2001 年英超足球联赛的电视传播权），因此，我们可以预测出专业体育俱乐部的收入将大幅度增长。据预测，随着数字电视的增加，每年专业俱乐部们就可从出售电视转播权中新增 25 亿英镑的收入。这种巨大的变化也使得我们不得不重新测算每年的体育经济情况，因为每年的变化情况都可能是相当大的。

第二部分

需 求

第三章

对休闲时间的需求

引 言

对商品需求的经济学分析首先会涉及商品的数量、价格以及消费者的收入。但是，对于休闲产品来说，消费的条件不仅仅是收入，还有时间。对于一些消费者来说，时间对消费的限制要远远大于经济上的限制。在调查中，当问及到为什么不参加（或不常参加）体育或休闲活动时，最普遍的答案是没有足够的时间。因此，在这一章，我们要着重探讨人们对休闲时间的需求。

收入／休闲的平等交易

新古典经济学认为休闲消费者面临的一个很大问题就是如何分配他们的工作和休闲时间。工作被认为是休闲消费的不利因素，因为人们为了挣工资不得不放弃很多的休闲时间。从收入与休闲的平等交易理论分析，任何花在休闲或其他业余活动的时间都会意味着他会失去潜在的收入，因此，机会成本和休闲的价格会增加。按常理来说，人们会选择继续工作，只要额外收入所带来的好处要远远大于休闲时间带来的好处。

如果已经决定要工作了，那么下个问题在于要工作多长时间。消费者工作的时间越长，表示剩下的休闲时间的价值越高。结果会导致额外工作时间所赚到的钱不能补偿失去的休闲时间。因此，工作时间和休闲时间的最佳交易点是当一个小时休闲时间的价值等于一个小时的工资。工作时间超过这个最佳交易点意味着消费者不明智地浪费了休闲时间以致提高了休闲的成本。

这个选择机制被经济学用来分析个人对工作的选择：是否工作，是全职还是兼职，是否要加班或找第二职业等。

分析的关键部分在于人们如何应对工资的变化以及休闲时间的价格问题。如果我们一直期待工资的增加，我们会考虑工资的效果。这又如何影响收入和休闲的选择呢？有两种相反的影响。第一，由于休闲时间价格的增加，人们会用余下的休闲时间去工作。这是一般的需求关系，即如果商品价格相对上涨，人们的需求会减少，这称为"替代效果"。第二，由于工资的上涨，一些额外的收入可以用来买更多的休闲时间。如果休闲时间是一般商品，人们对它的需求会随着工资的增加而增加。这称为"收入效果"。这是两种截然相反的效果。我们很难预料这些效果对休闲时间和需求的影响。随着工资的增加休闲时间是否会增加？我们将在下一节进行探讨。

休闲时间需求的指示标

休闲时间是在工作，家务以及睡觉时间以外的自由的时间。除此之外，人们的时间还有一个"灰色地带"，半工作半休闲的时间，比如吃饭、购物、旅游等。

关于英国人工作时间最可信的数据来自于劳动力调查。这项调查要求每一个被调查者记录下他们前一周工作的小时数。图

3.1 显示了从 1975 年到 1995 年工作小时数的变化。在 1975 到 1984 年间，全职工人的工作时间急速下降，以致全英国的平均工作时间下降到一天一小时左右。到 1985 年，全职男职工平均每周工作 40.3 小时。1985 年，战后英国工作时间持续下降的趋势结束了。到 1989 年，全职男职工平均每周工作时间上涨到 44.1 个小时。在 20 世纪 90 年代初，英国男人的工作时间快速上涨。1995 年，全职男职工的工作时间增加到一周 46.8 个小时，比 1975 年还要高。全职女职工的工作时间同样在 1985 年降到了 38.5 个小时一周的最低点。在 1995 年，工作时间增加到了每周 39.7 小时。英国人工作时间的变化反映出"收入效果"的影响，因而，英国人对休闲时间的需求增加了。当然，"替代效果"也会对人们产生影响。

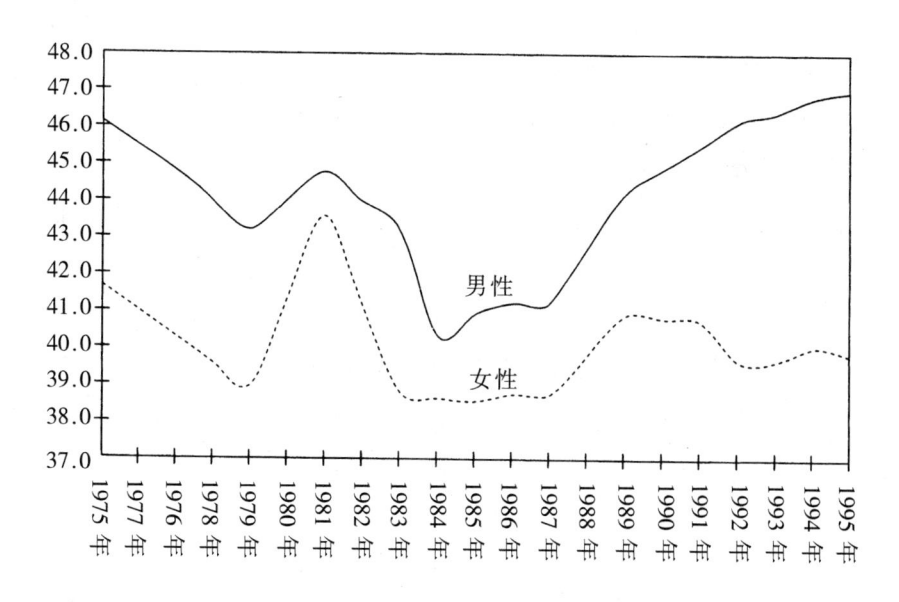

图 3.1 全职工人 1975—1995 年工作小时数

40 体育休闲经济学

英国劳动力市场的一个特点是体力劳动者的超时工作。基本上，有一半的男性体力劳动者每周要做比平均工作时间多出 10 小时的工作；而只有 1/5 的男性非体力劳动者做比平均工作时间多出 6 小时的工作。女职工超时工作的现象也很明显。30% 的女性体力劳动者每周超时工作 6 小时，17% 的女性脑力劳动者每周超时工作 4 小时。从经济学逻辑上来讲，超时工作对雇用者来说好处在于它的灵活性。事实上，增加工人的工作时间比雇用更多的工人省钱。而对于被雇用者来说，大量的超时工作会鼓励"替代效果"的出现，也就是说他们需要更少的休闲时间。

另一个重要的休闲时间指示标是工作年限在工作（如劳动力活动率）中的百分比。劳动力活动率的长期趋势是男性（16~65岁）稳步下降，女性（16~60岁）稳步上升（表 3.1）。1994 年，73% 的男性（16~65 岁）在工作，达到这个百分比的最主要原因是有一半 60~65 岁的男性仍然在工作。到 1994 年，53% 的在工作年龄范围（16~60 岁）里的女性在工作，这个数字还会增长，这归功于老年年龄组的女性——1/4 多的 60~65 岁的妇女仍在工作。在 20 世纪 90 年代，唯一的劳动力活动率在下降的女性年龄组是 16~24 岁。这可能是因为女性进入高等教育的数量和时间在增加。

表 3.1 英国劳动力经济活动率 *

	16~24 岁	25~44 岁	45~59 岁	60~64 岁	65 岁以上	16 岁以上
男性						
1984 年	81.8	96.1	90.0	57.5	8.7	75.9
1991 年	81.2	95.7	88.1	54.2	8.6	74.9
1994 年	75.1	94.1	86.1	51.0	7.6	72.6

(续表)

	16~24 岁	25~44 岁	45~59 岁	60~64 岁	65 岁以上	16 岁以上
女性						
1984 年	69.1	65.6	63.3	21.8	3.1	49.2
1991 年	71.3	73.0	66.9	23.9	3.1	53.1
1994 年	64.6	73.5	69.3	25.3	3.2	53.0

资料来源：劳动力调查，中央统计办公室，《社会趋势》，1996 年，26 期。
* 在劳动力市场人口的百分比。

休闲时间增加的主要途径因此只能通过增加休假日和提前退休来实现。表 3.2 列出了 1995 年全职和兼职工人的休假（不包括公共假日）。对于全职工人来说，男性一年可以休假 23 天，女性可以休假 25 天；兼职男性可以休假 6 天，兼职女性可以休假 14 天。表 3.2 最明显的部分是有 4% 的全职工人除了公共假期以外没有休假。从劳动雇佣部的历史资料显示出全职体力劳动者的休假在稳定地增加——1971 年工人只能休不到 3 周的假日，到了 20 世纪 80 年代休假日增加到四周多。

表 3.2　1995 年职工休假日统计

每年休假天数	全职职工（%）	兼职职工（%）
0 天	4.1	36.0
1~5 天	0.4	4.3
6~10 天	2.2	9.0
11~15 天	7.2	12.2
16~20 天	22.8	15.4
21~25 天	38.1	13.5
26~30 天	16.5	4.6
31 天以上	8.7	5.0

资料来源：劳动雇佣部。

对于时间的利用，亨利预测中心每年会对 2000 人做调查。1986—1992 年的数据列在表 3.3。毫无疑问，"新人类时代"并没有改变男女自由时间的不平等现象：男人比女人平均每星期多出 12~13 个小时的空余时间。考虑到"二级活动"（照看小孩和购物），亨利中心测量出男性每周有 38 小时的空余时间、女性有 27 小时的空余时间可以用来进行休闲活动。同时，表 3.3 还显示出从 1986 年开始，除工作、家务（做饭、打扫房间等）、必要的购物、照看小孩、个人卫生以外的空余时间总数在减少。男性全职工人每周只有 3 小时空余时间，全职女工人每周只有 2 小时空余时间。

表 3.3　男女全职职工时间安排（每周小时数）

	1986 年	1987 年	1988 年	1989 年	1990 年	1991 年	1992 年
男性							
工作时间	39.0	41.8	40.9	41.6	41.4	40.1	无资料
旅行时间	6.9	6.7	6.8	7.3	6.7	6.2	6.2
私人时间*	22.7	22.3	23.1	25.9	24.1	26.0	25.0
空余时间	50.4	48.2	48.2	44.2	46.6	45.4	47.7
女性							
工作时间	33.8	36.1	37.8	37.5	37.0	37.6	36.9
旅行时间	6.6	6.3	7.0	6.1	5.6	5.3	4.7
私人时间*	41.2	37.1	43.2	42.2	39.6	44.3	42.1
空余时间	37.4	39.5	31.0	33.2	36.8	31.8	35.3

资料来源：《未来的休闲》，亨利预测中心。

* 包括打扫卫生、做饭、其他家务、个人卫生、购物、照顾小孩。

空余时间的缺乏一方面归因于工作时间的增加（图3.1），另一方面也反映出虽然家用电器开始进入人们的生活，但人们仍很难节省花在家务劳动上的时间。

到目前为止，对消费时间需求的研究只从数量上作了分析，比如工作小时数等。下面要从质量的角度去考虑人们对休闲时间的需求。轮班制在原则上为职工提供了更多的机会去选择适合他们自己实际情况的工作时段。但实际上，职工并没有更多的选择。可以轮班的工作很少。到1990年，只有22%的男性体力劳动工人、14%的女性体力工人、10%的女性非体力劳动者、6%的男性非体力劳动者获得轮班制工作的机会。

人们工作的时间被牢牢地固定起来，这种情况同样使休闲时间受到了限制。这种情况被称为"时间约会"。陈腐的9：00~17：00的工作时间制度是最好一个例子，还有其他的活动的时间如吃饭、睡觉等也都是不灵活的。很多人的体育和休闲活动也是在每天、每周或每年内的特定时间发生的。比如，足球、橄榄球甚至散步都是有特定的时间，因此会在某个时段形成一个参与的高峰期。由于一些体育活动只在一周内特定的时间开展，比如星期六下午的足球，轮班制可能会破坏人们休闲活动的参与，特别是对集体项目的参与。而其他室内和个人的体育活动，"时间约会"制也会造成参与高峰期的出现，比如在傍晚和周末，体育参与的人数比较多。这时，轮班制可使职工在非高峰期参加体育活动，当然，在非高峰时间，体育设施的费用要比在高峰时期便宜得多。

总之，休闲时间的数量在英国近几年来并没有显著的提高。虽然休假和提前退休制度的推行可能会使休闲时间增加，但实际上人们的休闲时间特别是那些全职男工的休闲时间在递减。由于很多妇女也参加工作，并且工作时间在增加，她们的休闲时间也在下降。这显然与1985年以来战后英国工作时间总数减少的情况截然相反。我们会在以后的章节再回到英国工作与休闲时间的讨论。在这之前，我们要比较一下其他国家的情况。

美国人的休闲与工作："超时工作的美国人"假设

朱丽叶·朔尔（1991）在她所著的《超时工作的美国人：休闲的消失》一书中指出，1969—1987年间，比起赢得更多的休闲时间，美国人更希望得到更多的工作时间来增加他们的收入。实际上，与其说在这期间，美国人工作的时间在递减，不如说它在大量地增加。朔尔在1996年指出这与英国1985年以来，工作时间增加的模式很相似：

从1969年开始，美国工人经历了一个工作时间大量增加的过程。如果从整体人口数来看，平均每人增加的时间并不多，但是从那些有工作的人所增加的绝对工作时间来看，数字确实很大。从1969年到1987年，除去那些不在工作年龄范围的人或失业的人，每个美国工人平均每年会增加160个小时的工作时间。对于妇女来说，工作时间的增加幅度更大，每年增加300个小时。这是由很多因素造成的。在这个时期，有大量的美国妇女开始全职工作，因此，她们和男性职工一样被要求增加每周的工作小时数，并且被要求持续工作，这和传统的妇女兼职工作模式不同。

工作时间的增加不仅局限在妇女，男性在这时期的工作小时数也在增加，平均每年增加100小时。增加数的2/3是因为每年的工作量加大，1/3是因为每周工作小时数的增加。逐渐地，美国人被形容为超时工作者。这种现象的出现的原因是技术性的、客观性的，而并不是大众主观地希望超时工作。很多人表示他们工作了比他们所期望的工作时间更长的时间，他们希望减少工作时间。在过去5年的很多调查中显示15%~50%的工人希望工作时间减少。

朔尔的证据直接提出了与新古典经济学关于"收入/休闲交易模式"相反的结果。她指出是由于劳动力市场的僵化与死板影响了人们对工作时间和工作长度的选择。主要导致美国人休闲时间减少的因素是美国已经陷入了朔尔提出的"工作与花费的循环"。

工作与花费的循环对下面自相矛盾的情况是一个很好的解释：美国的生产水平是二战结束时期的三倍。但是生产水平的增加只促进了收入和消费的增长，但并没有促使人们工作时间的减少。因此，我们只是在个人或家庭商品和服务的消费方面增加了两倍，但并没有给自己更多的休闲时间。

为什么这种情况是自相矛盾的呢？经济学家认为休闲是一种商品，当人们的生活水平越高，他们购买休闲的需求就越大。在19世纪中期，这种现象出现过。但是自从二战后尽管生产在大量地增加，但是对休闲需求的现象并没出现，这是出乎基本规律以外的。这种现象不同于那些西欧国家。（朔尔，1996）

朔尔认为对于雇主来说，增加雇佣者的工作时间而减少雇佣的人数有其经济动机，因为如果要增加新的雇佣者，则他们投入的固定费用将增加，比如医疗保险、退休金等。每个雇佣工人工作的时间越长，平均每小时他们的固定投入则越低。朔尔还认为长时间工作的文化在美国的企业中已经形成。这种文化越往企业的高层，影响就越大。结果，对于那些高层或高收入的工作者来说，面临的选择是要么延长工作时间，要么就根本不工作。在这种情况下，一小部分人选择后者，退出正规的劳动力市场。这种现象也叫"压缩工作班次"。

日本的休闲与工作:"集体战士"文化

传统来说,日本人的工作时间比英国和美国都要高很多。表 3.4 显示了英国、美国和日本 1870—1970 年每年工人的工作时间。在 1870 年,三个国家的工作时间长短都很相似。甚至到 1929 年,三个国家工作时间总数都相差不多。不同的是,在战后时期 (1970 年以后),日本人的工作时间并没有迅速地减少,而在英国和美国,这种现象已经开始了。

表 3.4 1870—1970 年工作时间(年总数)

(单位:小时)

	英国	美国	日本
1870 年	2984	2964	2945
1929 年	2286	2342	2364
1950 年	1958	1867	2289
1970 年	1688	1754	2195

资料来源:OECD 和贝克尔(1991)。

如果我们再考察一下表 3.5,英国与美国、日本相比,它的休闲时间和其他的欧洲国家更相似。欧洲国家在休假时间上可能有一些不同,但是 5~6 周的休假制度是一致的。美国有 16 天,而日本工人只有 9 天的休假日。事实上,日本比美国和欧洲有更多法定的休假日(一年 20 天)。因此,美国工人的休假时间的总数是最少的,这支持了朔尔的说法。因为日本人常常周末也工作,日本工人在 20 世纪 90 年代的年工作时间是 2100 小时,接着是美国人，工作 1924 小时，再其次是欧洲国家，平均 1650 个小时。欧洲国家的工作时间比其他两个国家少很多。同时，表 3.5 也显示出欧洲人病假的时间比日本人和美国人多。这也可以反映出他们工作的更随意和休闲性。

表 3.5　1989 年各国休假日比较

（单位：天）

	日本	美国	英国	德国	法国
周末	85	104	104	104	104
国家假日	20	9	8	11	8
工作休假	9	16	24	29	26
请假	3	6	11	11	16
总数	117	135	147	155	154

资料来源：尼西（1993）。

哈拉达（1996）指出，"集体战士"文化在日本的普遍性是日本工作时间长的主要原因：

他们并不抱怨工作时间长。战斗的紧张和高压在工作中随处可见，但他们只是默默地承受这种过度和持续的工作。这些工人花了意想不到的长时间在他们的工作上……

在金融和保险行业，30％的工作时间是无偿的超额时间。像奥诺 1991 年指出的，日本每年的工作时间是 2500 小时，如果除以 250 天工作日，那么他们每天要工作 10 个小时。住在大城市的人，每天基本上要花 3 个小时在交通上，只留下 10 个小时睡觉、吃饭、洗澡和做其他日常要做的事情。如果我们假设他们不花时间在家务方面，那么他们总共只有 1 个小时的自由时间。这种工作模式也就是日本人所称的"把工作带到家里"（通常是对

48 体育休闲经济学

男性而言）。对这类人来说，工作到很晚才能回家，而且在周末加班的情况司空见惯。家务劳动和抚养孩子的任务就留给了在家的妻子。即便是妻子有工作，还是要承担全部的家务劳动和照顾小孩的责任。

这种"集体战士"的工作模式似乎在老一辈日本人中非常流行。有数据表明，日本年轻一代更重视休闲时间，而且他们也不太愿意按照日本传统的经济模式那样增加自己的工作时间。

英国和其他欧洲国家的休闲与工作："超时工作的英国人"？

虽然和美国、日本比起来，英国人有更多的时间来进行休闲活动，但是在整个欧洲的范围内，英国人的工作时间却是最长的。图3.2显示了欧盟12个国家中40岁全职职工平均每星期工作的小时数（在欧盟扩张前）。这个数据自1983年来基本上没有变，只是在一些国家有很小的调整，或增加或减少。英国的工作时间比另一些国家（如荷兰、比利时、意大利和丹麦等）高出很多。

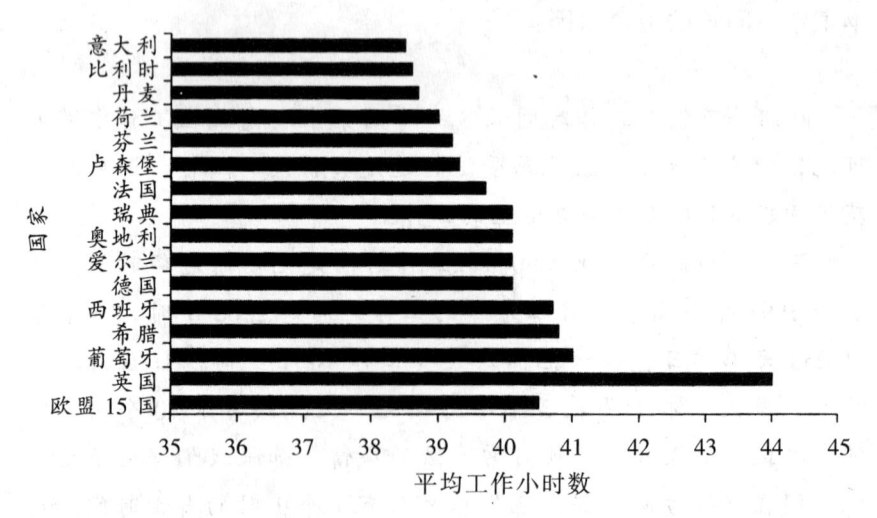

图3.2 欧洲各国全职职工平均每周工作小时数（1992）
资料来源：EUROSTAT。

图 3.3 通过对工作超过一周 48 小时的人数百分比的统计，也强调了这一点：同样，英国的百分比最高，荷兰的百分比最低。

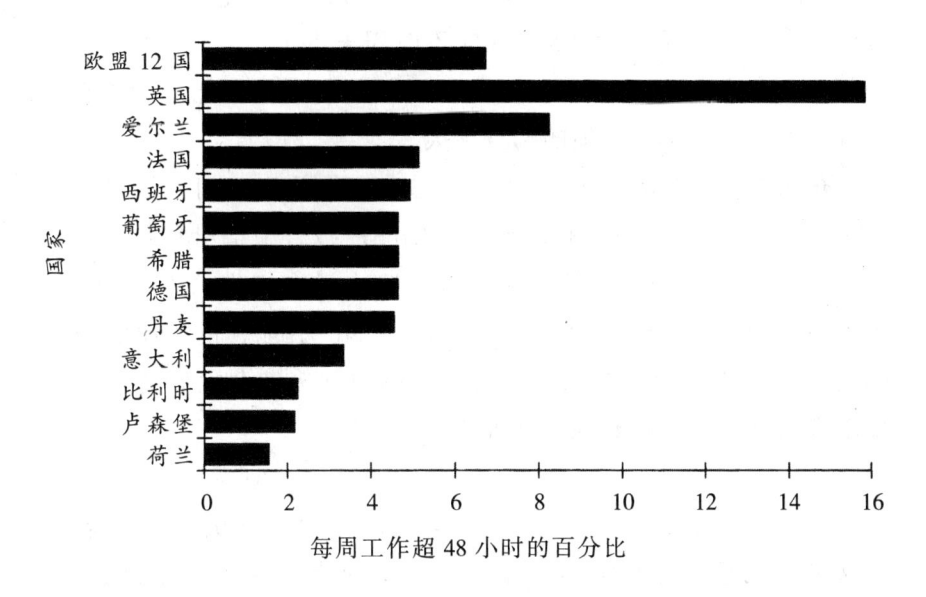

图 3.3 通常每周工作时间超过 48 小时的人数比率（1992）
资料来源：劳动力调查，1998，Eurostat。

这同时也证明了英国人的工作时间在增加，休闲时间在减少。但是并不是那些在低收入行业工作的工人工作时间最长，反而是那些受过高等教育的、高收入的中产阶级和高级管理者的工作时间最长。

这个观点在管理机构调查（1996）中得到了验证。这个调查在管理机构的工作人员中随机选取了 3000 个样本，1073 张问卷返回。在这 1073 个样本中，12%是主任和执行委员，36%是高级管理者，25%是初级管理者。47%的样本年龄在 45~54 岁之间。因此，样本中高层工作人员的百分比很高。

这个调查揭示了60%的英国管理层人员发现很难找到足够的时间放松，或从事自己爱好，或陪伴伴侣。这一人群中几乎在10人中就有6人抱怨他们的工作超时。49%的人曾把工作带回家，18%的人经常这样做。41%的人时不时周末也工作，14%的人总是在周末工作。10人中至少有8人认为他们的工作量比上一年有所增加，47%的人认为增加的幅度很大。

乔纳森·格尔舒尼（1996），英国杰出的关于时间安排经济学研究的专家，从英国家庭组研究（BHPS）报告中指出月收入越高的家庭，工作时间也越长。他测算出除去没有工作的人，20%高工资的人比低工资的人平均每周多工作10小时。正如他所指出的："那些收入越高的人却只有越少的时间来花费他们的收入。"格尔舒尼认为产生这种模式的原因在于：

很多高层的工作需要高水平的技术和知识，而这些又是和教育及激烈竞争息息相关的。妇女从传统的生育循环中解放出来，使她们也具有了竞争高层工作的可能性。长时间工作因此成为了竞争这些高层工作的一个主要机制。除了这个因素，政府对企业控制降低，以及企业对超负荷工作的员工服务的不足也是带来工作竞争压力的要素之一。因此，长时间工作也就是不可避免的了。

当然，伴随经济压力的同时，强有力的社会影响也是一个重要原因。在20世纪初，最富的人有最多的休闲时间和休闲活动。因此，休闲成为富人的标志，而各阶层的人都想通过争取休闲时间来表明自己的社会地位。而在20世纪末，至少在美国和英国，最富或最有社会权力的人反而休闲时间最少，忙碌成为了其身份的象征，长时间的工作也就成为较高社会地位的标志。

表 3.6　每周有偿工作（时间／收入）BHPS1994／1995

	女职工	男职工
月收入总额五个层次		
最低	18	22
第二	35	42
第三	40	46
第四	43	18
最高	47	50
总样本	33	45

资料来源：格尔舒尼（1996）。

格尔舒尼（1996）提出了进一步的证据证明那些长时间工作的人希望减少他们的工作时间。

大约有 57% 高收入群体的妇女在 1994 年和 1995 年的调查中希望减少工作时间。表 3.7 显示：收入越高，工作时间越长，因此越希望减缓工作时间的增长。女性的这种愿望比男性更强烈。

表 3.7　希望减少工作时间的男女职工在不同工作情况下的百分比

按工作时间的五个层次			按月总收入的五个层次		
	女	男		女	男
BHPS1994／5			BHPS1994／5		
工作时间的五层			月总收入的五层		
最低	6	13	最低	9	11
第二	23	17	第二	24	25
第三	43	29	第三	41	31
第四	49	38	第四	50	41
最高	57	50	最高	57	43
总样本	28	35	总样本	28	35

资料来源：格尔舒尼（1996）。

另外，女性希望缩短工作时间是因为她们还要承担无偿的家务劳动。格尔舒尼（1997）指出，自1961年以来虽然妇女花在家务劳动（做饭、洗衣、收拾房间）的时间有轻微的减少，但是她们花在购物、家务性旅行等方面的时间增加得却十分快。特别是她们花在照顾小孩方面的时间增长得尤为显著。

尽管家庭的结构有了很大程度上的减小……但是家庭（男方、女方）照顾小孩的时间却增加了一倍。而且统计数据表明，1995年全职女工花在小孩身上的时间甚至比1961年家庭主妇花在小孩身上的时间还要多。

格尔舒尼解释之所以认为女性花在购物和家务性交通旅行上的时间多了，是因为一些当地的小商店已被城外大型的超级市场所代替。这些设置在城外的超级市场对于零售商来说节约了成本，但是对购物者来说却增加了他们的交通时间。同时格尔舒尼还解释了照顾小孩的时间增加的原因：

孩子需要各种各样的个人服务（教育的、医疗的、娱乐的），随着这些设施的扩大，它们的所在地会与住家的距离越来越远。除了这个原因，另一个因素就是不允许小孩独自上街规定的颁布。在1961年，小孩在一定程度上可以允许在没有大人监督的情况下上街。但是随着迈耶·希尔曼关于"小孩独自上街会造成交通危险以及群殴现象的增长"这一观点的提出，迫使大人要花更多的时间来陪伴孩子去那些离市中心很远的公共设施。

在积极的方面，格尔舒尼把照看小孩时间的增长归因于家长希望花更多的高质量时间陪伴孩子以助于他们的教育和成长。这样的时间可以算作休闲时间，而不是无偿的家务时间。

总之，格尔舒尼的研究证明了不仅人们的工作时间在增加，而且他们花在家庭义务上的时间也在增加。因此，他们可利用的休闲时间越来越少。

我们清楚地看到了美国、日本、欧洲在休闲时间上的不同，在欧洲范围内，英国和美国的情况更贴近。我们现在可以问这样一个问题：是否在不同的国家及不同的文化下，人们对休闲时间的需求和利用能力有文化性差异。实际上，很多评论者都认为欧洲的休闲氛围是另一种生活方式。

欧洲主义更休闲？

根据昂茨尔（1992）的观点，欧洲主义有别于美国和日本的资本主义。美国的资本主义是建立在自由市场和个人行动上，日本体系却更表现出一种集体性资本主义的特点。昂茨尔认为欧洲主义是一种社会民主资本主义：

欧洲主义支持大多数成员同意的社会契约……虽然这种契约没有文字的表述，我们欧洲人接受作为社会成员应该扮演的角色，并且对社会负责。反过来，我们假设社会在最广意义上对个体成员负责。在这个文明的政权形式下，人们联合在一起参与经济活动，所有的人都绑在一起并相互负责。

昂茨尔的观点向我们提出了一个重要的问题：什么样的资本主义体系将给人们带来最高质量的生活。他认为欧洲主义会，因为从很小的方面——欧洲人工作时间更短，更强调高质量的休闲活动——可以证明：

欧洲人认为高质量的生活很重要。美国和日本的研究者都认为欧洲人的生活非常舒适，这从他们悠长的假期和较短的工作时间上可以看到。但是要使全体社会成员都能拥有高质量的生活是一个有意识的社会选择过程。比如，在德国的剧院，戏票只占演出费的 30%。其余的钱由政府补贴。没有人会认为这种福利会消失。另一个很好的例子是德国大学的学费基本上全免；人们的医疗服务也是免费的。

是否有可能在获取更多、更好的社会福利的同时，更快、更好地发展国家的生产呢？是否生产的产品在国际市场上更有竞争力呢？如果要在保持经济能力或提高人们的生活之间做出选择的话，公众的意见会偏向后者。公平的回报是抽象的。合理的戏票价钱、可负担的医疗费用是有形的。社会的凝聚力是无价的。

斯图维斯基（1976）也认为欧洲在对工作和休闲的态度方面和美国有很大的不同。美国人与欧洲人相比更加以工作为中心。这是由于清教徒遗留下的教育体系更加强调生产技术的重要性而忽视了消费技术。美国人不仅没有欧洲人对休闲那么感兴趣，而且他们和欧洲人相比也缺乏尽情享受休闲时间的消费技巧：

美国的工作伦理是把挣钱放在享受生活之前。和欧洲人（包括商人、专业人员、行政工作者以及工厂工人）的工作习惯相比，无论是迫于上司的压力还是出于对自我的要求，我们的工作总是更加努力、更加持久、更加义无反顾。这种不同导致了我们与其他国家相比生产水平更高。另一个结果是我们需要更多的时间来休息。无论是谁，只要工作得筋疲力尽，他们都将把舒适放在愉快之前。

然而，欧洲人更倾向用展示他们消费经验的方式去确立自己的社会地位，如展示他们对消费品的了解——哪儿有又好又便宜的餐厅，或是用简单的、意想不到的方法去制造一个很愉快的娱乐氛围。我们美国人更倾向于购买奢华品来展示我们的购买力和经济实力。通过这种方式，我们延续了清教徒对于那些轻浮的消费事宜的蔑视，比如，我们假设以买便宜货为目的是不高尚的，那么，就不会计较那些消费技巧了。

因此，看起来美国和欧洲是不同的。欧洲人支付了更多的税收，因此政府可以提供更加丰富和多样的休闲生活方式。欧洲的教育给了欧洲人更多的技巧去珍惜和享受文化和休闲。欧洲人工作得更少因此有时间来享受休闲生活。结果，从美国人的标准来看，他们有更休闲的生活方式来展示他们高质量的生活品质。这就是昂茨尔和斯图维斯基所讨论的问题。

但是，从昂茨尔所提供的证据来看，他所指的欧洲更像是欧洲大陆。虽然英国人比美国人和日本人的休闲时间多，但是由于工作时间长的原因，它仍不在欧洲大陆的国家之列。

结　论

经济学家一般认为，在 20 世纪末，人们会面临的问题是将有太多的时间。维克曼（1980）在《未来》一书中预测，随着休闲时间的增加国家的政策将会发生变化。

在这一章的讨论中，我们发现，在一些国家，较显著的是美国和英国，多数人都面临着休闲时间减少的问题，他们将用他们的收入去交换更多的休闲时间。这个现象对"收入/休闲交换模式"的效度提出了质疑。我们会在以后的章节中看到消费者对时间的缺乏比他们对收入的缺乏更大程度上束缚他们对体育活动的需求。

第四章

体育需求：理论

引　言

　　工作——休闲经济学以研究体育需求为重要前提，以参与为核心。因此，我们所感兴趣的是分析那些导致参与和不参与体育的因素。新古典经济学首先分析在微观领域内特定活动中个体消费的需求。在分析了消费者选择状况后，其他需求层面的情况将会推而广之。这一方法将消费者参与体育活动的快乐与其支出的平衡关系以模型的方式体现出来。

　　然而，我们在第一章中已指出，尽管体育产生直接的消费收益适用于传统的消费选择模型，但是产生对体育投资的需求是因为长期参与体育活动可获得健康收益，这就使得体育需求模型比其他商品模型更复杂一些。除此之外，对于新古典经济学方法是否能够透过这些复杂因素来充分解释消费者参与体育的决定，我们仍持保留意见。这主要是基于对这个模型的若干假设的质疑。

　　我们首先从新古典经济学分析方法着手，然后探讨投资需求的问题，最后从经济学和心理学的更宽广的角度来进一步探讨这些问题。

新古典经济学方法

从经济学的角度来分析在体育中消费行为的前提是消费需求理论。一百多年以来这种分析方法并没有发生实质性的变化。消费者被认为有一些设定的兴趣和偏好,并面对设定的商品和服务的价格,通过效用最大化的方式来分配他们的收入。其结果产生了不同商品的边际效用。经济学理论集中于这种"理性的"最大化行为。

消费者选择理论提出了一个消费方程,其中消费者对商品 A 的需求数量(Q_{DA})是该商品的价格(P_A)、其他商品的价格(P_1, P_2……P_n,)和消费者的收入(γ)的函数:

$$Q_{DA}=f(P_A, P_1, P_2, ……P_n, \gamma)$$

这个简单方程式给我们提供了研究体育和娱乐活动需求的基础,但我们需要把它与具体的市场情况相结合。

依变量:数量需求

第一个需要回答的问题是在体育市场的前提下"数量需求"的含义。我们通过两个方面来探讨这个问题。

首先,我们通过采用等级制的方法来建构体育需求模型。对体育活动的需求为"父"需求,对体育设施、设备、服装的需求为"子"需求。"子"需求来源于"父"需求并服从于"父"需求。

在这种情况下,"父"需求函数的数量需求是体育参与的一种量度指标。而那些独立的衍生需求所形成的数量需求将是消费者在体育商品和服务上的支出(如体育设备)。因此,我们就有了一个"父"需求函数和几个衍生的子需求函数。

我们以对羽毛球运动的需求为例来分析这种方法。"父"需求函数关注的是消费者参加羽毛球运动的决定。如果消费者决定参与这项活动,那么他们需要球拍、羽毛球、服装和球鞋,他们还需要在体育中心或体育俱乐部租用场地,此外,还有对交通的需求。所有的这些特别需求包括与体育相关的旅行需求都被视为参与羽毛球运动的衍生需求。

维克曼(1975a)指出这是一种体育活动模型的最适当的方法。然而,虽然这种方法对大多数体育活动均适用,但它并不适用于那些等级制研究方法。对一些活动来说,同时需要所有的要素,因而不能区分这种父/子衍生的需求关系。例如,对于决定参与滑雪运动的大多数人来说,他们所购买的是一个"打包"旅行服务。"打包"是指所购买的服务包含几项不同的内容。就滑雪假日来说,这项服务包括去滑雪胜地的来回空中旅行、从机场到住宿地的往返交通、食宿费、滑雪通行证、滑雪学校以及租用设备等。一些"打包"服务可能仅仅包括其中的几项服务,而另一些服务可能包括全部的服务项目。当一个消费者决定参与滑雪运动时,他需要对此项组合服务支付单一的价格。然而,这个单一价格并非是滑雪的全部费用。消费者仍将支付往返的机票费用、机场停车费,以及其他假日支出(也许包括购买服装的费用)。因此,这个滑雪的组合服务费用大于"打包"假日的费用。

在这种情况下,将滑雪旅行的数量需求视作整个支出会更贴切。对于其他体育项目来说,尽管没有这种"打包"服务,我们仍然可以用这种"组合服务"模型将参与体育活动的全部支出视为该模型的相对的依变量,即使消费者可以自己做这种"打包"服务。

需求决定因素

活动的价格

由于商品通常为消费者带来欢愉，因此大多数消费者"需要"商品。从经济学角度区分"需要"和"需求"，"需求"的定义为有效需求，也就是说并不是消费需要的数量，而是他们愿意按市场价格支付的数量，因此，价格是一个主要的需求决定因素。消费者只有在消费商品时的效用价值（满足）大于其市场价格时才会购买这种商品，也就是说消费者的消费收益大于其购买成本。

对大多数商品来说，定价并没有什么问题。而对于体育活动来说，由于参与成本包括门票、租用设备费、旅游成本和时间成本等组合项目，因此对一项体育活动很难定价。许多娱乐需求分析假定门票免费，他们认为旅游成本及时间成本（二者通常密切相关）是主要的因素。这种分析通常只适用于与资源相关的户外娱乐活动，而不适用于以门票和设备成本为主的室内活动。同时，对诸如滑雪等户外活动而言，也不能忽视设备成本和门票。

当我们在谈论体育组合商品时指的是综合价格。体育参与者支付的综合价格可分为变动成本和固定成本。变动成本包括：

1 体育设施门票费。
2 旅游成本。
3 体育参与饮食费、设备租赁费等。
4 时间成本。

当人们参与体育活动时这些费用就会随时发生。其他固定成本不会经常发生变化，与特定的参与活动没有必然关系。这些成本主要包括：

1 会员费和订阅费。
2 设备费、服装和用鞋费。

在体育参与中变动成本和固定成本的分类很重要，原因是不同的成本将影响不同的需求。影响决定参与还是不参与的相关价格很可能是总成本，即参与的变动成本和固定成本。对于已经做出决定的参与者来说，其参与的频率很可能仅仅依赖于变动成本。

不同的体育项目对于不同的固定成本和变动成本有着不同的参与比率。比如高尔夫运动：由于会员费和设备成本较高，因而总成本相对较高。然而，一旦一名高尔夫运动员已经支付了会员费并且购买了相关设备、服装和用鞋，那么，附加的参与运动的现金成本就相对较低。事实上，时间成本很可能是限制参与频率的最主要的因素。

通常来说，在其他成本相同的情况下，参与的变动成本越低，参与的频率就越高。需要记住的是，对于一些休闲活动来说，参与决定频率的自由度相对较低。特别是对于那些团队体育项目来说，他们对于时间的要求较为固定。在不同情况下，特别是一项运动比另一项运动的时间成本低时，具有较低时间成本的运动的参与频率比预期要高。

一个商品的需求数量和价格之间的关系通常由价格需求弹性度来决定。价格需求弹性度是衡量一个商品价格变动时其数量需求的敏感度。价格弹性的数值反映出当价格变动1%时需求数量变动的百分比。价格弹性度通常是负值，这是因为当价格上涨时数量需求下跌，反之亦然。弹性大于1说明需求有弹性，弹性小于1说明需求无弹性。

目前对于特定体育运动的价格需求弹性尚没有一个基本估价，这主要是因为很难估计出真实的综合价格。对于诸如特定设施的门票费的整体价格需求弹性的数据情况我们将在下一章进行讨论。

收入

我们已经看到"需要"和有效需求的区分在于支付商品报价的愿意度和支付能力。消费者可能愿意按售价支付商品，但由于缺乏收入而没有能力购买。因此，收入是一个产品需求的另一个主要决定因素。

一个特定商品的收入变化与数量需求变化的关系可以用收入需求弹性度来说明。收入弹性的数值反映当收入变动1%时的需求数量的变动百分比。收入弹性为负值则说明商品为低档商品（因为当消费者收入增加时他们的消费倾向趋于高质量的替代品）；收入弹性为正值则说明商品为一般商品；收入弹性大于1则表明商品为奢侈品。

从跨行业调查数据中可以看出，几乎整个体育项目随着收入的增加，体育参与率也相应增加。因此，我们可以假设体育属于一般的或奢侈的商品。

其他商品的价格

商品的数量需求受与之密切相关的其他商品的价格变动的影响。这些"密切相关的"商品可能是替代品或补充品。当一件商品的价格的提高导致对另一件商品的需求增加时，这两件商品被称为替代品。当一件商品的价格提高导致另一件商品的需求减少时，这两件商品被称为互补品。互补品通常是有可能被一起购买的商品（如网球拍和网球），当其中一件价格上涨会导致这两件商品的需求同时减少。

一件商品的需求数量对于另一件商品的价格的敏感度涉及到跨价格需求弹性。这是指当一件商品的价格变动1%时另一件商品的需求数量变动的百分比。互补品的跨价格弹性为负值，替代品的价格弹性为正值。当跨价格弹性为零时，则表明两件商品间没有需求关系。

当寻找对一个特定体育项目的需求时，最有趣的问题也许是哪一项活动是可替代的，哪一项活动是可以互补的。遗憾的是我们还没有对休闲活动的跨价格需求弹性进行研究，因而无法回答这个问题。斯可杰（1977）指出，在娱乐需求分析中最严肃的问题是在分析特定需求方式中替代和互补商品价格信息时因为能力不足而导致的偏见。这一特定化问题的出现是由于在构建一项体育活动的价格变动时所产生的困难。

我们可以通过其他的方法来区分替代品和互补品。兰开斯特（1966）认为，消费是将效用方程最大化，这个方程作为一个决定因素所拥有的是商品属性而不是消费商品的数量。如果我们发现一项娱乐活动的"产品特色"，也许可以找到有这些"特色"的替代商品或互补商品，以及它们与这项活动之间的关系。例如，我们可以将身体锻炼和比赛作为体育运动的特色，希望那些拥有相似特点的活动之间有可替代的关系。兰开斯特分析方法的难点在于如何区分娱乐活动的相关属性和如何客观度量一项特定活动的属性。这些难点使得在兰开斯特的研究框架内很难进行任何实证研究。于是体育娱乐活动的研究者们通过多种分析技术来证明这些活动的属性"趋于一致"。我们将在下一章来讨论这些分析方法的研究结果。

兴趣和偏好

分析消费需求模型到现在为止只是简单假设所有的消费者对

体育休闲活动均有同样的偏好，他们唯一的区别是收入不同。事实上，在消费者娱乐需求的研究中还有一个最重要的变量是消费者兴趣趋向。早期的参与模式研究发现了那些决定人们娱乐活动偏好的社会——经济变量，它们是年龄、性别、教育背景和职业。其中，最明显的因素是年龄和性别。

众多的研究已经证明了年龄和参与体育活动率呈负相关。在解释那些需要身体接触和力量有关的运动时，年龄很可能是最重要的变量。但是即使在很多运动量较小的活动中，参与率也是随着年龄的增长呈稳定下降趋势（高尔夫是一个例外）。

罗杰斯（1977）就年龄和体育参与的关系做了一个有趣的假设。与随着年龄变大人们将逐步"退出"体育活动的传统观点相反，他认为许多人到了老年时也从未参加过体育活动，甚至在他们年轻的时候也是一样。他提出了"体育基本技能"的观点，即人们参与娱乐体育的程度和条件。他认为老一代群体与年轻一代相比有很高比例的"体育文盲率"。他用"体育渗透指数"度量了那些至少参与一项体育活动的成年人的比率，所有的研究结果表明随着年龄的增加，体育参与率逐步降低。

老年人体育参与率较低的观点在体育政策的制定上具有重要的含义。如果政府的目标是提高体育活动参与率，那么这些老年人需要参加一项新的体育活动，而不仅仅是重新参与他们以前放弃的活动。

就娱乐活动而言，性别不同引发了同样的问题。许多调查显示，男性比女性参与体育活动的比例要高。研究显示女孩参与体育的程度较低，这是因为她们的童年时代和青少年时代参与体育活动的限制较多，机会较少。按罗杰斯的说法，她们比男孩更"体育文盲化"。然而，第五章所讨论的一些证据已经反映出这种由于性别不同所产生的体育参与的不同的现象正在迅速改变。

罗伯茨和布罗迪（1992）就年龄和性别与体育参与者的关系以及他们对推动体育事业的作用做出了非常详细的解释。罗伯茨和布罗迪发现，一些体育事业成为长期事业（即体育参与持续到生命的尽头）的主要原因是这些体育参与者在其童年期和青年期所奠定的参与体育的基础，这与罗杰斯的"体育基本技能"的假设相类似。然而，罗伯茨和布罗迪发现在早期体育参与时的一个全新的、关键的变量：

为体育参与奠定基础意味着什么？它不仅仅是指人们在年轻时参加体育活动，也不是简单地指喜欢或擅长体育。许多孩子喜欢活动，许多很少参与体育活动的成年人仍然清晰地记着他们上学时非常喜欢的某一项特别的体育活动。从我们的研究结果看，并没有因为从小参与某项体育活动而导致这项体育活动的参与数量上有所不同。体育社会化的过程有两个特征：一是人们参加体育锻炼的频率；二是人们在童年时代和青年时代已经擅长一些体育项目了。

在那些我们调查的经常参与体育活动的成年人中，其中64%的人年龄在16~19岁之间且从事三项或更多的体育活动；那些时常中断体育活动的人，从20岁起就不再每年参与体育活动，他们中也只有20%的人在20岁前经常参加三项或更多的体育项目。对于那些自20岁起从未参与体育活动的人来说，他们比其他受访对象更少地参与早期的体育活动。

对于从10岁以来不断坚持体育锻炼的人来说，他们在成人之后成为参与大量体育活动的主流。当他们长到15岁时，比其他年龄组的人更愿意拓展体育的参与范围。当他们16岁时，大约比那些16岁之后停止参与体育的人从事体育活动的数量平均多三倍以上。

罗伯茨和布罗迪的研究使我们更深刻地认识到偏好在体育参与中的重要性。

家庭产品和投资需求：体育成为健康的一种工具

贝克尔（1965）提出了一个与体育需求密切相关的消费者需求的分析方法。他用了一个家庭产品方程式加以说明，Q为由个人或家庭所完成的任何活动，即使是单纯的休闲活动，包括商品投入M和时间T，即：

$$Q = f(M, T)$$

贝克尔将这些活动定义为"组合商品"。每一个组合商品包括对商品和时间的不同投入，当时间价格或市场商品改变时，不同活动的消费效果也会随之变化。从长远来看，当实际工资率增加时，相对的商品市场价格、时间价格也会增加。时间对家庭产品来说是一个限定的输入量，而商品可以不断地扩张。相对价格的变化导致了消费模式的变动。替代品和收入效果的运作将导致最佳消费模式发生变化。

当时间和商品的相对价格改变时，家庭产品和消费也将变为不同组合的集约型（时间和商品的集中）商品。当工资率提高时，如果替代品效果占主导，那么时间集约型商品的消费将下降。实际上，家庭和个人不仅面对着双重的机会，而且面对着对各种程度的时间集约型和商品集约型组合商品的选择。按照常规分析，个人的选择取决于替代品的相对强度和收入效果。

这种分析方法的复杂性表明，对休闲时间的要求事实上是由不同程度的时间集约型和商品集约型商品的不同种类的需求所组成。当时间变得越来越少和越来越昂贵时，家庭产品和商品集约型活动的消费会相对地增加。时间集约型活动的消费也有可能增加，这是因为常规收入可以确保它的增长。然而，主要的压力来自于对商品集约型活动需求的增加，也就是替代品的效果。我们可以通过那些所谓低级的"休闲"活动（如做饭、购物、洗衣等）以及与之相反的体育休闲活动中商品输入的增加和时间输入的减少来看这个问题。

即使在体育这样的领域，维克曼（1980）也早已注意到：

单纯的休闲活动变得越来越资本密集化。其范围包括从诸如空中旅行为主的消极性假日旅行到主流的体育活动，如壁球、水上运动和英国电视大力推广的司诺克运动等。

维克曼将这些资本（或商品）集约型视为不寻常的一种现象，即休闲时间很可能越来越便宜。家庭产品方程式表明体育活动中较高的商品集约度是一个理性的家庭决定，因为不断增长的工资率使得时间相对于市场产品更为昂贵。维克曼作出如下假设：休闲时间增长的影响力大于因时间的相对缺少而导致工资增长的效果。然而，按照前面所讨论的分析指标，英国休闲时间的增长速度并不快。

时间集约型的体育活动经常是不可递减的，如足球和壁球。因此体育时间分配上的微小变化或许都是很难的。此外，相关数据表明，体育是一种高级的活动，即当收入增加时，参与度的提高比例将大于收入的增长比例。从逻辑上来看，收入效果将远大于替代品效果。换句话来说，尽管相对的稀缺性和时间价值在增加，时间集约型的体育参与行为也将继续增加。

林德（1970）也研究了这种时间价值的变化，指出休闲活动变得缺少自我决定性和"休闲性"。财富占主导的增长趋势使得商品集约型消费活动增加，也使得进入家庭的商品数量不断地增长。同样，财富进一步鼓励了休闲时间选择性的增长要求。这种压力造成的结果是休闲时间变得越来越少，由此出现了"苦恼的休闲阶级"现象。一些研究者感慨这种休闲时间不断减少的现象，特别是出现的一种"反休闲"态度，将休闲时间用于繁重的工作，从而带来了焦虑以及对时间的紧迫感。

贝克尔的家庭产品方程式给我们提供了一个对体育和娱乐活动来说可供选择的消费需求模型，它比经典的效用最大化模型更有用。它不仅给出了活动的需求方程，而且提出了对于设施、旅游和娱乐商品的其他衍生需求。这是一个等级式的需求模型，以活动需求为父需求方程，同时，时间变量在分析中起着关键的作用。也许与体育需求相关的家庭产品方程式的最新颖之处是格罗斯曼（1972）提出的健康需求模型对体育需求模型的直接影响。

毋庸置疑，体育参与者，特别是年龄在30岁以上的参与者将体育锻炼视作保持和增进身体健康的工具。这使得体育活动不仅仅单纯地成为产生效用的消费商品，而且是一种投资商品——人们现在的耕耘是为了将来的收获。体育运动回报的是未来良好的健康状况，这将是真正能够产生高额回报的人力资本投资。

格罗斯曼建构的"健康产品方程"有几项要素，其中一项是体育锻炼（其他包括饮食、居住条件、工作条件及医生和医院的健康服务）。锻炼的需求量与健康资本的回报率相关，而后者依赖于两个变量：工资率和由于锻炼增加而产生的健康天数。

工资率的效果是由两个互相冲突的要素决定的。消费者的收入越高，边际健康资本产品就越高；另一方面，收入越高，消费者的时间就越宝贵，通过锻炼而产生的健康资本的成本就越高。锻炼的投资需求和收入的关系非常清晰，高收入的个人具有较大的投资需求（因为有高回报率），但是通过对锻炼方式的选择，时间产生了一定的经济效果，即每单位时间要生产最大的健康收益。

影响投资需求的第二个主要因素是年龄。它通过两个途径发生作用。首先，当一个人年龄变大时，健康资本的折旧率会增加，因而每年就需要更多的投资来保持一定的健康资本库存量。也就是说，生产健康资本的成本增加了。同时，健康资本的回报率将会降低。这是因为随着年龄的增加和假定的固定退休年龄的到来，在劳动力市场上收获健康资本的时间将越来越少。其次，如果我们将全部健康资本产品定义为将来总收入的折现额，那么年龄每增加一岁我们所计算的年数将减少一个单位。这样，格罗斯曼的模型带来一个令人震惊的结果：一个消费者在每一个持续的年份将选择较低的健康状况。这将最终导致他们来选择其生命的时间，正如最佳的健康库存将最终下滑至最低生活保障水平之下。

尽管格罗斯曼的模型是一个一般的健康需求模型，但健康产品作用中的锻炼的重要性允许我们在该模型中增加其他的变量来反映对娱乐的整体需求。分析需求投资要素主要有以下三个原因：

首先，它使我们能够更深刻地理解收入是需求的一个重要的决定因素。经典需求模型认为收入是消费者的一个限制性因素。所谓的限制是指一些花费昂贵的活动，如滑雪和冲浪，而不是指散步和慢跑。即使对于那些花费不多的娱乐活动来说，我们仍然发现收入和参与之间存在很强的正相关关系，也就是说兴趣偏好与收入是相关的，但这种关系是无法进行测试的。格罗斯曼对为什么理性的经济行为需要高收入人群的高参与率的问题所作的分析，给我们提供了更多的分析手段。

第二，这项分析使我们能够进一步深刻认识哪些活动是可替代的，哪些活动是互补性的。如果参与决定的主要动机是投资，那么与一项特定的体育活动最接近的替代活动将是在近似的时间和金钱投资的前提下能够产生近似的健康资本的数量。这样，为了保持健康而参加慢跑的人也可以把健美锻炼或骑车作为他们的替代活动。互补活动则可以包括诸如吃高纤维食品、充足的睡眠和不吸烟等。

最后，格罗斯曼的分析反映出由于人们参与动机、消费或是投资的不同而导致一些变量产生差异。以两个慢跑者为例：慢跑者甲参与的原因主要是效用因素；慢跑者乙参与的原因主要是健康因素。这两人均为挑战性很强的高薪工作者，他们的工作时间长、压力大、焦虑多。我们可以希望慢跑者甲通过减少用于慢跑的时间来顺应工作的压力，因为这种变化不可能改变一小时慢跑的边际效用，但却增加了相当多的时间成本。而慢跑者乙很可能保持甚至增加锻炼活动，因为过多的压力将会增加健康资本的折旧率，同时收入的增加提高了边际健康资本。

然而，将体育和娱乐需求应用于格罗斯曼模型时也存在着一些问题。这个模型假设消费者具有健康产品方程和健康资本投资回报的全部知识。但在现实生活中人们对于锻炼能给他们的健康资本带来多大影响知之甚少，甚至对于健康资本的回报率一无所知。不过，将格罗斯曼理论应用于休闲研究的最大问题是如何将体育和娱乐纳入经济商品的分类。我们在第一章提到，体育含有金钱的和非金钱的投资商品的双重属性。格罗斯曼假设增加健康状况的唯一收益是劳动力市场的收入回报。非金钱投资商品在体育锻炼中是与一种事实有关的因素。这种事实是指体育锻炼会给许多体育参与者带来更多的精力去参加劳动力市场之外的"家庭生产"活动，即锻炼通过提高消费活动水平对未来产生效用。对个人来说，年龄越大回报越高，因而与此相关的需求与年龄呈正相关。但是，格罗斯曼的观点局限在那些仅在劳动力市场所体现的健康资本的回报。

尽管融合了家庭产品方式，但格罗斯曼模型最大的问题在于它仅仅是一个新古典需求模型。而即使在经济学专业领域内，新古典需求方法亦受到广泛的质疑。侯赛尼（1990）指出：

  新古典经济理论是建立在经济机构均是理性的和有效率的假设的基础之上的。……也就是说，标准的新经济理论假设经济机构应该做他们认为正确的事情并相信他们所做的事情是正确的。在这种思想框架下，价值和行为总是一致的。

  这个优化假设建立在已经形成的偏好的基础之上，例如，我们假设未来的偏好是外生的、稳定的和为人熟知的，足以使人准确地作出明确的决定。然而这些假设值得怀疑。当处理集体的决策制定时，可能会与个人的目标有所冲突，或者说个人的偏好可能经常是不一致的、模棱两可的或经常变化的。也可以说我们在参与决策制定时会经常忽略我们所有的偏好意识。与理性最大化相反，我们跟随已有的规则、传统、预感和其他人的建议与行动来做决定。

  法恩（1990）探讨了新古典经济方法如何阻止我们对消费者行为进行更广阔的分析，以及它是如何将研究重点从个人转移到商品市场上的：

  通过类同化并把非效用最大化行为（也叫"非理性化"行为）搁置一边，这种经济学排除了消费者行为内在自律理论的可能性，并严重地干扰了多种自律方法的研究。除此之外，消费者行为经济学理论忽略了研究个人交易行为，这使得他们对个人的自身权利毫无兴趣，因为每个人在孤立于其他人的情况下变得毫无意义。由于只有一组商品产生效用，因此个人购得商品和享用商品的行为变得不相关。

肯尼恩（1956）就曾指出："经济研究的主要兴趣在于商品的行为而不是人的行为"，并强调经济学家"并不对人的行为感兴趣"。

然而一些经济学家通过动机性因素的外在化，已经开始试图将需求分析更集中于对个人行为的研究而不是市场行为的研究，这包括使用心理学理论和经济学理论来进行需求分析。

体育中的经济心理学和消费者行为

斯图维斯基（1976）对消费者需求的新古典理论进行了批判。他指出这个理论的贡献仅仅在于对消费者行为作出了部分分析。他特别批判了设定偏好的假设，即该模型指出一个理性的消费者知道他想要的东西但由于缺乏相应的手段而不能达到其目的。斯特维斯基认为，要理解需求必须要理解行为之后的动机。达到这个目标的起点是心理学，尤其是特定的理论和觉醒的概念。

个人觉醒的水平通常与满意和不满意的感觉有很大的关系。过度觉醒和太少觉醒都是不理想的。斯图维斯基用监狱监禁室为例来说明低程度的觉醒和丧失激励导致出现疼痛、恶心、困惑和烦闷的感觉。同样，一个人过多地觉醒并面对过多的挑战性的工作也会导致压力、疲劳、焦虑和身体疾病的产生。

心理学家指出存在一种最佳的激励和觉醒水平。当达到这种水平时就会进入一个舒适和完美的境界；当低于这种水平时，人会感到厌倦；当超过这种水平时，人会感到焦虑和紧张。如果觉醒水平降到最佳水平之下或超过最佳水平，这种感觉会产生一种诱导因子试图将觉醒水平调整到最佳状态。当前位置离最佳状态的偏差越大，这种偏差持续的时间就越长，试图回到觉醒最佳水平的引诱因子也越大。因此最佳觉醒理论提供了人类行为研究的动机。

最佳觉醒理论作为行为研究的基础，尽管与经济分析方法有一定的重复，但它提供了更广阔的视角。经济学家将消费者需求视为一种愿望的满足。如果一个人被剥夺了食物，他就会经历饥饿的煎熬（即变得过分觉醒）。当他吃了食物后煎熬的感觉将会减轻，他的觉醒水平就会回到最佳水平。从饥饿导致的觉醒过高回到舒适的最佳觉醒状态时产生的结果就是愉快（效用）。舒适是在最佳觉醒水平时的感觉，愉快是从非最佳觉醒状态转变到觉醒状态的结果。斯图维斯基用速度和提速（或减速）的类比来解释舒适和愉快的区别。

当我们被剥夺了人类生存的最基本的需求（衣食住）并"需要"这些基本需求时，从这些需求的满足中我们获得了愉快的感觉。然而，这仅仅是愉快的一种来源。愉快是随着觉醒水平的变化而出现的，而不是处于一种特别的状态。愉快也可以从较低水平流向较高水平，如厌倦的减轻。一些刺激性很高的活动能将觉醒水平提到更高（超出最佳水平之外），从而导致焦虑和紧张。但是当活动结束后觉醒水平降到最佳水平时，愉快也随之而来。

斯图维斯基（1976）批评经济学家仅仅考虑需求的满足层面（过多地降低了高觉醒水平）而完全忽略了追寻激励行为的层面（过多地提高了低觉醒水平）。后者与他的体育需求理论相关：

> 治疗低觉醒的最简单的方法是身体锻炼。身体锻炼不仅是减少厌倦感的良好武器，也是一种愉快的活动。当我们的技巧和能力得到完全施展时，这似乎是最令人愉快的……竞技体育和比赛非常流行的原因就是因为通过竞争我们能够充分地施展我们的强项和技巧，从而使锻炼的欢乐最大化。其他高级动物也从事一些娱乐性的竞赛和其他形式的比赛行为。

新的、意想不到的或令人惊奇的经历是激励（刺激）的基本来源。新的和令人惊奇的经历总是具有刺激性，但如果这种情况完全超出我们以前所经历过的，那么这种刺激可能会是令人厌烦的。正如斯图维斯基所指出的："不够新和不够惊奇的东西令人感到乏味，太新的东西令人迷惑，介于中间水平的新的东西最令人愉快。"显然，一个人评价"新"的标准取决于他的经历。对一个人有刺激的东西可能对别人来说是乏味的，这并不是因为品味不同而是因为经历不同。训练场的斜坡可能使第一次滑雪的人害怕，但对滑雪专家来说则会觉得乏味。

危险和威胁是刺激的最明显的来源，但是对于何谓危险，我们需要从一个更广的视角来分析。正如斯图维斯基（1976）指出的：

我们每个人从出生的第一天起就通过个人经历的积累形成了自己的世界观。这种观点是我们生活和生存的基本策略。如果世界并不是不断的变化，同时并非迫使我们去改变我们的策略，那么这种策略是可行的。我们必须通过获取和处理新的信息，并在我们以往积累的知识的基础上去更新和修正我们的世界观，从而更新我们的生存策略。

在斯图维斯基的陈述中使用了"有技巧的消费"的概念。他指出觉察和处理新信息是"技巧购并"，获取的技巧越多，通过刺激而获得欢乐的机会就越大。欣赏新鲜事物需要学习。

斯图维斯基在《无欢乐的经济》中谈到的主要问题是，为什么美国不断增加的财富似乎并没有带来幸福的增加。他指出其中的主要原因是过多地强调了产品购并技能而忽略了消费购并技能。由于美国消费者并不拥有"喜爱"激励的技能，因此他们通过得到满足感而不是寻求激励来得到快乐。然而，一旦达到了对基本的物质商品的需求，那么通过满足感带来欢乐的机会就越来越少。于是，富裕但百无聊赖的画面就成为美国社会的整体写照。

斯图维斯基分析的总体观点是想求证：激励是许多休闲活动需求背后的动因，也是参与体育的主要动力，并非所有的休闲活动都需要较高水平的消费技能。斯图维斯基指出美国最流行的三大休闲时间活动——看电视、购物和驾车兜风均是低技能的活动。

由此看来，可以采用斯图维斯基的分析方法建立体育需求理论的基础。随着社会的逐渐富裕，通过满足感寻求快乐的潜力越来越小（希望挣钱购买商品和服务来给自身带来快乐），而通过寻求激励带来快乐将成为主要的趋势。与经济学家把工作作为非效用活动不同，这些激励活动可以通过有趣的和充满挑战性的工作来实现。

低技能的休闲活动在第一次参与时会产生激励作用，但不断重复这种活动将会使人感到厌倦。总体上看，由于消费者不断地进入和退出市场，使得对休闲活动的需求具有很大的变动性。我们经常会看到消费者对一项新出现的休闲活动的消费需求迅速增长（如20世纪30年代的电影院），但当这种新鲜度逐步降温，并出现其他新的休闲工具拓宽了消费者休闲时间的选择机会（如看电视）时，我们看到的是消费者对前者的需求以同样的速度在快速下跌。

当消费者的技能得到提升，就会进一步激发消费者消费技能的潜力，他们参与喜爱活动的本质也会发生变化。当体育运动员的竞技水平越来越高，他们会发现自己对此项目的喜爱程度和激励也在不断提升，其技术越高，竞争水平也就越高。从更广的角度来看，由于参与者的背景、经历、兴趣和技术的不同，他们的需求也千差万别。一个足球参与者感到兴奋的事对于一个高尔夫球手来说可能是令人厌倦和毫无兴趣的。

奇克森特米哈伊（1975）在一篇题为"超越厌倦和焦虑"的文章中对体育产生满足和幸福进行了详细和透彻的分析。他的研究目的是分析为什么人们参与一些不能产生回报的活动。他将这种活动比作"自动电传"，即需要能量的输出但却提供极少的回报。他感兴趣的是为什么人们将很多的时间花在一个在工业社会中被认为是没有生产价值的活动上。

他试图描述这种经历：

最初很容易去描述这种经历不像什么。它不是令人厌倦的，也不像生活在经常性的活动之外。同时它不会产生焦虑，这与"通常"易受干扰的生活有所不同。自动电传的经历是一种活动者与活动紧密结合的经历，介于厌倦和焦虑之间。在没有时间对可能或不可能发生的事情感到厌倦和焦虑的情况下，一个人可以充分运用所需的技能并且获得清晰的反馈信息。因此，他属于一个理性的因果系统，他所做的事情有现实的和可预见的结果。

奇克森特米哈伊将这种"当人们完全投入时所感受到的整体的感觉"称之为流动。他描述了流动和技术的关系：

……在任何指定的时间，人们总是意识到一些迫使他们去挑战的有限的机会，同时也意识到他们具有的技能，即在他们的能力之内来应对由环境引起的需求。当一个人遭遇到自己所不能面对的需求时，一种焦虑状态便会随之而来。当需求的行为变少但仍超出个人的能力之外时，其经历的状态是另一种焦虑。当人们认识到行动的机会与他们的能力相匹配时，这种状况就称为流动。然而，当技能超过使用它们的机会时，厌倦就随之出现。最终，具有很高技能但很少有机会去施展的人将会再次从厌倦的状态回到焦虑的状态。一项流动的活动提供了与活动者技能相关的最佳的挑战。

上述引文使我们进一步理解了斯图维斯基关于技能消费的概念，同时也解释了为什么技能性消费会带来高水平的消费者满足。此外，体育具有提供上述流动经历的潜力，奇克森特米哈伊指出正常的生活经历则很少具有提供这种快乐的能力。这是因为在日常的生活经历中我们没有将挑战与技能相匹配的控制能力。同时，生活中的许多活动并不能经历"一个从头至尾的、清楚彻底的认知和情感解决方案的程序"。而体育提供了这两项特征：平衡挑战程度的能力和上述所定义的那种经历。奇克森特米哈伊总结了消费者在一个流动经历中的欢乐的本质：

他们的注意力集中于有限的激励领域，忘却了个人的问题，忘记了时间和自我，感到有能力并能够控制局面，对自己周围的环境有一种和谐与团结的感觉。

体育不是流动经历的唯一路线。然而，我们可以说所有的体育活动都具有提供这种经历的潜力。正是由于这种潜力使得体育有别于其他类型的消费者行为。

奇克森特米哈伊的研究对斯图维斯基的研究进行了补充，并进一步探讨了消费者满意的本质，但也给体育消费者行为分析设置了障碍。

结　论

在这一章中我们讨论了有关体育需求的三个不同的理论分析

方法。新古典需求模型指出了当考虑价格因素时影响消费者体育选择、消费者收入、相关商品和服务的价格（互补品和替代品）的主要变量。家庭产品方程式将时间因素增加到消费中，从而拓展了新古典理论的研究框架。我们已经看到如何用这种方法来建立体育投资需求模型，即把体育需求作为健康状况的一个贡献因素。

最后，我们用更广的分析方法通过更进一步地集中于体育给消费者带来的满足来分析体育需求。这种经济心理学的方法试图解释经济学家所忽略的问题：品味和偏好的形成。

本章我们从理论分析的角度集中论述了体育需求的问题。为了验证这些理论需要做两个阶段的工作。首先我们必须从理论转移到实证的可测试模型。其次，我们获取测试这个模型所需的数据。在下一章将可以看到在体育需求的前提下这两个阶段并非很容易就能实现。

第五章

体育需求：论据

引 言

  在前一章我们提出了关于体育需求的理论方法，但是要对这一方法进行严格的测试还有一段路要走。原因之一是致力于体育需求领域的有经验的经济学家数量有限。另一个原因是从理论探讨转换到试验模型的规格和测试有难度。最后的原因是手中的数据往往不足以充分证明提出的理论。

  由于要展示对体育和休闲活动需求的证据，这一章不能和前一章结构完全对等。从实际考虑，本章限于对这一领域进行实证性研究。然而，对实证性研究最大的限制性因素来自于数据的获取。

  在第一部分我们讨论体育参与数据的可获取性，以及使用这些数据建立体育参与模型、体育参与的走向和体育参与国际比较模式的难度。然后，我们具体阐述在英国进行的两项关于运动需求的研究。

体育参与的数据

体育参与数据通常来源于全国性的关于运动和休闲活动的大型调查。这种调查往往是更广泛调查的一部分，其中体育参与问题总是占有一席之地。英国体育参与数据的主要来源是全国家庭普查（GHS）。

英国于1972年开始的全国家庭普查（GHS）是一年一度的大规模、多角度的社会调查，其中包括体育参与的问卷，这类问卷通常三年出现一次。

体育参与数据的采集始于1973年，之后采集的年份是1977、1980、1983、1986、1987、1990和1996年。1977年和1987年分别对方法作了调整，因此，1977—1987时间段和1987—1996时间段的数据大体上是可以比较的。在1996年问卷作了重要调整，新增加了俱乐部成员关系、设施使用、参与的活动是否为竞争性的、是否接受教练员指导等参数。尽管如此，问卷中的体育参与的主要问题依然一致，因此，1996年的数据和1987—1993年的数据仍具有可比性，且更为详细。

20世纪70年代和80年代初的调查样本规模大约是20000，最近的调查样本在15000~20000之间。样本采集是随意抽取一批家庭，对16岁以上的个人进行访谈。受访者被问及他们在过去4周及过去12个月的体育参与行为。问卷包括40个不同的运动项目，过去4周参与每项运动的频率会记录下来。从4月开始到次年的3月份结束，这项调查持续一年。

1994年，英国第一次收集了青年人的体育参与数据，年龄组是6~16岁。测试目标是过去12个月的体育参与情况，样本数量是4400人。由于是专门的运动调查，因此，比全国家庭普查的成人调查问题更详尽。测试问题包括校内及校外运动、运动俱乐部、青年俱乐部及其他组织参与的运动，还包括青年人对运动的态度。

除了这个常规的体育参与数据收集外，涉及体育参与的还有特别设计的、更有针对性的一次性调查。其中最重要的两个调查设计是关于健康及生活方式的，设计中包含了"格罗斯曼健康产生机能"的所有元素。1985年进行了第一次调查，第二次是1991年，第三次是1994年的全国健康状况调查。

这些调查都把有关身体健康测试和类似的（不完全一样的）体育参与方法的数据与全国家庭普查中记录的数据结合在一起进行考察。

一开始我们就应该意识到使用这类数据会产生的问题。这项调查数据是在特定时间从一些样本家庭抽取的综合数据。看起来体育需求中一个最重要的方面，也就是需求数量和价格的关系（需求曲线）没有包括在以此数据为基础的分析中，原因是价格不是一个变量，并且价格的某些方面（例如旅行费用）在特定时间里对各个家庭是不一样的。遗憾的是这些全国性调查通常不收集这种类型的信息。

此类数据带来的第二个问题是如何用在不同时间采集的数据建立的时间趋势模型上，特别是当你试图比较不同组织进行的调查时。维尔把全国家庭普查（1973）与1965年进行的全国试验性娱乐调查及休闲计划的数据作了对比，凸显了这一问题。我们曾预计八年间体育参与比例会增加，但事实上1965年的调查数据中的参与比率反而高很多。如表5.1所示。

表 5.1 全国家庭普查（GHS，1973）、全国实验性娱乐调查（PNRS，1965）和休闲计划（PFL，1965）的比较

运动项目	GHS（1973） （访问之前 4 周的参与比例）	PNRS / PFL（1965） 访问之前 1 年的参与比例
高尔夫球	2.7	3.5
长距离散步	3.3	5.0
足球	3.0	5.0
板球	1.4	4.0
网球	2.4	4.5
保龄球	1.0	3.0
钓鱼	3.2	5.0
羽毛球／壁球	1.8	3.0
乒乓球	0.9	6.0
游泳（室内）	3.7	} 11.5
游泳（室外）	4.6	

资料来源：维尔（1976）。

造成数据上的不一致有几个原因。首先，在不同时期所提出的关于行为的调查问题不同。1973年全国家庭普查的调查问题是受访者在受访前4周参与了什么活动，1965年的调查问题是受访者在过去12个月的活动参与状况。由于1965年的调查将偶然参与计算在内，因此比1973年调查的参与率更高。1987年，全国家庭普查才第一次记录了在过去4周以及过去12个月的体育参与率。

另外，调查样本的设计也不一样，主要是全国家庭普查和全国试验性娱乐调查有所不同。前者只取16岁以上的人群作样本，而后者样本年龄为12岁以上。如我们在第四章所述，年龄对参与率有很大的影响。

上述的一部分问题可以通过研究同一调查在不同时期采集的数据来解决，例如，通过每三年或四年获得一次的全国家庭普查调查结果。但是，比较不同时期的全国家庭普查调查结果也可能

产生问题，原因是所提的问题或许不同，特别是答题卡的不同会对 1973—1977 年以及 1986—1987 年某些活动的记录参与率产生明显影响。

最后，就数据的价值来说，可供进行特殊的实验性研究。这种研究涉及对体育参与以及那些与需求模型有特殊关系的运动花费的原始数据收集。在这章我们会详细阐述两个这一类的研究。在讨论体育参与模式之前，我们还是要考虑全国家庭普查数据显示的体育参与特性。

英国：体育参与的水平及频率

表 5.2 是关于 1996 年体育／身体活动参与（4 周以及 12 个月）以及参与频率（4 周内）的数据。56%的成年人（16 岁以上）1996 年在受访前 4 周内参与至少一项体育运动，81%在一年至少参加一项体育活动。如果排除步行（这些参与者除了步行不做其他的运动或休闲活动），4 周内和一年的参与率分别降到 46%和 66%。

目前参与率最高的运动是步行，其 4 周的比率是 45%，一年内的比率是 68%。其次是室内游泳，4 周的比率为 13%，一年内的比率为 35%。此外还有三项运动 4 周的参与率达到两位数：健美／瑜伽（也包括有氧运动）（12%），斯诺克／撞球／弹子球（11%）以及骑自行车（11%）。

表 5.2 的一个重要特征是提供了 4 周以及一年参与率的关系。通过询问受访者在先前一年是否参与身体活动而获得一年期的测试数据，其中包括那些偶然参与的人员。而且也考虑了季节性因素，因此，4 周的参与率是四个季节数据的均数。比如许多户外活动因季节不同参与率变化很大，那么，四个季节 4 周参与率的平均值就会减小。以网球运动为例，在夏季的四个星期参与率是

84 体育休闲经济学

表5.2 运动项目、游戏和体育活动参与率（英国16岁以上居民，1996年）

体育活动*	访问前4周的参与率	访问前12个月的参与率	访问前4个月平均每人的参与频率
散步+	44.5	68.2	..
游泳	14.8	39.6	4
游泳（室内）	12.8	35.1	4
游泳（室外）	2.9	14.9	5
健身/瑜伽	12.3	20.7	7
斯诺克/台球	11.3	19.2	4
自行车	11.0	21.4	8
体重训练	5.6	9.8	7
足球	4.8	8.5	5
室外足球	3.8	6.9	5
室内足球	2.1	4.8	4
高尔夫球	4.7	11.0	4
跑步	4.5	8.0	6
掷镖游戏++	..	8.6	..
撞柱游戏	3.4	15.5	2
羽毛球	2.4	7.0	3
网球	2.0	7.1	4
滚木球	1.9	4.6	6
地毯滚木球	1.1	3.0	5
草地滚木球	0.9	2.8	6
钓鱼	1.7	5.3	3
乒乓球	1.5	5.3	3
壁球	1.3	4.1	4
举重	1.3	2.6	8
骑马	1.0	3.0	8
板球	0.9	3.3	3

(续表)

体育活动*	访问前4周的参与率	访问前12个月的参与率	访问前4个月平均每人的参与频率
射击	0.8	2.8	4
自我防卫运动	0.7	1.7	6
爬山	0.7	2.5	2
篮球	0.7	2.0	3
橄榄球	0.6	1.3	4
滑冰	0.6	3.2	1
无挡板篮球	0.5	1.4	3
航海	0.4	2.3	4
摩托车	0.4	1.6	3
皮划艇	0.4	1.6	2
曲棍球	0.3	1.1	4
滑雪	0.3	2.6	4
田径	0.2	1.2	5
体操	0.2	0.7	6
帆板冲浪	0.2	1.1	2
至少一种运动（不包括散步）§	45.6	65.9	
至少一种运动§	63.6	81.4	
基数100%	15696	15696	

* 身体活动中有0.5%以上的男性或女性是采访前12个月的参与者。

+1996年的答卷中没有提到受访者经常怎样散步。

++1996年的答卷中关于掷镖游戏的问题只问及过去12个月的参与情况，而没有问及过去四个星期的情况。

§ 所有包括此项在内的活动没有另外列表。

资料来源：全国家庭普查，1996。

4%，在冬季是1%，四个季节的平均值就是2%；一年的参与率是7%，因此，一年期和4周参与率的比值是3.5（7∶2）。季节性运动的年参与率一般比4周参与率的平均值要高。

表5.2显示了受访前4周活动参与的频率。体育参与频率比其他休闲活动，如艺术的参与频率要高得多。频率最高的活动是骑自行车（每星期8次），其次是健身/瑜伽（每星期7次）。因此，这两个运动的平均参与频率是4天一次。由于表中的数据代表了所有参与者的平均数，所以有些参与者的参与频率比这些数据高得多。这种多个运动领域内的高参与频率是体育参与的一个重要特征。

体育参与的趋势

全国统计办公室进行的例行体育参与趋势分析是建立在全国家庭普查体育参与数据基础上的，结论是20世纪90年代体育参与的整体水平保持了稳定的态势。自行车和力量训练的参与率增加了，而壁球和斯诺克/撞球/弹子球的参与率下降了。20世纪90年代之前的1977—1986年，体育参与呈缓慢增长趋势，只有女子室内运动的参与率增长最为显著（从1977年的13%上升到1986年的21%）。

除了这个例外，例行的全国家庭普查数据分析显示，体育参与和年龄、性别、社会经济状况等标准划分变量之间的联系是相当稳定的。例如，1983年的全国家庭普查报告指出：

不同年龄组的参与模式与1977年及1980年调查的结果类似。16~19年龄组的参与率通常最高，并随着年龄的增长而下降。（OPCS，1985）

1986年全国家庭普查报告指出：

1986年不同年龄组的参与率与1983年相似。（OPCS，1989）

传统分析方法在鉴定体育参与基本模式方面非常成功。它使我们知道了哪些运动项目参与率最高，参与者的参与频率是多少，以及参与同年龄、性别、经济社会状况等变量有怎样的联系。但是它缺乏对参与趋势的关注。事实上有两方面的问题导致传统分析方法不能区分出主要的趋势。

第一个问题是与运动定义包含的活动有关。如野营/拖车度假在1977—1986年间被全国家庭普查列入户外运动一类，但这种归类没有什么逻辑道理。这项活动在最流行的季节（秋季）的活动参与率是2%，对于这种几乎不涉及积极身体运动的活动来说是一个不小的数字。更严重的是，斯诺克和飞镖在男性室内运动中占居主导地位：1986年，斯诺克的男性参与率是17%，飞镖的男性参与率是9%（1977年为15%）。虽然斯诺克和飞镖比野营/拖车度假有更多理由列入运动项目，同时它们也是体现休闲参与的一般模式的重要活动。但是，如果数据分析的主要目的是体现体育参与的趋势，并以此评价鼓励人们参与积极身体活动的公共财政政策成功与否，那么将这两项运动排除在外的效果要好得多。

理由之一，对体育的公共补贴在某种程度上是建立在体育参与及健康的关系的基础上，在测量此类补贴政策有效性的统计指标中运动的定义应该包括那些对促进健康有一定积极影响的运动。同样，那些与提高世界运动成绩有关的运动能力指标与这些促进健康的运动没有多大关系。

第二个理由更为重要。由于斯诺克和飞镖活动的普及程度之大，使体育参与的任何一个统计指标都在很大程度上受这两项运动的影响。斯诺克在1977—1986年间的参与率有了很大提升，而同期飞镖参与率下降的程度几乎相同，因此，包含这两项运动的统计指标几乎没有变化。这也许造成了女性室内活动的变化程度比男性大的现象，因为飞镖和斯诺克的主要参与者是男性。

传统分析方法的另一个主要问题是，最初对采集数据的兴趣在于调查体育参与的模式。而这一采集数据的初衷导致最后采集了许多项目的数据，其中的一些样本数量极小，因此容易造成大的样本出现误差。结果只能推导出一些体育参与的总体指标，而且这些指标也存在前面章节所提到的问题（例如，它们包括野营、斯诺克以及飞镖）。要表现全国家庭普查数据的主要特性，需要有一系列的参与指标。这些指标要能根据一个相对较小规模的统计数据提供恰当的综合性数据。通过分析不同时期这些指标的变化就可能分析出这些数据的主要趋势。

1977—1986年间体育参与趋势：一种替代性的方法

依据全国家庭普查数据，在这一节我们尝试用一种替代性方法来分析1977—1986年的体育参与趋势。之所以选择分析1977—1986年的体育参与趋势，是因为1977年之前只有1973年的数据，而这些数据与1977年及之后的数据没有可比性；1987年及之后采集的数据和先前的数据也没有直接的可比性。

这种替代性方法的基础是将自1983年以来使用的4大组参与群体（例如，包括和不包括步行的至少一项户外活动；至少一项室内活动；至少一项室内活动和/或者户外活动）扩展为14个不同的参与组别，这些指标代表体育参与行为的主要方向。在这儿我们只涉及6个组。另外，由于上一节提到的原因，飞镖、弹子球/斯诺克、野营和拖车度假被排除在我们定义的运动之外。

表 5.3 中所定义的是为我们的分析提供框架的 6 个参与组别。表 5.4 表示的是这 6 个组别的参与率,以及这个时期的参与率变化。

表 5.3 体育参与组

项目	描述:参与此组的被访者
1. 体育运动	至少一种体育运动
2. 户外	至少一种户外运动(包括散步)
3. 室内	至少一种室内体育运动
4. 只限户外	仅仅户外运动(包括散步)
5. 只限室内	仅仅室内运动
6. 室内和户外	室内与户外运动

表 5.4 体育活动参与率(英国,1977—1986 年)

参与组	访问前 4 周的参与百分比%*				%变化
	1977 年	1980 年	1983 年	1986 年	1977—1986 年
1. 体育	33.3	36.4	38.2	40.7	22.2
2. 户外	27.6	29.7	30.7	31.4	13.8
3. 室内	11.8	14.3	15.8	18.6	57.6
4. 只限户外	21.5	22.1	22.5	22.1	2.8
5. 只限室内	5.8	6.7	7.5	9.3	60.3
6. 室内和户外	6.1	7.6	8.2	9.3	52.5

* 平均每年四个季度进行的调查

表 5.4 显示了从 1977—1986 年体育参与率变化的状况。第一组体育运动的参与率从 1977 年的 33.3%提升到 1986 年的 40.7%,即同比上升了 22%。因此,可以说体育参与的增长是由于相当比例的成年人参与了至少一项运动项目。

在表5.4中可以看到，与户外运动有关的一类运动的参与率几乎没有什么增长。户外运动参与者指的是在调查范围里的4周内至少参加一项户外活动的人。表中显示，1986年户外运动的参与率是31.4%，但1977—1986年的增长率只有14%。而"只限户外"这一组的参与率在1977—1986年间几乎没有增长，凸现了这一时期体育参与数据的一个主要特点：户外运动在1986年并没有比1977年吸引更多的参与人数。特别是成年人中仅参加户外运动的人所占的比例在1977年和1986年是相同的。

室内运动（就是参与者至少参与一项室内运动）的情况就明显不一样了，1977—1986年增加了57.6%。而传统全国家庭普查分析显示对应的数据是29%，可见把飞镖和台球算在内就可以使室内运动参与率的增长减半。"只参加室内运动"的增长率是60.3%，由此我们可以清晰地看出室内运动和户外体育参与率增长的区别。格拉顿和泰勒（1991）分析了20世纪70年代和80年代公共室内游泳池和运动中心的增长之间的关系，指出由于对新的室内设施的大量公共投资使得室内运动参与率大大增加。现在的分析显示这种增长由于采用传统的评测方法而被低估了。

最后一个组别是室内和户外运动，代表那些既参加室内也参加户外运动的人群。"室内和户外运动"是一个核心运动参与组别，在许多其他组别中也有体现。在1977年只有6.1%的参与率，但是在1977—1986年间迅速增长了52.5%。

表5.3对参与组别的定义使我们能够清楚地看出参与模式以及参与率的变化，这些都是全国家庭普查数据采用的传统分析方法所不能揭示的。1977—1986年间的主要特征是室内运动和户外运动的增长率有显著差异，前者比后者要大得多。要想更容易识别这样一个显著的趋势，首先要对运动做一个更加有效的定义，其次是使用涵盖体育参与不同方面的更多的指标。

参与频率

表 5.5 给出了不同运动组别的参与频率。1977—1986 年间所有组别的参与频率都增加了，但频率增加模式并不像参与率增长模式那样稳定。室内运动参与率增长最快的是在 1977—1980 年和 1980—1983 年时间段，参与频率增长最快则发生在 1980—1983 年时间段。而事实上就大多数组别来说参与频率在 1983—1986 年间降低了。

总体来说，户外运动参与频率比室内运动要高。最低的频率发生在"只限室内运动"组别。迄今频率最高的是"室内和户外运动"组别。尽管这一组别的参与率在 1986 年只有 9.3%，但是参与者平均 28 天参与 15 次，也就是比其他任何一项频率都高，因此，它代表了最坚定的体育运动参与者。

表 5.5 参与体育运动的频率（英国，1977—1986 年）

活动组	访问 4 周前活动者的参与频率 *			
	1977 年	1980 年	1983 年	1986 年
1. 体育运动	8.2%	8.9%	9.7%	9.3%
2. 户外	9.0%	9.7%	10.8%	10.5%
3. 室内	8.7%	9.4%	10.0%	10.1%
4. 只限户外	7.9%	8.5%	9.5%	8.7%
5. 只限室内	4.5%	4.9%	5.2%	5.3%
6. 室内和户外	12.7%	13.3%	14.5%	14.9%

* 平均每年四个季度进行的调查

参与者的特征

这一节我们根据与体育参与有关的传统标准划分变量来分析14个参与组别的参与者特征。

年龄

表5.6记录了1977—1986年间四个全国家庭普查调查的不同参与组别的参与者平均年龄。各年之间以及各组别之间的参与模式是一致的。随着时间的推移,参与者的平均年龄也逐渐增长。

大多数组别的平均年龄是30岁左右,室内运动组别平均年龄(通常30岁出头)要比户外运动组别(接近40岁)低。1986年所有运动项目参与者的平均年龄是39岁。

表5.6 体育参与者的年龄(英国,1977—1986年)

活动组	平均年龄(岁)			
	1977年	1980年	1983年	1986年
1. 体育	38.2	38.3	38.9	39.0
2. 户外	39.3	39.5	39.9	40.4
3. 室内	32.2	32.0	33.4	33.9
4. 只限户外	41.5	42.4	42.7	43.3
5. 只限室内	33.2	33.0	34.5	34.2
6. 室内和户外	31.3	31.2	32.3	33.7
平均(所有样本)	45.4	45.3	45.7	45.5

参与者平均年龄随时间有规律的变化是非常显著的,所有组别在1977—1986年间都有稳定的上升。对所有参与者"运动"来说平均年龄从38.2岁上升到39岁。尽管平均来说室内运动参与者

仍然比户外体育参与者年龄要小，但总体上与室内运动相关的组别比与户外运动相关的组别参与者年龄增长幅度要大。最大的增长来自于核心的、最坚定的体育参与者，也就是"室内和户外运动"，平均年龄从1977年的31.3岁增长到了1986年的33.7岁。

这为罗杰斯（1977）提出的关于年龄和体育参与关系的假设提供了证据支持。不是接受传统的认为人们随着年纪增大而退出积极参与的观点，他认为许多老年人从不参加运动，甚至他们年轻时也不参加运动。他提出了"运动知识"的概念，也就是各类人群参加和适应积极娱乐活动的程度，罗杰斯认为老一代比年轻一代的运动知识要贫乏得多。表5.6指出1977—1986年间由于更有运动知识的一代人进入老年后继续参与运动，因此，1986年比十年前有更多的老年人定期参与体育运动。如果这种解释是正确的，那就意味着1986年以后体育参与者的年龄会继续变大。

性别

表5.7给出了6个组别中的女性参与比例。1977年只有42%的体育参与者是女性，到1986年这一数据上升到46%。此表显示：这种上升掩盖了不同组别的变化模式的区别。对女性参与者来说，户外运动组别的参与比例几乎没有变化。

表5.7 女性体育参与的百分比（英国，1977—1986年）

活动组	女性参与百分比%				变化%
	1977年	1980年	1983年	1986年	1977—1986年
1. 体育	42.4	44.5	45.7	45.6	7.6
2. 户外	40.7	42.5	42.6	41.1	1.0
3. 室内	42.4	45.8	50.1	51.4	21.2
4. 只限户外	42.4	43.6	42.6	40.6	-4.3

(续表)

活动组	女性参与百分比%				变化%
	1977年	1980年	1983年	1986年	1977—1986年
5．只限室内	50.5	53.5	58.6	60.5	19.8
6．室内和户外	34.7	39.1	42.4	42.3	21.9
总样本	53.4	53.6	54.1	53.7	

与这些户外运动组别相比，妇女参与室内运动组别有了显著上升，因此，在室内组别（参与至少一项室内运动）中，1986年女子参与人数比男子要多，而1977年正好相反。"只在室内"组别中，1977年女性和男性大致相等，但到了1986年女性却占到了60%。

表5.7中最有趣的方面也许是核心组别（室内和户外运动）1977—1986年女性的参与比率。这个最坚定参与者组别中女性的比率从1977年的逾34%上升到1986年的逾42%，也是所有组别中比例增长最大的。

上一节中讨论的与年龄有关的"运动知识"也可以部分解释女性体育参与率的不断提升。从历史看女性比男性的运动知识要少，但在20世纪的后25年情况却越来越不一样了。妇女越来越多地接触并参与男性运动，这也开始反映在统计数据当中，不过参与室内运动比户外运动要多。从中可以看到，年龄和性别有一个互动关系，那些更年轻的女性与男性的体育参与模式相似，而在老年组别中女性和男性运动知识的差别继续导致这一年龄组中男性和女性参与比例的差异。

体育参与的国际比较

罗杰斯试图比较欧洲六个国家的体育参与水平。《指南针1999》把这个研究方法更向前推进了一步。

《指南针1999》展示了一个雄心勃勃的欧洲区域计划：调查全欧洲国家体育参与数据的可用性；比较七个国家的体育参与水平和结构；为运动调查方法变得更和谐而提供指导原则。

由于七个国家主要运动机构和国家统计办公室的密切合作而促成了项目的实现。在作体育参与的跨国比较时，由于采集数据的不同，调查使用了不同的方法，从而造成了很大困难。在对不同国家、不同时期的不同调查进行比较时也遇到了类似的麻烦。然而这个项目还是有用处的，尤其是在构建一个更好地理解各个国家体育参与的特性和结构的分析框架时。指南针项目中采用的分析框架是建立在对体育参与结构的分析基础之上的，这个结构层面涵盖了从不参与运动的人群和高密度经常参与竞争型运动的运动俱乐部成员。

尽管在对欧洲各国体育参与进行比较方面有难度，《指南针1999》还是显示出一个体育参与的欧洲模式正在形成。其中一个最重要的模式是体育参与强度的南北划分，如表5.8所示。

表5.8 欧洲七国体育参与比较（16岁以上成人，%）

	西班牙	芬兰	爱尔兰	意大利	荷兰	瑞典	英国
竞技，有组织，强化运动	2	6	7	2	8	12	5
强化运动	7	33	11	3	8	24	13
有规律，竞技和有组织的	2	5	7	2	10	5	4
有规律，娱乐性	4	28	3	3	6	17	6

(续表)

	西班牙	芬兰	爱尔兰	意大利	荷兰	瑞典	英国
无规律	10	6	15	8	25	11	19
偶尔	6	2	21	5	6		20
非参与者：参与其他体育活动	43	16	10	37	}38	8	15
非参与者：没有任何体育运动	26	3	26	40		22	19

就高频率、大强度的组别来说，芬兰和瑞典具有最高的参与水平以及最高比率的参与人口。意大利和西班牙的参与水平最低，这是由于调查方法的差异对这两个国家影响最大。英国、荷兰和爱尔兰在不同组别的整体参与水平和参与结构上相似，这三个国家与芬兰及瑞典的区别主要在不同参与组别的分配上而不是在整体参与水平上，原因是他们在较低参与频率水平组别上比斯堪的纳维亚国家参与比率要高得多。

看起来斯堪的纳维亚国家在克服大众体育的传统障碍方面最为成功，特别是在老人和女性方面。然而和罗杰斯20年前进行的欧洲跨国比较研究相比，所有国家的老年人和妇女参与比率都提高了，由此可见，在参与模式方面确实在形成一个共同的欧洲模式。这项研究证实了罗杰斯的假设：这些团体的参与率低，是因为他们的运动知识非常贫乏。在其间的20年中欧洲国家的"运动知识贫乏度"已经显著下降了。

图5.1中列出的是不参与运动或仅仅偶尔参与运动的成年人的比率（一个月不到一次）。芬兰又一次因为在这两个组别中的人口比率最小而突出，并且在25岁后不参与或很少参与运动的人口比率的增加微乎其微。就所有国家来说，这两个组别的比率随年龄而稳定增加，但是和先前的调查结果相比增长的幅度却小多了。

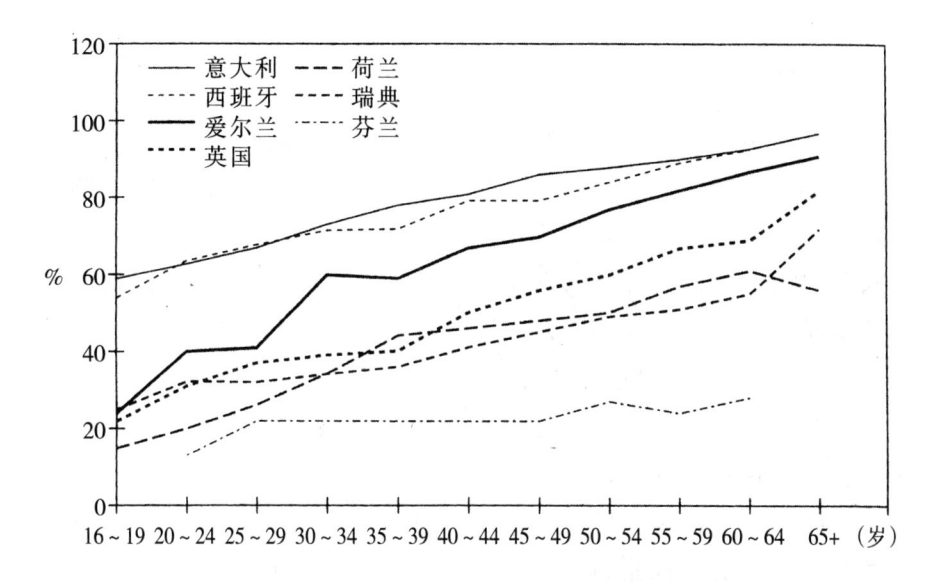

图 5.1 不参与运动/偶尔参与运动随年龄层次发展的变化

该研究项目中相当协调的数据和参与国家数量的增加可能致使人们在未来的几年里更深刻地理解体育运动。

需求模式：需求功能的起源

在前一章节中，我们做了从对运动数据的简单描述分析到进行理论方法的和需求发展的更详细的分析。在这一节中，我们将阐述由格拉顿和泰斯在1991年进行的关于需求的研究成果。这次研究评估了需求功能起源的两个阶段：第一个阶段试图说明参加体育运动的决心；第二个阶段试图说明参与的强度。两个阶段中都使用同一变量原理进行解释。关于测试模型的数据采用的是健康和生活方式调查的数据，在参与强度的测量上，此数据比全国家庭普查具有更多的优点。

数据

在英格兰、威尔士和苏格兰，健康调查和生活方式调查（Cox et al.，1987）的对象是 18 岁成年人及其家族成员。这项调查是由健康促进研究基金会资助的，从 1984 年秋天到 1985 年夏天，共有 9003 人参与。调查的目的是为了收集各方面信息，以帮助对健康或不健康生活方式调查的进行。调查的重点主要在四个方面：饮食、锻炼、吸烟和饮酒的消费量。

调查收集的是关于参与者在面试前的最近两周所参加的体育或非体力的休闲活动的信息。

通过这些数据，我们设定了体育参与的 3 个指标。第一个表现变量参与的指标是将其分成两个评估变量，即假设一个人在面试前 2 周参加一些运动，以 Value1 表示；或者假设一个人不参加运动，以 Value0 表示。这样就能有效地将参与团体与不参与团体分隔开来。

另外两个指标仅来源于参与团体，目的是为了识别参与的强度。第一个是变量运动时间。所谓运动时间，就是个人在多于 2 周时间里参与所有运动项目所花费的总的时间记录。假设一个人连续超过 2 周打 90 分钟壁球、慢跑 60 分钟和游泳 120 分钟，那么他/她的运动时间为 270 分钟。

但是，有一些运动比别的运动需要消耗更多的体力，如打一次高尔夫球可能要花 3~4 小时，而打一场壁球多数时候在 1 小时之内就结束了，可见运动时间变量不能充分衡量体育参与的强度。于是，我们找出了第二个测量强度的方法——能量指标。这种测量方法试图测量每一个参与者所消耗的能量指数。这种指标是德宁和帕斯莫尔在 1967 年制定的，它由运动时间变量加上能量消耗的分类与典型体育参与的时间相结合而构成。这种能量指标是计算每一个体育参与者参与所有运动所花费的时间和重量的平均数，重量是指在每项运动上的能量消耗。

这三种相辅相成的变量——体育参与、运动时间和能量指标可以解释该模式。

模式

这里有几种试图评估参与者在娱乐消遣中两个阶段的计量经济模式。但是，它们仅限于在北美地区和户外活动（参见奇凯蒂等，1969；奇凯蒂，1973；卡尔特 & 戈斯，1970）。我们的研究方法亦采用同样的两个阶段的方法。第一个阶段是通过解释变量装置中参与的退化来评估体育参与的可能性条件，第二个阶段是评估参与群体中体育参与的强度。我们有两种变量模式来表现参与强度：运动时间和能量指标。在评估中使用同样的解释变量装置。

变量，包括解释变量装置中的变量，在某种程度上是由先前的对体育参与决定因素的调查所决定的。正如我们所看到的，体育参与模式的研究已经证明，主要的社会经济变量在决定人们休闲方式的偏好方面起着非常重要的作用。社会经济变量是指年龄、性别和收入。体育参与只涉及到收入但不涉及年龄。男人参与运动比女人多，我们之前已经看到这种状况是如何从全国家庭普查数据中显示出来的，以及这些状况如何随时间而发生变化。

在调查中记录下来的另一个变量，即一个人是否长期患病或有残疾，对于体育参与来说都有可能是一个重要的决定因素。这是由变量所表现出来的。假设一个人长期患病或者有残疾，以 Value1 表示；反之就是 Value0。我们预计这个变量有一个否定系数，即长期忍受疾病折磨而无法参加运动。

类似的变量0/1（通常查阅"虚拟变量"）包括种族背景、婚姻状况和工作状况。一般而言，我们预计少数民族成员的参加人数少于平均值（在先前体育参与调查的基础上），已婚人员的参与少于单身（由于其他的需求）。另一种变量是家族大小的变量，它会强化上述情况的影响。工作状况变量同样包括有效时间的指标。一般而论，其他的变量也是一样的。我们期望利用更多的时间参与更多的运动，然而，在兼职工作、待业、永久性疾病或残疾、退休、全职学生以及家庭主妇（待在家里）等状况下，工作状况变量比有效时间指标更多。工作状况变量中的个别分类，也同样关注收入、年龄和性别的影响。

最后一种变量包括所有不同休闲活动的总数，在调查面试前，个人参与者已经参与了多于两周时间的休闲活动，这也包括了1989年格拉顿和泰斯在进行健康和生活方式调查中所执行的前期工作。他们发现与不参与体育运动相比，体育参与者有很强的休闲活动倾向，也就是说，他们会更多去参加无运动量的休闲活动。这一变量确实存在于所有的年龄和收入的组别中。从某种程度上讲，这种变量正逐步体现在休闲消费技能的水平上，它证明了消费者有能力在一个广阔的休闲活动范围里取得成效。

结果

三个等式的预算结果参见表5.9、表5.10和表5.11。由于每周家庭净收入变量都在退化，调查中变量的价值也在减少，样本也随之缩小。举例说明，例如表5.9，总的样本已从9003缩小到7157。

表 5.9 参与决定因素

变量名	参数估算	T- 比率
拮据	−1.444	−8.56
年龄	−0.0297	−9.52
性别	−0.0321	−4.13
家庭规模	0.010	0.377
慢性病	−0.189	−2.57
每周家庭收入	0.00123	3.88
前 2 周的活动数	0.529	33.11
兼职	0.263	2.42
失业	−0.125	−0.86
残疾	−0.028	−0.10
退休	0.243	1.77
学生	0.340	0.91
闲置在家	0.201	1.88
寡妇	0.0626	0.35
离婚	0.320	1.88
分居	0.385	1.83
已婚/同居	−0.071	−0.679
印度人	−0.034	−0.12
黑人	0.495	1.6
其他非白人种	0.389	1.05

参与是一个附属变量，它仅仅是 Value1（参与体育运动）或 Value0（不参与体育运动），表格 5.9 阐述了 logit 模式评估程序的计算结果。在一个模式中，常规退化分析结果描述了体育参与的概率，这个模式是预测附属变量的，但是预测范围只能在 0~1 之外，而 logit 模式可以弥补这个问题。

表格 5.9 显示：很多预先的期望值由评估参量所确定。年龄、性别、长期疾病等预期消极的征兆都是重要的，家庭收入也很重要，而且确实如所期望。但是另外一些变量的重要系数是大量的活动（确实如所期望）和兼职工作（也是所期望的）。如之前所显示的那样，大量活动的变量是休闲定位的指标；33.11 的高统计量证实了预期体育参与变量的重要性。

对于兼职工作变量事实上也仅是另一个重要变量的结果也许令人感到惊讶，但事实表明了更多休闲时间对决定运动需求的重要性。我们曾期望看到时间因素对工作状况变量产生影响，然而在不工作、退休、全职学生、永久性疾病和残疾、家庭主妇等状况中，时间因素对体育参与模式的决定并不重要。对于这个研究结果可能的解释是：后四类变量是由模式中其他的变量充分表现的，特别是收入（退休和不工作）、年龄（学生和退休）和性别（家庭主妇）。同样地，虽然后面的变量比前面的变量包含更多的参与者，而事实可以说明永久性疾病/残疾缺乏影响力，它是由长期的疾病变量引起的，原因仅仅是参与者不参加全职工作。计算工作状况变量结果的意义在于说明：学生参加更多的体育运动不是因为他们是学生，而是因为他们年轻。同样，不工作的人不参加体育运动不是因为他们没有工作，而是因为他们收入比较低。

家族大小、婚姻状况和种族背景在体育参与模式中都未能体现出重要影响。

计算结果中最令人感兴趣的是将表格 5.9 中参与模式的评估与表格 5.10 和表 5.11 中测量强度的退化进行对比。首先看表格 5.10，参加运动所花费时间的退化模式（运动时间），其主要变化是年龄层次、长期疾病和收入等状况的缺乏重要性。年老、长期处于疾病状态和低收入似乎都是体育参与活动中的障碍物，但是假设障碍物被克服了，一个人成为了参与者，那么，这些变量在决定程度或运动强度上就不再起重要作用了。

表 5.10　体育时间决定因素

变量名	参数估算	T- 比率
截距	18.398	4.2
年龄	0.012	0.133
性别	−14.428	−7.1
家庭规模	−0.241	−0.34
慢性病	−0.776	−0.38
每周家庭收入	−0.000035	−0.45
前 2 周的活动数	3.333	9.9
兼职	4.893	1.67
失业	21.470	5.6
残疾	7.620	0.82
退休	8.972	2.15
学生	10.303	1.84
闲置在家	3.090	1.03
寡妇	−2.142	−0.37
离婚	−0.210	−0.046
分居	−5.224	0.93
已婚/同居	−1.237	−0.50
印度人	−4.885	−0.65
黑人	4.494	0.62
其他非白人种	−11.994	−1.35

表 5.11　体力决定因素

变量名	参数估算	T-比率
截距	109.467	5.84
年龄	−0.556	−1.41
性别	−84.194	−9.81
家庭规模	0.588	0.20
慢性病	−5.687	−0.66
每周家庭收入	−0.00040	−1.26
前2周的活动数	15.946	11.18
兼职	24.778	2.0
失业	97.081	5.98
残疾	33.410	0.85
退休	40.082	2.26
学生	31.810	1.34
闲置在家	12.957	1.02
寡妇	−10.985	−0.45
离婚	−3.490	0.18
分居	−24.931	−1.04
已婚/同居	−9.233	−0.87
印度人	−11.981	0.38
黑人	32.312	1.04
其他非白人种	−55.958	−1.48

在参与模式中不重要的两个变量对于运动时间来讲则成为重要的变量了，它们是代表没有工作和退休状况的虚拟变量。这两个变量所表现的积极参与的征兆说明这些变量正在预示休闲时间的有效性。因而，假设体育参与的最初障碍物（低收入和年龄层

次)都被克服了,那么在体育参与中,时间的有效性就成为了主要因素。虽然在运动时间模式中,虚拟变量仍然有积极参与的征兆,但是不重要的时间因素不能证明兼职工作的虚拟变量。

性别仍然有重要的意义,其在运动时间模式和体育参与模式中均表现消极,妇女不仅参加的运动量少于男子,而且在体育参与过程中花费的时间也比较少。

同样,休闲定位变量的大部分活动仍然是体育参与强度的重要指示计。表5.10显示,这个变量对于婚姻状况或种族背景没有影响。

表5.11阐述的是关于能量指标变量的结果,表5.10则试图解释体育参与运动中所花费的时间,表5.11试图解释在所给的时间内参与体育运动所消耗的能量。表中所给的能量指标大部分是以运动时间为基础的。对于能量指标模式来说,实质上的区别只有兼职工作变量是重要的。

运动时间和能量参数之间的关系如表5.12所示。德宁和帕斯莫尔列出了三种不同水平的体育参与活动(在能量方面)并根据消耗的能量水平将之分组为高、中、低三个运动组别。格拉顿和泰斯选择的受访者只参与三组之一的运动,并对受访者的运动时间、能量指数、年龄和参与休闲活动的数量求平均数,结果就如表5.12所示。

表5.12 参与实践,体力和年龄与高、中、低强度运动的关系

	低强度运动	中等强度运动	高强度运动
参与时间	42.1	22.5	13.7
体力	100.9	100.0	100.8
参与者平均年龄	47.1	38.5	31.5
活动	4.2	4.8	5.0

计算结果不出所料，从低活动量运动、中活动量运动一直到高活动量运动的体育参与者的平均年龄平稳下降。奇怪的是：花费在低活动量运动上的平均时间比中活动量运动的多，而花在中活动量运动上的时间又比花在高活动量运动的时间多。最终三个活动组别的平均能量指数事实上相同。也就是说，随着年龄的增加体育参与者转向那些强度更低的运动但同时增加了运动时间。因此，在各个运动的能量需求和参与实践之间实现了平衡：年轻人珍惜时间，但是选择大强度运动；老年人选择强度低的运动但是花费更多时间。当然，表5.12只调查那些仅参加一个能量类运动的参与者。许多参加了三个或者至少两个组别运动项目的体育参与者被排除在这个表格之外。即使这样，这种时间和强度的妥协可部分解释表5.10和表5.11之间的相似性。

格拉顿和泰斯的研究试图通过大型的健康和生活方式调查来评估英国的体育需求模式。他们使用了一个类似于在北美进行的两阶段法，这个方法曾特别用于美国全国休闲调查数据的分析。

由于没有费用数据和价格数据，所使用的需求模型与传统的经济需求模型显著不同。同时由于使用的数据体现的是代表性而不是时序性，不同时期的价格变化互不相干。不过，依然有可能从中获得体现体育参与的不同消费行为模式的需求指标。

结果显示，决定体育参与的因素和决定参与时间或参与时能量消耗的因素是不一样的。证据表明时间充裕度在解释参与强度时比解释参与决定时重要得多。

消费者的消费目标是对体育参与及其强度作出有力解释的一个重要因素。那些休闲追求繁多的消费者倾向于参与运动并且参与频繁。消费技巧也是决定休闲行为的一个重要方面。

健康和生活方式调查的数据可以提供全国家庭普查数据所不能提供的分析机会，由于全国家庭普查没有关于体育参与时间的数据，因此，我们不能创建运动时间变量或者能量指数变量，这两个变量的存在都以运动时间为前提。尽管健康和生活方式调查不像全国家庭普查那样是一个持续的数据调查，但上面的分析显示它对于深入考察运动需求还是有用的。

设施需求

如同先前几节所指出的，使用大规模需求预测数据项的困难之一是缺乏花费和价格的信息。苏格兰的一项研究（休闲研究中心，1993；科尔特，1993；格拉顿＆泰勒）试图通过研究公共部门运动设施中价格的作用来解决这个问题。

价格对消费者决定是否使用某一运动设施的影响比简单地需求价格弹性分析所显示的要复杂得多，就如麦克卡维尔和克朗普顿（1987）以及麦克卡维尔等人1993年所研究的那样：对价格水平及其变化的反应是由一系列期望或者"参考价格"所调节的。参考价格指的是消费者觉得合适的价格，它由一系列因素所决定，如消费者的价值观等心理因素；其他消费的价格以及现行的补贴或消费水平等相关的决定因素；设施的物理条件等直接的决定因素。由于影响参考价格的信息、经验以及感觉等处于一个不断变化的状态，所以参考价格也是上下波动的。

麦克卡维尔和克朗普顿发现，就公共游泳池来说，相关信息对参考价格有重要的积极影响。假如使用者知道了提供设施的成本多少，价格提升对需求产生的影响就不会那么有弹性了。麦克卡维尔等人赞同总体花费信息会对参考价格产生积极影响，同时也指出，让使用者知道设施收入的不足部分会由其他公共休闲设施的资金来补偿，亦有积极的影响。

苏格兰学者进行了一项课题研究（休闲研究中心 1993；科尔特，1993；格拉顿 & 泰勒，1994），这个研究的特别意义在于研究潜在的消费市场，以补充原先关于价格和使用的市场记录。设计这项市场调查是为了给很多复杂的理论性探讨提供依据。当局同意对5个中心的器械价格进行基本调节，这些商场将在几个月内对使用者进行价格调整前后的调查。这项调查对象的人数将近2500名。同时，家庭调查在临近街区以及价格变动前后进行，接受调查者超过5300人。

传统的经济分析在分析价格变动继而引起的需求量的变化量时，并没有考虑到同一时期内其他变化对需求量变化影响的最大值。而苏格兰学者的这项研究报告表明，对于特定活动或特定人群，确切的需求量变化取决于精确价格变化的结论并不适用于对这5个中心的器械使用状况的案例分析。

然而，我们通过平常记录的关于价格和使用情况的数据还是可以得出一个总体情况的。在表5.13中可以看出，不同程度的需求量对应不同的价格弹性，不仅仅要比较需求量的百分比变化同价格的百分比变化，而且还要分析在这个中心内价格变化对利润的影响。表5.13中的需求量的价格弹性测定得很粗糙，它们是通过计算不同器械的大量不同价格变动得出的。同时它们没有考虑到非价格变动因素影响。虽然这些非价格变动因素看上去在短时期内不显著，但它们也应被衡量进去。

苏格兰学者科尔特的研究显示需求对应的价格是非弹性的。越高的价格可以获得更多的利润。在中心1的最新健康器械和中心4的案例中，价格弹性是积极的而非过去认为的是消极的。在这些例子中，或者是价格增长对购买没有抑制因素，或者其他促进消费的因素已完全超过了价格增长因素对购买的影响。

表 5.13　价格、使用和税收的变化

	平均价格变化%	使用程度变化%	价格弹性粗略衡量	税收变化%
中心 1				
老健身中心	+13	−3	−0.2	+19
新健身中心	+15	+134	+8.9	+120
中心 2	+70	−37	−0.5	+11
中心 3	+31	n.a.		n.a.
中心 4	+71	+9	+0.1	+39
中心 5	−100	+51	−0.51	−54

这张表分析了需求与价格之间的关系。即需求随价格弹性变化，价格可能会受营销管理策略的影响而有所变化。

表 5.13 中的有限数据不足以用来进行更深入细致的研究。在没有进行可靠的、精确的、系统的有关器械需求与价格的调查的情况下，苏格兰学者运用市场调查的方法来研究确定价格需求关系的很多方面。

器械价格与整体价格的联系

正如科尔特（1993）描述的那样，顾客花费在器械上的费用中，每周平均入会费为 1.1 英镑，不到平均每周消费总量 3.42 英镑的 1/3。这个计算结果不包括分期付款。这个数据是值得重视的。也就是说，即使入会费有显著的变化也不会对消费总量有太大的影响。如果将入会费提高到 2.20 英镑，将会使消费总量上升 1/3，达到每周 4.52 英镑。

当每个星期 1.10 英镑入会费少于参与可变总量的 1/2 时，苏格兰学者研究出的参与可变总量为每周 2.53 英镑。所以，入会费变化对消费总量变化的作用在减小，而其他可变消费对消费总量变化的作用在增大。基于苏格兰学者的研究，表 5.14 说明大量的消费者忽视了商品的原价和商品价格的变动。那么出现这样的情况就不足为奇了，因为入会费仅仅是价格的相关组成部分之一。

表 5.14 对价格增长的态度

平均价格的增长% 没意识到以前的价格	被访者% 态度		
	合理	没注意到价格	超量
中心 1				
所有的活动	10	27	36	29	9
老健身中心	13	33	40	20	7
新健身中心	15	44	34	14	9
中心 2	70	35	28	20	17
中心 3	31	44			
中心 4	71	18	38	14	36

大部分苏格兰设施入场费用的大大降低——我们的认识或多或少地基于这样一种现象。这一认识意味着任何在同样环境运行下的设施都可以考虑对价格进行有意义的提升。这是因为对顾客参与成本的影响，比如综合（复合商品）价格的影响，往往要比因入场费提升带来的影响小得多。由于增加财政的必要性，地方当局或许满怀希望地想利用这样的一种可能性来削减财政的净支出。在 20 世纪 90 年代初，地方当局对消遣、娱乐服务都奉行财政削减这一规定，泰勒和佩奇（1994）的证据证实了上述说法。

替代弹性

参与者往往会根据各种（必须参与的）复合消费品的组成部分的价格变化来改变他们的消费支出。然而，有多大程度的改变，在已有的苏格兰研究中并未包含任何这方面的论述。在他们的研究中，关注和重视的主要组成部分包括：设施（入场费）、运输、团队/俱乐部的组办费用（会员资格和比赛费用）和装备/设备。入场费的大大提高或许就是引起这些组成部分之间替代的主要因素——这也是我们研究的原因所在。

有间接的证据表明，构成整个复合商品的不同组成部分之间有着相当稳定的关系，其中设施也只是复合商品的一部分而已。尤其是随着这些设施的入场费用的增加，使用这些设施的人将越来越少（3%或更少），他们参与的次数（频率）也越来越少。在用户调查或家庭调查中，均没有参与者表明为了维持自己参与（体育活动）的水平，而去使用其他的一些设备来代替（原来的设备）。

我们对这个发现并不感到奇怪。首先，体育参与的成本相对较低：

> 相对其他很多的闲暇活动来说，体育活动是便宜的。尽管入场费用的大幅度提高，但是相对其他的一些闲暇活动的开支，这点（入场）费用是不算高的。
>
> （休闲研究中心，1993）

这表明对参与者来说几乎没有什么经济刺激可以刺激他们去从复合商品中寻找别的组成部分（设施）来替代原有的设施。

第二，原则上来说，仅仅在某些活动中，用其他的一些设备来替代原来（运动）需要的设备是可行的。最明显的例子就是有氧运动/健身和举重这类的活动，我们往往可以在家里用其他相对应的一些设备，如台阶、录像机、杠铃等等来代替，而不去购买专门的设备。但是，像羽毛球、足球、游泳和壁球这些活动，若想用其他的一些设施设备来代替必备的设施设备是不容易的。

基于对替代弹性的考虑，以增加某些设施的入场费用来达到经济目标的方法——价格非弹性，也是合情合理的。拥有这些设备的经理需要确定：他所考虑的要提高（收费）价格的活动不是像家庭活动（设备可以被替换）那样的活动。他也必须确定：在这些活动中，设施的使用将使人们享有更好的参与（锻炼）经历，而这些更好的经历是那些替代（设施）所不足以提供的。

价格交叉弹性

苏格兰的研究关心的是通过用较低价格的设备来替代高价格设备以便改变入场费用的可能性。在这一研究中有两个潜在的积极的价格交叉弹性例子。

第一个例子，在同一个休闲中心有两种相互竞争的健身设施。第一种是比较新的设施，质量也更好，其中77%的设施都比另外一种贵。接下来的几年中，两种设施的价格都上升了，结果，价格高的设施使用率是以前的两倍多，而价格低的设施的使用率却有非常轻微的下降。

价格交叉弹性的粗略估计（其他设施价格的变化率除以这个设施价格的变化率）显示，对更新、价格更高设施的需求增加超过了10%，而对较低价格设施的需求则下降了0.2%——积极的价格交叉弹性表明了两种设施之间的取代或竞争关系。然而，市场调研告诉我们，由于价格变化产生的由一种设施转向另一种设施的需求变化并不是很明显。就更新、价格更高的设施需求来说，高价格交叉弹性的原因就是这些新的设施在新的市场得到了发展（成长）——暂且不论相对的价格变化，这些设施的需求是增长的。

市场调研的结果证实：两种设施服务于不同的市场，而不是相互取代——这对于管理来说是个可喜的结果。更新的健身中心的成员不需要使用旧的健身房，更新的设施吸引的是更多的女性非体力劳动者，而其他旧的设施则吸引了许多男性体力劳动者。

第二个潜在需求的例子是一个（试验）免费为（偶然的）游泳者开放的游泳池。另外一个游泳池在4英里之外，那个游泳池的规格更高，而且能够提供其他各种各样的活动。假定这个（免费）试验游泳池的缺陷在于它距离另一个游泳池过近，以至于影响了它的需求。然而，必须强调的是，一般情况下一个城市传统意义上的游泳池的贮水域（简单地说是由一个围绕着设备的圆形区域所表示）的半径大约是3英里。因此距离总是可能对变更需求有一种限制，即使在设施紧密相连时也是如此。

免费使用几乎不影响对其他游泳池的需求。尽管有免收门票的竞争优势，别的游泳池也还是有恒定的访问量。在这种情况下，粗浅的交叉价格弹性为零（对于其他游泳池需求的零改变，与免费游泳池100%的降价相对应）。市场调查揭示出零交叉价格弹性的原因在于：在调查其他游泳池时，1/2的回答者不知道有免费使用的游泳池；2/3的人去不远于2英里路程的游泳池游泳，他们中的大多数人认为去免费游泳池的路途过远。

因此，在这些交叉价格弹性的"试验"中，没有发现一种替代关系。然而，从市场调查中可以清楚地看到，产品分化可以降低变更需求的危险，特别是在质量分化的情况下。同样，当距离不太远且价格适当的时候，距离也可以成为一个至关重要的分占市场因素。

再者，对设备需求的弹性影响也是一个要考虑的重要因素。在这次特殊的研究中，显示出价格无弹性的需求。若财政目标要求更高的收入，可以考虑提高门票价格。

非价格影响

价格无弹性需求的结论和变更需求的缺乏,需要有程度上的界定,并通过价格之外的其他重要变量的变化加以测定。大体上讲,其他变量的变化可能掩饰了价格变动的真正后果。

一组非价格的、应对需求产生影响的变量是供应品。比如包括更多的促销、设备更新、项目的改进以及新的、非价格的吸引。可是,就作者所知,在研究进行的阶段,除了在一个设施中增添了一个新健康器材外,没有任何重要的供应品有所改变。

市场调查也对非价格影响做了测试。问卷调查分价格变动之前和价格变动之后两个阶段进行。问卷调查了可能会影响需求量的变量,即就业情况、社会—经济状况、年龄、性别、教育、个人交通的渠道。还有一个限制参与的即时列表,包括家庭和工作态度、天气、时间。对这些非价格问题的反应,价格变动之前和价格变动之后都没有产生明显的差异。由此看来,使用价格无弹性需求结论是有效的。

表 5.15 对过高价格的态度

	平均新价格(镑)	态度 * 合理	过高
		(被访者的%)	
中心 1			
所有的活动	1.46	89	11
老健身中心	1.30	88	8
新健身中心	2.30	71	29
中心 2	1.73	85	13
中心 3	1.93	86	12
中心 4	1.11	87	12

* 上述关于"态度"的反馈并非是 100% 的。其中有 1%~4% 的受访者对所列价格的回答是"太低了"。

表 5.16　价格改变或对金钱价值的感受

	金钱价值的感受			
	很好	好	一般	不好
中心 1				
所有的活动	24	57	17	2
老健身中心	18	64	10	8
新健身中心	37	46	17	0
中心 2	27	52	18	3
中心 3	26	52	21	1
中心 4	18	63	18	1
中心 5（免费）	50	36	12	2

行为考虑

为了解释在苏格兰研究中对价格变化的反应，通过市场调查测量了四种态度。这有助于我们界定消费者的参与决定如何与价格变动相关联。这四种态度是：对强制价格变化的态度；对变动后的新价格水平的态度；价格改变前后，对设备的金钱价值感受；对回答者所参与的活动收取"合理的"最高和最低入场费——参考价格的态度。

表 5.15~ 表 5.17 对这些结果做了总结。对于价格增长的态度是复杂的，正如表 5.14 所示，这种态度会随着活动中心的不同而不同。只有在 2 和 4 两个活动中心，可以说态度是非常关切的，分别有 17% 和 36% 的使用者认为价格上涨 70% 过高。可是，必须指出的是表 5.13 暗示有两个活动中心表现出价格弹性需求的低水平。的确，在活动中心 4，紧随着价格上涨 70% 的是下一年的使用增长 9%。由此可以证明这样的假设：尽管消费者将抱怨价格上

涨，但并不一定因此改变他们的访问行动。

表 5.17　参考价格分界线

	最高接受价格	最低接受价格
	（和实际支出比）	
中心 1		
（新健身设施）		
在价格增长 15% 前	高出 3%	低于 23%
在价格增长 15% 后	高出 6%	低于 25%
中心 2		
（5 项活动的平均）		
在价格增长 83% 前	高出 102%	低于 27%
在价格增长 83% 后	高出 75%	低于 19%
中心 3		
（4 项活动的平均）		
在价格增长 6% 前	高出 42%	低于 13%
在价格增长 6% 后	高出 60%	低于 30%
中心 4		
（所有活动的平均）		
在价格增长 71% 前	高出 32%	低于 8%
在价格增长 71% 后	高出 56%	低于 24%
中心 5		
（游泳）		
在价格下降 100% 后	高出 41%	低于 21%

表 5.14 中一个重要的结论是很大比例的使用者对以前的价格或价格上涨都没有意识，以至于他们不能提供价格上涨的证据。这种程度的忽略在活动中心 4 占了回答者的近 1/3，在活动中心 1 和 2 中则超过 1/2。另一个现象是，在许多消费的参与决定中价

格因素相对并不重要性，这或许是因为价格的大部分来自资助，而且不是参与活动花费中的一个重要组成部分。对价格水平和价格上涨意识的缺乏，并不是受运动设施新旧的影响——在所有调查的运动设施中使用率都很高，而且新使用者的数量也很少。

对新的、较高价格水平的态度，如表5.15所示，显示了一个潜在的对参与的严格限制，对于活动中心1的更新的设备，有29%的回答者认为其价格过高。可是，参照表5.13，它显示出这种运动设施是价格非弹性最极端的例子，随着价格上涨15%的是下一年134%的需求增长。看起来限制参与的标志实际上并不确定。29%的回答者发现新的价格"过高"这个事实，可能意味着这种运动设施的价格接近一个临界点，超过了临界点价格弹性可能要增长。另一方面，尽管价格相对偏高且不断上涨，对设施需求的强烈增长，却暗示着研究中没被测试的非价格因素的影响，比如对健康不断增长的时尚追求，或者被新的、以前从未占领的市场的吸引。

表5.16显示，尽管少数回答者表达了对价格上涨和价格水平的关注，但金钱的价值也一直得到肯定。这是需求价格无弹性的最基本的原因，也意味着以前的价格水平不必要那么低。

这种意见在表5.17中被肯定。此表详细说明了消费者参考价格的分界线，即他们认为可接受的价格。表5.17表明，参考价格的概念并不意味着一种单一的价格，而是一种可接受价格的容忍度。比如，在活动中心3价格上涨之前，使用者平均的容忍度从低于现时的价格13%到高于现时的价格42%。价格上涨之后，容忍度扩展到从低于新价格30%到高于新价格60%。可见，价格变动，容忍度也随之发生变化。

表5.17证明参考价格随经验变动。例如中心1较新健康设备的价格上涨15%后，最高可接受价格比新的、较高价格水平高

6%。同样的，在中心 2、3、4，参考价格的最高分界线随着价格上涨而变动。可以断言，对消费者来说，决定参考价格的最重要因素是实际支付的价格，而且会迅速的调整他们的参考价格。

上面回顾的行为根据，提供重要的、对价格无弹性需求结论的定性支持。它证明：变动的参考价格和金钱价值感觉，能补偿任何价格大幅度上涨带来的不安或者相对高的价格水平。

但是，还要说明一点，苏格兰研究对家庭的考察发现，家庭对价格提高的反应比活动中心消费者的反应要强烈。这达到了预期的目的，因为家庭考察能捕捉到最真实的反应。

1987年麦克卡文和克朗普顿的实验以及1993年麦克卡文等人的实验表明，对价格水平变化的态度，对金钱和理想价格的看法，受到价格变化的控制。但是在苏格兰研究中，没有证据能够证明活动中心采取了什么措施抵制价格上涨消极的反应。尽管这样，随着补助金的下降，当局者意识水平会有所提高。他们有必要使用信息和改善策略来改变消费者的预期价格，或者使预期价格与价格上涨一致。

在苏格兰研究中，有很多详尽的通过市场调查得出的需求，这就有可能为获得更好的补助设施和低价位提供支持。如果说财政命令最重要的话，这样的建议就需要与知识配套。消费增长需要有效的销售，使行为决定具有弹性。这些配套措施包括：服务质量的提高、服务品味和价格的提高、改变消费者的预期价格、为娱乐消遣或者社会弱势群体打折。

结　论

运动的需求都是在余暇时间里，通过这一章我们可以看到，以往有经验的研究在描述统计分析体育参与形式及趋势和国际运动形式比较方面取得了丰硕的成果，分析模型也开始使我们看到决定体育参与水平的因素和对设施的要求。值得一提的是，决定一个人是不是参与者的因素和决定大众参与运动程度是一样的。参与运动程度的决定因素是时间。苏格兰研究中价格实验印证了这样的假说：时间比金钱更能影响体育参与程度。运动设施价格的提高几乎不起作用。所有这些领域的证据在过去的几十年里大量涌现，毫无疑问以后这种趋势会持续加速。

然而，对运动需求更深入研究的最大障碍是目前所得到资料的范围有限，主要体现在：

1. 没有能力将体育参与和其他形式的娱乐活动相联系，特别是旅游和艺术——苏格兰研究注重于体育参与，没有研究其他娱乐的数据库。

2. 缺乏创立休闲方式的变化过程——尽管旅游类资料将身体休闲方式纳入其中，但 GHS 继续采用社会经济学/人口统计学的研究，从而限制了其分析水平。

3. 缺少消费数据（设备、衣服、鞋子等），只可能了解有限的消费者的行为。

4. 缺少时间尺度，尽管频率是反映体育参与程度的一种尺度，但是了解一次运动多长时间也很重要。

5. 缺少设施供应的数据（如最近运动场的距离）。这或许是苏格兰研究中最大的问题，参与率并不反映消费者的不同需求，只是供需调节平衡的结果。没有设施供应者的信息，就不能看出需求和供应的不同影响。

这些问题与全国家庭普查以及它对参与和生活方式的研究作用有密切关系。实际上，英国没有现成的数据集用来测试过去 20

年间生活方式和体育参与的理论。20世纪60年代设计出两个调查，专门用来研究体育参与和生活方式，那时只有很少的有效信息，而且很少用于发展中的理论。在20世纪90年代，全国家庭普查依然是在收集同早期的调查一样类型的信息。即使这样，在对空闲时间的研究上，研究者已经开始在理论构架上做重大转移。

第三部分

供 给

第六章

政府和体育

引 言

在英国,政府是通过国家体育理事会、体育彩票基金和地方政府等多种方式来对体育进行控制和管理的。本章将就政府与体育的关系从以下四个方面进行分析:政府参与体育管理和控制的广度和深度;政府管理的经济学原理;政府干预可能带来的问题;非政府体育组织与政府的关系。

政府体育开支概述

我们在第二章里强调了经济生活在体育中的重要性。1994年,英国中央政府和地方政府的共同投资仅占体育产业的10%(表2.3)。1995年,该项投资中超过13%的资金被用于体育就业(表2.4)。据估计,1995年中央政府在体育产业中的投资为8.85亿英镑,同期体育产业的上缴税金高达40亿英镑。然而,与之形成对比的是,1995年地方政府在体育产业中的支出高达17.69亿英镑,超出其在体育产业的收入达13.51亿英镑(LIRC,1997a)。

表6.1和表6.2详细列出了政府在体育中的开支情况。中央政

府对体育的主要支出反映在对地方政府体育事业的拨款、为大众参加体育提供服务和在青少年中普及体育教育等活动。中央政府在体育中的主要收入来自于税收。

中央和地方政府均从彩票以及赞助活动中获益匪浅。以1995年为例，从不完全的彩票收入来看，中央政府的收入为3800万英镑，地方政府的收入为8600万英镑。中央政府的彩票收入主要投资于大专院校的体育教育，而地方政府的彩票收入则主要投资于体育服务设施和各类中小学校的体育教育。

表6.1　1995年中央政府在体育活动中的主要收入和支出（单位：百万英镑）

收入		
税收		
	支出	1743
	收入项：	
	商业体育	547
	志愿行业	240
	商业	1313
	地方政府	260
收入因素		
	铁路收入	54
总收入		4157
彩票奖项		23
彩票合股		15
支出		
转移支付		
	注资体育理事会	64
	地方政府赞助	
	体育（净支出）	362
	教育	266
	体育艺术启动资金	54
	足球基金	12
	中央政府工作人员津贴	45

(续表)

支出因素	
体育理事会	22
铁路	42
监狱服务，MOD，皇家公园	18
总支出	885

表6.2　1995年地方政府在体育活动中的主要收入和支出（单位：百万英镑）

收入	
地方政府体育设施	
各项收费	202
体育器材销售	48
场地租金	28
中央政府拨款	
体育净支出	362
体育教育	266
注资体育理事会	10
体育艺术启动资金	13
种类	
志愿行业	53
商业体育	61
商业	159
地方交通	54
安全支出	9
彩票奖项	52
彩票合股	34
总收入	1351

(续表)

支出	
当前支出	
直接性总支出	
工资	466
其他支出	397
教育	
工资	327
科研	15
地方交通和安全	
工资和其他支出	93
志愿俱乐部注资	25
资本支出	
投资	446
总支出	1769

从表6.1和表6.2可以看出，地方政府对体育资金的投入是中央政府的两倍。而地方政府支出的几乎一半来自于中央政府拨款。尽管如此，自20世纪80年代末至90年代初，地方政府与中央政府对于体育拨款的均衡系统发生了显著的变化。20世纪80年代中期，地方政府体育拨款超过中央政府的两倍，20世纪80年代后期和90年代中央政府拨款持续稳定增长，而地方政府拨款却开始递减。

中央政府对体育市场的干预不仅仅在直接投资上，而且出台了一系列的管理制度。例如政府对英国体育市场的两项颇有争议的规定，其一是对体育博彩市场，特别是博彩公司运行制度的管理；其二是国家最低工资保障制度（每小时3.6英镑）。就体育和休闲行业总体而言，许多工作是传统意义上的低薪工作。该制度的实施有效地提高了体育劳动力市场的最低阶层的劳动力成本,缩小了工资差异,降低了薪金差异率,保护了弱势阶层的权益。

自 1995 年以来,国家彩票收入已成为体育资金的重要来源。但对其是否真正是政府资金的一部分的问题目前仍有争论。一方面,它与税收并无区别,即政府聚集资金并通过其设立的专门机构——彩票管理中心来运作。另一方面,它与税收又完全不同。它不是一种强迫性的行为,而更类似于一种慈善募捐。从这一角度来看,将其作为政府体育资金的一部分是不准确的。但从其实施效果和可操作性来看,体育彩票支出已被习惯性地视为政府支出的一部分。

表 6.3 1995—1996 年地方政府体育和休闲的净支出 (百万英镑)

游泳馆	98
有游泳馆的体育中心	210
无游泳馆的体育中心	65
社区中心,公众场馆	68
室外球场	53
高尔夫球场	(11) *
城市公园和开阔地	480
体育总计	963
艺术总计	277
其他总计	296
休闲总计	1537

资料来源:休闲与娱乐统计估测 (CIPEA) (1995—1996)。

* 高尔夫球场有资金盈余。

表 6.4　　地方政府不同体育和休闲设施的成本回收率

	1979—1980 年	1985—1986 年	1990—1991 年	1995—1996 年
游泳馆	12	33	36	24
体育中心	27	47	44	36
社区中心与公众场馆	16	30	25	26
室外球场	19	27	22	23
高尔夫球场	68	93	109	142
城市公园和开阔地	4	14	12	12
剧院和艺术中心	34	41	40	50
艺术画廊和博物馆	6	15	16	21

资料来源：休闲与娱乐统计估测（CIPEA）。

表 6.3 反映了由地方政府管理的不同种类的体育和休闲设施的净支出情况（即政府补贴）。其中近一半的支出，也是最大的支出是城市公园和开阔地项目，而其中绝大部分支出并不是真正用于体育和体育健身活动——其中仅仅网球场和保龄球场等适用于体育活动。

表 6.4 反映了地方政府体育设施的成本回收情况，在 20 世纪 80 年代的前半期有明显改善，但 80 年代的后半期绝大部分项目境况不佳，到 90 年代前期这一趋势仍在继续。其中最为典型的是那些由竞争招标制度（CCT）所建的体育设施，如游泳馆和体育中心，其成本回收状况不佳。但某些设施，特别是高尔夫球场自 20 世纪 80 年代至 90 年代以来，其成本回收率在不断提升。高尔夫球场的赢利主要来自于较高的市场需求和客户的消费意愿。

政府干预的经济学原理：市场失败

政府为何投资于体育和娱乐并监管市场的运行？这个问题涉

及到中央和地方政府干预的重要性。就体育和娱乐市场而言，消费者支出仅占较小的比例，政府支出占绝大部分。除此之外，在过去的20年中，体育娱乐支出一直是公共支出中增长最快的部分。

经济福利原理为我们提供了政府介入体育的原因。当一个成功运行的私人市场未能满足福利社会市场的全部要素时，经济学家称这种状况为"市场失败"。市场失败的主要原因是缺乏政府干预，因为政府干预具有阻止或补偿市场失败的能力。

效率因素与公平因素是体育市场失败的两大原因。如果体育对参与者产生的社会收益大于参与者的私人收益。那么市场可能对参与者是有效的，但对社会是无效的。一种有效市场解决方案需计算其参与个体的价值和供给成本，但却忽略了附加的社会收益。由此社会期望输出将无法从市场输出获得，这将使得体育娱乐市场的资源的供给不足。

个人消费者通过其购买行为并不能使产品水平达到社会最佳化，也就是说，能带来最大个人收益和社会最佳收益的平衡。这是由于他们可以使社会受益趋于零，即所谓"免费驾驶者"。一种能带来社会消费水平最大化的方式是降低价格，显而易见，这不可能由供应商站在公共福利的立场上完成。政府由于承担着社会福利的责任，其有理由通过补贴消费者，补贴在商业和志愿领域的供应者或直接提供比私人生产者低的商品供应价格的方式来鼓励更多的体育产品和体育消费。

就财产的价值来说，私人市场的资源和产品的分配可能与政府所期望的公平分配有所不同，这种情况下的市场为非公平市场。正因为如此，政府可能会通过对不同顾客和供货商的补贴达到对产品、资源和体育机会更均衡分配的目的。

与体育相关的"市场失败"包括健康、犯罪、公共商品和公平原则。我们现在要分析这些市场失败的理论和现象以及政府干预体育市场的意义。

体育参与和健康

1975年体育与娱乐白皮书指出，体育参与和健康的紧密关系是政府提高其促进体育参与的理由之一。它指出如下的体育锻炼对人们身体和精神的积极影响：

对许多人来说，体育锻炼给人们带来身体和精神的积极影响。一项研究指出，积极的体育锻炼将降低慢性心脏病的发病率（1972年超过40岁的死亡群中，27%的人死于慢性心脏病）。

第二次世界大战后，对体育与健康的关系的研究不断加深。体育锻炼已经成为预防慢性心脏病的有效手段。莫里斯等人（1953年）的研究发现：公共汽车售票员由于整天在车中上下走动，他们比整天坐着的驾驶员患慢性心脏病的机会要少。因此，莫里斯推断业余时间的体育锻炼会对那些长期静坐的上班族的身体健康带来积极影响。

实证性研究表明事实确实如此。莫里斯（1973，1980）追踪了17944名英国中年人在8年业余时间的活动，发现那些经常从事体育锻炼的人比不锻炼的人患慢性心脏病的风险低于50%。其他研究也表明体育锻炼对身体的益处并非仅仅表现在减少心脏病的隐患方面。托马斯（1981）等指出体育锻炼同样会对预防和治疗高血压、肥胖、糖尿病、焦虑、沮丧和哮喘有疗效。沃里和芬特姆（1995）在欧洲理事会健康问题前瞻报告中指出，有充分的科学证据表明，经常性的和适中的体育锻炼活动对人的健康、综合技能和幸福生活都大有裨益。他们以美国体育锻炼理事会为例，该理事会提出政府应该把体育锻炼作为一项公众健康政策，认为每一位成年美国公民每周在尽可能多的日子里应进行30分钟或更多时间的中等强度的体育活动。

除此之外，格拉顿和泰斯（1989）通过对普通家庭的健康与生活方式的调查获得了更多的证据。这些证据表明，同非体育参与者相比，体育参与者的身体更健康，生活方式更积极。这说明体育参与和提高生活质量有直接关系。这就是第一章所说的体育活动所产生的非金钱性投资收益。

问题是这些健康收益是纯私人性的还是社会性的。如果主要受益人是体育参与者，那么我们并没有必要讨论政府干预体育健康的问题。然而，政府对体育参与和健康关系的干预在很多方面可能导致社会福利的增加。

有关体育锻炼所带来益处的论据主要在区别消费者利益和真正的私人收益上。第四章格罗斯曼的模型（1972）假设了个人具备健康需求模型和健康资本回报率这两方面的知识。但事实上人们并不能确定体育锻炼对健康资本的影响，因而不能确定对健康回报率的影响。这种不确定性有可能导致在以健康为由的锻炼消费不足情况下消费决策的低效率。这是一种典型的市场失败。用第四章中斯图维斯基的分析理论来解释，这是由于缺乏消费技巧所致。

1992年"联合全民健身调查"经过对4000多名英国成年人的跟踪调查后找到了消费者对体育认识不足的证据。这项调查揭示出有益心脏健康的运动锻炼参与率极低：70%的男性和80%的女性每周并未进行足够的体育锻炼活动。同时也揭示出人们对体育认知的误区——尽管80%的人认为经常体育锻炼对健康有利，但绝大部分人误认为他们已经参与了足够的体育锻炼活动来保持身体健康。

为了克服由于消费者认识不足而导致的低效率，就需要通过政府的干预来唤醒消费者体育锻炼的意识。在英国，这是健康教育管理局的一项任务。该局负责多项与体育锻炼相关的推广活动，如"爱护自我"运动。体育理事会在其体育推广活动时反复强调体育锻炼对身体健康的重要性。政府同时对他们提供其他补助性的锻炼机会。这是一种通过引导"认识不足型"的消费者来达到全民健身目的的行动。

赞成政府干预的第二个论据是有关释放健康保健资源与参与者受益关系的问题。芬特姆和巴锡（1978，1981）指出，那些参与体育运动的主要健康受益人是最依赖于健康保健服务的群体。在英国，大部分健康服务机构属于公共医疗范围，耗资很大。如果能把体育锻炼与保健结合起来，社会将会受益。同时，政府也能看到其对体育和健康的补贴的价值。

格拉顿和泰斯（1987）提供了更多的有关社会收益重要性的证据。他们从1977年的"普通家庭调查"中发现，在慢性疾病患者中，参加体育锻炼的人与不参与体育锻炼的人相比，前者较少使用公共医疗服务。对年龄和收入的研究发现，参加体育锻炼的人与不参与体育锻炼的人中，年龄偏大、收入较低的人参加体育活动少，患病多。这一现象反映出体育对健康的积极作用至今仍被人们忽视。

因此，政府更有效的健康政策目标之一是重新分配资源，即从医疗服务到健康服务，再到直接和间接投资于提供体育活动和娱乐设施，也就是以预防为主。但是面临的问题是通过对体育的参与所带来的收益需要经过许多年逐渐反映出来。短时期内，增加公众的体育支出并不可能使健康支出迅速减少。

第三个支持政府干预的论据是，由于体育锻炼有助于健康

(健康的劳动力意味着生产力的提高和患病天数的减少),因此,国家的经济将会受益。谢波德(1990)归纳出如下几点:

企业在工作场所建立的健身项目,能够改善企业形象;有助于有选择性地培训优秀员工;有助于改善产品的质量和数量;有助于减少旷工率和减少工伤;甚至可以与保险公司协商降低对职工的全部或部分医疗保险费。

格拉顿和泰斯(1989)通过引用"普通家庭调查"的数据得出:在英国,体育参与者与非体育参与者相比,前者不仅参与了更多的体育娱乐活动,而且他们的工作时间更长。格拉顿和泰勒(1987)的研究发现,英国工业领域内的旷工现象非常普遍,并且在战后愈演愈烈。1962—1982年间,由于疾病或体弱而导致的有医生证明的病假,男性增长了28%,女性增长了17%。"有证明的病假"是指那些患病三天或三天以上需要由医生出具的证明(从1983年起由于推广生病自我证明,有关旷工数据难以搜集)。

图6.1反映出体育参与者比非体育参与者工作的时间要长。对于每一年龄组和收入组来说均是如此。这反映出体育参与的多少与旷工多少有关。旷工数的减少将减少法定病假工资,从而带来社会收益。

雇主是旷工减少的主要受益对象。因为他们不仅需要负担职业病假工资计划(特别是对高级职员来说)带来的巨大成本,而且同样承担这一法定计划的主要管理性支出。他们需要首先支付这笔资金,然后从健康和社会安全部的国家保险资金中兑付。由此可见,雇主们应该为其雇员提供锻炼计划和设施。然而,在当前的英国,公司更倾向于提供私人健康保险计划服务而不是直接提供体育锻炼设施。公司采取的这种健康政策同"治疗而非预防"措施犯的是同样一种错误。

这一节讨论的问题为政府干预体育和休闲市场在健康层面上提供了详细的注解。然而，我们仅局限于讨论体育参与和健康的积极一面，而未讨论其消极的一面——运动损伤。运动损伤是体育与健康关系中的主要消极因素。

由尼科尔等人在1991年进行的"运动损伤全国性调查"提供了权威的证据。在17564个调查对象中，45%的人在过去的四周内积极参加了体育锻炼，其中18%的人在体育锻炼中受伤。3/4的受

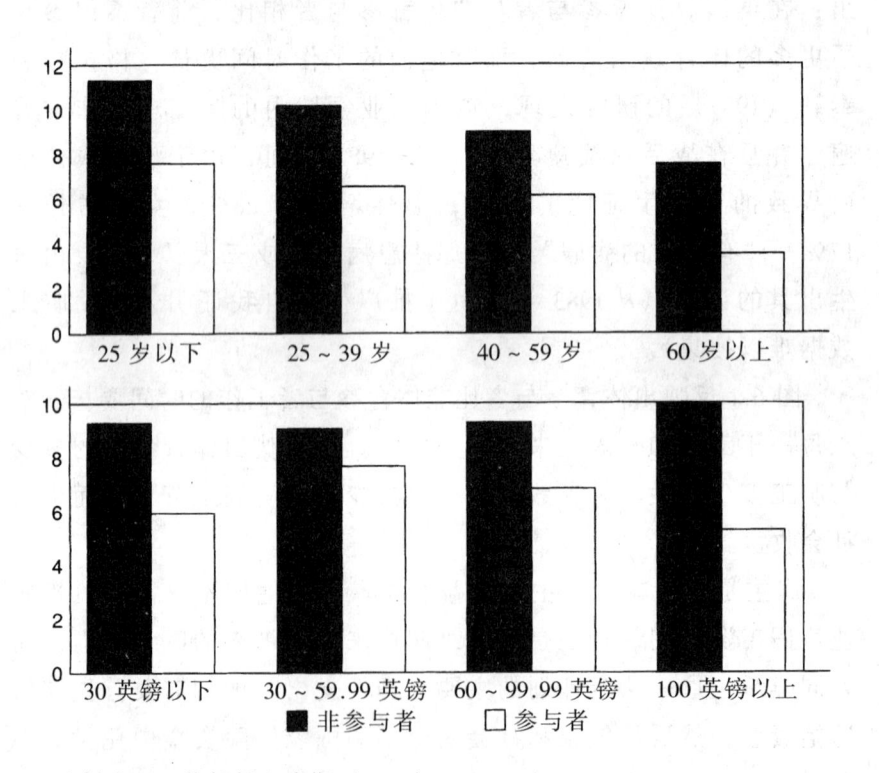

资料来源：格拉顿和泰斯（1987）。

图6.1 工作外非体育参与和体育参与的百分比（按年龄和收入）

伤者是男性，他们中的一半属于16~25岁的年龄段。最危险的体育运动项目是橄榄球、武术、足球、板球和曲棍球。这一研究估计每年由于体育受伤而导致的公共和私人服务机构的消费为2.5亿英镑。由运动受伤而导致的误工所带来的经济损失每年4.05亿英镑。

在接下来的研究中，尼科尔等人用体育锻炼所带来的健康价值来抵消体育伤害的消耗。他们的结论是，在较年轻的成年人（15~44岁）中，一年中由于运动损伤的医疗保健支出将超过预防疾病的体育锻炼支出。对中年人来说，体育锻炼的收益远大于运动损伤的支出。然而，这些结果并没有考虑到那些年轻的体育参与者极有可能在他们年老后收获体育参与的收益。

有关体育公共补贴有利于健康这一观点的政策含义是复杂的。一方面，一些事例反映出三类不同的补贴对象，如最高受伤风险人群、最低受伤风险人群，以及那些诸如穷人、老人和病人等获益最大的人群。另一方面，又有足够的关于体育参与有利于健康的证据来说明全民性体育健康补贴政策的重要性。这一政策推论甚至需要作进一步证明，如对一些明显的意外事件，以及对高风险损伤、低风险损伤的身体锻炼等进行研究。

体育与犯罪

体育参与将有可能改变那些有犯罪和暴力倾向的人的生活（环境部，1977）。年轻人，特别是年轻男性，是体育服务的主要对象，不管是出于内在的还是外在的考虑，这一群体参与体育的机会将会影响他们的生活质量，并减少诸如犯罪和暴力等活动。

体育活动通过挑战性的能量和精力来帮助减少犯罪率，受益的不仅仅是这些犯罪的人，他们的潜在"受害者"也将受益——这是一种个体参与者很难得到的"外在的"或社会受益。在这种情况下，政府对体育的补贴和提供参与体育机会的行为将会被认可。这与体育和健康的原因一样，预防比治疗更经济。

尽管政策制定者经常提及体育参与和危害社会行为（特别是指青少年）减少的关系，但一些研究者如罗宾斯（1990）和科尔特（1990）则指出，迄今还没有证据来证明体育参与和犯罪相关的关系。第四章中所提到的激励理论或许在这里有所帮助。正如斯图维斯基（1981）所述：

一种潜在的假设……不同来源的兴奋是一种相互间的较好替代品。若真如此，那就提出了一种通过社会上更能接受的风险、危险和快乐的来源方式来减少暴力和犯罪。……美国的城市官员非常迟钝地认识到人们面对危险的需要和为追求快乐而宁愿承担风险，以及城市娱乐规划中有关"蜜糖和牛奶吐司"活动的荒谬性。用一位官员的话来说，"一种指控认为，孩子们做的每一件事都是有风险的，有趣的事是在操场之外完成的。"

由反社会行为而表现的市场失败是因缺乏一种可建构性替代活动的信息和他们所喜爱的消费技巧所致。在定义清晰合理的有助于减少犯罪的体育规划的基本原则下，其主要难题是如何确定带来个人或集体犯罪减少的中介因素。同时，以致力于减少和预防犯罪为主要目标的政府在体育项目上的补贴远远不够。越来越多的数据表明，政府的体育补贴对预防青少年在城市的犯罪方面有重要作用。

当然，在认识到体育活动对减少和预防犯罪方面的所具备的外在收益性的同时，也应该注意到某些体育活动，诸如足球流泯行为，也因为其直接与犯罪行为相关而变得臭名昭著。然而，这种关联行为并不是本章所要讨论的话题。这种效率性问题的争论，过去通常来强调政府对体育市场的干预应该是参与而不是观望。

公共财产

一些体育和娱乐产品具备作为"公共财产"的特征（也指"集体财产"）。它们作为公共财产的主要特征是这些产品在消费时的非竞争性和非排他性。非竞争性是指在同一时间内，一个人的消费行为不会阻止另一人消费同一件产品。非排他性是指任何消费者均不会被阻止消费同一产品。在这两个条件下，公共财产在私人市场的条件下会产生供给不足的现象。

总体而言，诸如森林、湖泊、水库、山脉、河流和海岸线等大型的、以自然资源为主的娱乐资源属于公共财产。这些区域通常很难界定是否需要付费的问题。这些区域并不单是纯公共财产，但就其带来的收益而言，它们带有集体性的特征。

涉及自然娱乐资源的公共行业可以分为三大类：国家公园，以水域为基地的娱乐资源以及地方和乡村公园。在美国，国家公园支出占政府对休闲支出的相当大的比例；在英国，政府在国家公园上的公共支出只占其休闲行业支出的较小的比例。同样，尽管多年来以水域为基地的娱乐资源均属公共财产，但是娱乐只是水资源当局和英国水力管理会的一项次要工作。在地方和乡村公园我们可以看到相当多的公共开支，在这一地区的收益通常是排他性和竞争性的。

一个国家的体育在国际体坛上的成功是一种单纯的公共商品。体育和娱乐（1975）白皮书中阐述了如下观点：

国际体育的成功对社区的重要价值不仅是提高士气，而且能激励年轻人积极投身于体育。

由于国际体育成功的许多收益（如提高民族自尊心、增进体育兴趣）是任何个人都不能阻止他人去感受的，因而是非排他性的。由于任何人均可与他人一样感受体育所带来的收益，因而也是非竞争性的。一个自由市场也许不能有效提供这种公共商品，因为对消费者来说受益于免费使用某些产品，它们总有"免费使用"的诱惑。政府可以保证对体育优质产品的充分供给，也可以保证通过税收而受益于公共服务。

体育活动的公共良好效果有几种变化形式，科（1985）在英国参加奥运会的报告中指出：

1. 英国在体育上的成功使人们以成为英国人而感到骄傲。反之则有相反的效果。
2. 英国在体育上的成功与树立英国的国际形象紧密相联；……如果我们的队伍和个人获得成功，则会提升我们的国际形象。由此，他们可以直接地和间接地有助于我们在国际市场上销售我们的产品并获取外汇。
3. 在奥林匹克比赛中获得成功也将大大有助于政府和体育理事会积极推进体育和休闲参与战略。奥林匹克比赛创造出许多英雄，这将激励年轻人和其他所有人来参与体育、发展体育，并沉浸于体育带来的快乐。

首先，对那些欣赏由国家运动员所创造的体育成功的人来说，这将是最现实的收益。第二，无差别的（非竞争性）和普遍的

（非排他性）经济影响源于体育的卓越表现。各种各样的组织，如英国工业联合会、贸易联盟大会、英国理事会，均被作为支持这一观点的论据。第三，这种示范效应有助于引导人们参与体育的热情，提高他们参与体育的频率和/或参与体育活动的持久性。国际国内的奖牌将产生地区性的良好效果，特别是对于那些体育明星所在家乡和地区。

尽管很容易定义体育成功所带来的公开的良好效果，但其重要性却很难估算。一些特别的证据和"专家意见"指出，体育公开的良好效果是很重要的。科的委员会发表的报告希望吸引社会资金来资助英国积极准备1992年的奥林匹克运动会。但是，委员会认为如果依赖于"这个市场"的话，会导致资金不足、准备不充分，这些将影响英国在奥运会上的成绩。从20世纪90年代中期到90年代末期，英国的保守党和工党政府均提出动议，强调国家体育机构的重要性被视为是对近几年在国际体育舞台上的直接归咎于市场的一系列失败的反击措施（如板球、足球、田径等项目）。这项政策是用政府的支持来提高体育质量，基金来自于国家彩票中心。

我们期望政府能致力于提高体育水平以及在财力上支持那些体育精英。如1985—1986年，在1.64亿英镑的体育支出中，10%的资金来自于公共行业（泰勒，1993）。对国家体育中心等重要设施的补贴是体育支出的一个部分，以使国家体育中心和体育机构为体育精英和他们的俱乐部提供服务，但公众体育从中受益不多。

另一个例子是赞助。"许多赞助的特点是其不能有效地带来体育优质产品"（泰勒，1993）。赞助的多变性和不确定性不利于持续不断地生产优良的体育产品。赞助活动通常直接与赞助体育赛事相关，很少与非常重要的体育生产过程，如培训、教练员、设施和后勤服务等相关。

"保留价值"是政府补贴的一项公共事业。政府该项支出的理由是与那些未使用所提供体育机会和设施的人相关。保留价值包括期权、存在权和遗赠权。体育前提下的期权的价值是一种先期支付并愿意在未来某一时间可参与体育的权利；存在权的价值是愿意支付一项体育机会；遗赠权是指愿意为下一代提供参与体育机会而捐赠财产。

"愿意去支付"是指对个人来说的真实价值，但并不能完全通过市场交换来实现。进一步说，正如卢米斯和沃尔什（1997）所言，"这些保留价值是非市场化的公共财富，意味着这种消费是非竞争性的和非排他性的。"在诸如健康安全储蓄或减少犯罪等外在收益的案例中，期权、存在权和遗赠权在体育与娱乐上所需的价值需求是在私人市场所能提供的能力之外，因此，政府通过供给更多的产品或对体育设施及消费者进行补贴。

即使保留价值是非市场化的，它们仍可通过适当的市场研究得到实证性的证明。在北美，许多与此相关的研究已在进行之中，他们主要研究室外娱乐活动的保留价值（米切尔和卡森，1989；卢米斯和沃尔什，1997）。一些证据表明，主要的收益集中在那些参加体育娱乐活动的直接用户，同时他们也是间接的消费者。

在英国，一个保留价值评估的例子是由体育理事会提供的，作为评估国家登山中心价值的一部分。该中心经营的课程包括登山、划船、徒步越野和滑雪，中心提供直接的、针对个人的收费服务。就此而言，它是一种私人交易性质的产品。中心的主要工作是通过其管理机构下的严格的培训计划来培训人才。作为这些培训和评估课程的主要提供者和高水平评估课程的唯一提供者，该中心在制定体育培训标准和开发体育领导培训方面起着非常重要的作用。在这种意义上,它把高技巧的登山运动和与登山相关的娱乐活动联系起来了。

随着在苏格兰高地一系列恶性死亡事故和一些令人震惊的事件的发生,如导致几名青少年死亡的来姆湾划船惨案,英国有关户外活动的领导水平和参与者行为引起了越来越多的关注。作为官方的国家登山中心,承担了一定的责任,这也给体育中心带来一定程度的可信度并使它成为提供与体育相关信息和建议的主要机构。

中心工作的许多方面被视做公共收益,反映了个人从体育中心活动所获得的收益(这并未反映出个人所支付的款项)。大众从国家登山中心的活动中所获得的收益,不仅仅为更多的中心学员所接受,而且为更多的公众所接受。其中相当多的人或许还未意识到他们正通过体育来树立积极的价值观。

这项研究使用一种随机评估方法(米切尔和卡森,1989)来追踪该中心的使用者和非使用者所确定的保留价值(对使用者来说,这种价值大于他们支付该中心的费用)。这种方法包括询问用户和非用户在中心面临关闭的情况下他们愿意支付的能使中心正常运转的款项。结果如表6.5所示,非用户保留价值的中间预测值为476969英镑,超过政府给中心年度补贴的22%。

在政府紧缩公众开支预算的大环境下,那些已经部分地以提供私人产品为主的交易方式值得关注,因为它适合于紧缩财政的需要,同时已经被运用于市场。国家登山中心只是其中的一个积极案例。即使该中心有一部分是商业性服务,但它仍有相当多的公共良好收益,其中的偶发式评估方法的应用有助于收益透明。当国家登山中心出现货币价值被置于公共良好收益之上时,政府便可以借此减少补贴。

表 6.5　国家登山中心 1993 年度总保留价值

	人口	总保留价值	95%的内在信任于总保留价值
用户			
全体用户*	2260	16475	14848~18103
非用户			
登山运动	60000	374700	301800~447600
划船	16500	78870	54780~102795
徒步越野	7300	22345	15403~29273
滑雪+	200	1052	894~1210
全体非用户	84000	476968	372877~580878

* 国家登山中心的登记记录并不能保证各项不同体育运动的数据精确。

\+ 非用户滑雪的人数局限于国家登山中心所在的位于威尔士北部的两大俱乐部的会员人数。

体育和经济发展

20 世纪 80 年代和 90 年代，特别是在城市，随着经济的发展，公共行业与体育（包括艺术）的关系越来越紧密。特别是 20 世纪 70 年代和 80 年代制造行业的崩溃是这一变化的催化剂。举例来说，1971—1987 年，伯明翰失去了 191000 个工作岗位；1978—1988 年，谢菲尔德丧失了 60000 个工作岗位；1971—1981 曼彻斯特失去了 50000 个工作岗位（洛夫特曼和斯皮罗尤，1996）。绝大多数的工作流失发生在制造业和与此相关的服务企业。

这儿所说的市场失败是指这种产业调整进程在正常的商业机制条件下需要数十年甚至更长的时间来进行。空间的不平衡由于没有一种有效的催化剂来改变，因而是低效的，其结果是一方面严重萧条的地区很难吸引投资者，另一方面对于劳动力移动的地区却有相当大的限制（特别是住房）。吸引制造产业前往内陆城市并不是一个可行的解决办法。同时，城市的复兴需要通过改善其基础设施和配套服务设施的投资来吸引成长中的服务产业。

体育在英国和美国的城市复兴中扮演着领头羊或催化剂的角色。在英国，典型的例子是伯明翰和曼彻斯特申办奥运会。曼彻斯特主办过英联邦运动会，谢菲尔德通过主办1991年世界大学生运动会改进了城市设施。在美国，最普遍的例子是通过兴建体育馆和运动中心作为一些体育联盟、职业体育球队的所在地，如丹佛市的库尔球场、俄亥俄州克利夫兰的考斯球场、巴尔的摩考登球馆。（洛夫特曼和斯皮罗尤，1996）

传统意义上来说，公共投资是城市复兴的催化剂。以上所举的英国的两个例子中，许多必要的公共资金均是从这些城市的自由资金中所获得。对谢菲尔德的三个主要体育设施（Ponds Forge国际体育中心、Don Valley体育馆和谢菲尔德竞技场）和伯明翰国家室内竞技场来说，贷款是资本投资的主要方式。在曼彻斯特，中央政府提供了相当多的资金投资于室内竞技场、体育馆和室内赛车场。这些资金均来自于用于城市复兴之外的资金，如中央政府的单一复兴财政，欧盟的欧洲区域发展基金和欧洲社会基金等。

一个城市或地区在发展新的体育设施过程中有可能产生以下几个经济理由：改变城市形象，吸引游客；在地区体育经济中创造直接的就业机会；吸引内部投资来发展城市中以前被忽略的欠发达地区。除此之外，经济的复兴是与社会的复兴同步并进的，城市面貌的变化使得市民更加喜欢他们的城市，良好的体育设施将为市民参与体育提供更好的机会。

然而，尽管用体育活动来推动实现城市复兴的目标的做法已广泛使用，在英国数以百万英镑的政府资金已用于支持这些目标，其结果却并不明显。分析专家估计在西米德兰的国家室内竞技场创造了 1900 个全日制的工作机会，在谢菲尔德的新设施带来了 3000 个工作岗位，仅曼彻斯特体育设施的兴建就提供了 2400 个工作机会（洛夫特曼和斯皮罗尤，1996）。不过，由于数字被夸大及工作机会的短期性的原因，前两项估计遭到了批评。而且，在英国的这三个主要城市中对于体育活动的经济结果仍没有翔实的数据。

同样，尽管在美国已有体育场馆对于经济影响的评估，但对这些数据的准确性却存在怀疑（巴德和戴伊，1988；克朗普顿，1988）。因为一个明显的特点是许多评估数据是用于说服那些对公共投资的合法性持有疑义的人，而不是用来客观评估其经济影响的。按照洛夫特曼和斯皮罗尤的说法：

尽管城市所提供的动机是期望带来地区经济发展，但在大多数情况下，事实却并非如此……体育影响研究经常趋于夸大效果，使得这些报告存在误导和显得没有必要。

用体育来帮助和引导城市复兴常常聚焦于那些设计用于主办大型体育盛会的著名的体育设施。第十章将会进一步分析大型体育盛会对经济的影响。

体育公平性

上述有关效率的争论反映出由于市场配置会产生供给不足，市场忽略了体育消费收益的共同特征，因而需要政府干预体育和娱乐市场的观点。所有的效率争论基于同样的假设：通过改变市场配置可以提高社会福利。就总体社会福利通过社会中各单位的配置而言，公平性比例太低。

公平性关注度与收入分配息息相关，公平性上的主要政策争论是支付的意愿度对某些商品和服务来说并不是一个可接受的标准，因为社会中的许多组织由于现存的收入分配使他们没有能力去支付。政策的解决方案并不是必须依赖于改变收入分配。有关政府干预体育和娱乐市场的公平性争论是如何确立一种更平等的经由体育参与创造的（包括个人和社会）收益分配机制以实现在一定程度上补偿由市场产生的收入分配问题。

也许由体育理事会首创的"体育为所有人"的口号是体育公平性目标的生动体现，但却被地方政府用来作为对体育设施提供补贴的一种理由。当前政府追求"社会内涵"的动议是一种对公平性问题进行干预的一个直接案例。

公平性的争论总是经济学家要面对的一个问题，因为它包含了争论和价值判断的基本标准，这是很难通过事实来支持和证明的。举例来说，"体育为所有人"可以用多种方式加以解释，从字面意义上的"体育为全体人民"到体育为一些"不便从事娱乐活动"的团体，这取决于决策者的公平价值判断。这一概念引出了"垂直型公平性"问题，即关注不同种类和状态的消费者而产生不同的政策选择。为使公平性在诸如介入和体育参与的机会的问题上得到体现，价值判断需要明确何种公平性是我们所需要的。

垂直型公平性可被解释为政策取决于决策者所采用的价值观。实用型公平性的目的是为了达到最大数量的最大效用。若公平性原则是为弱势群体取得最大的收益，那么，一种公平性的自然配置功能是将政策直接导向于那些具有天赋的、能更多地受益于该项政策的人。这种需求将政策导向于那些最需要政策的人。公平性在字面上被解释为平等：不管收入和去向，平等供应于所有人。最后，公平性将按照所采取的价值原则来配置各种收益，这将导致从一个极端（如无能力支付）到另一个极端（间接地通过公共服务下的税收来支付）。

毋庸置疑，由于价值判断标准不同，并非所有的上述有关公平性的解释都与其相关的政策相容。当前的主要政策是寻求改变社会中的弱势阶层的状况。

在公平性目标和需求概念之间有一个重要的链接点。库耶（1980）指出了需要和需求之间的区别：

不管我们对需要采取何种观点，我们都应该注意到他们判断的依据是来自于个人的偏好。这一点正是基于关注偏好的需要有别于需求的区别。需求是想要得到一些商品和服务并愿意为之牺牲一些资源的行为。当一个人为其他人想要得到某种服务并愿意为之牺牲资源时，这时需要和需求成为一体。需要是一种外在的需求，它反映出一个团体认为另一团体应该得到什么的看法。

这样的需要直接与公平性的概念相关。然而，尽管在住房、教育、健康等需要方面达成共识，娱乐性需要的概念却相对是新的。道尔（1981）等人研究了休闲和娱乐需要的本质，并指出休闲一般满足的是表达出来的需求而不是需要，由此许多团体被剥夺了娱乐的权利。

政府干预的原则使社会中的某些可能参加体育活动或根本不参加体育活动的人，能从那些由于公平性问题而需要参加体育活动且具有明确目的的团体中得到社会福利增加带来的收益。这些团体主要来自低收入阶层，如少数民族、老人和失业者，低收入总是与其他问题一起阻碍他们正常参与体育活动。这些人中也许还包括一些体育运动员，在某种程度上，市场并没有因为他们曾经对社会作过贡献而给予他们一些特殊需要的回报。

在英国，由于社会分化的日益显著，对公共政策中公平因素的关注也越来越多。在1994年，社会公正委员会给我们描绘了一幅现代英国社会分化的可怕画面。这种情况在1995年的约瑟夫·罗特基金调查报告《英国收入分配和财富》中得到证实。这些报告反映了问题的严峻性。1979—1992年，在最穷的社会阶层中有10%的人收入下降了17%，而在最高收入的社会阶层中有20%人的实际收入增长了50%。这种收入的不平衡达到了自二战以来统计的较高水平。根据官方的数据，1/4的成人和1/3的儿童生活在贫困之中。100万的退休人员需要政府的支持。年龄在16~64岁的男人中，有1/4的人从经济上讲是不富裕的。40%的失业者属于长期失业（超过一年）。

面对这些不断增长的社会和经济分化的现象，一种干预性体育政策或许希望能够改善那些被社会排除的群体参与体育的机会。原则上"体育为全体人民"是地方政府体育政策中不可动摇的传统，这项政策被解释为对那些在社会上和在娱乐上处于劣势的群体的关注，如低收入阶层、失业者、带小孩的女性、残疾人、老年人和少数民族。

这项政策旨在推进平等目标的实现。20年以前的标准是"全面性补贴"，也就是说，由地方政府来提供大量的持续性的补贴，但这种补贴因缺乏明确的原则和无效性受到审计委员会（1989）的强烈批评：

当局假定低价格和全面性补贴会鼓励人们使用体育设施和帮助人们确立社会目标。然而，对于高收入的人，他们从低价格中得到更大的收益，这种体育参与是有偏差的。从再次分配的角度来分析，这种全面化的补贴具有相反的效果，即许多穷人用属于他们自己的费用来补贴富人们的休闲活动。

这一现象反映出自20世纪70年代以来，这种情况并没有发生任何变化。最权威性的证据出自1981年由维尔编辑的体育理事会未出版的一份报告。这份报告显示，尽管那些高收入阶层只占总人数的14%，但他们却代表了24%的用户。而那些占总人数27%的低收入的阶层仅代表了13%的用户。

1997年英格兰体育委员会组织了一次问卷调查。有155个地方体育中心和游泳池及41000名受访者接受了调查。这项调查结果给出了最权威的和决定性的证据，也反映出了一直存在使用这些设施时参与不均衡的问题。体育中心和游泳馆使用者中的72%的家庭，主要收入来源者属于社会组ABC1，而这一组仅占英格兰总人口的50%。同时，那些45岁以上的人、残疾人、失业者在使用这些设施方面，远远低于平均水平。详细证据请参见图6.2~图6.4和表6.6。

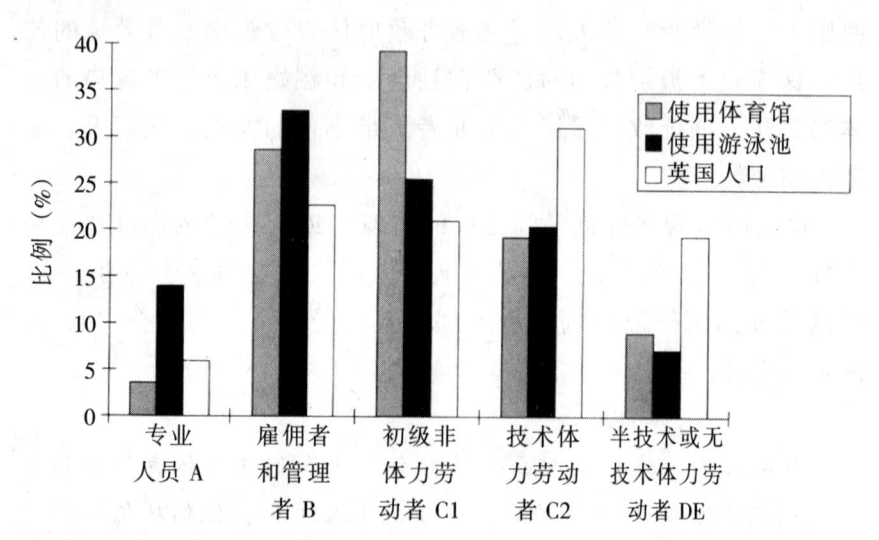

图6.2 用户的社会经济组（SEG）（有关家庭的主要收入来源者）。所有受访者的年龄在16岁和16岁以上，剔除了"未说明"和15岁及15岁以下者。"英国人口"出自国家统计办公室（总体家庭调查，1996）：家庭人数的数据。

当然，期望那些低收入的人能经常使用当地政府的体育设施是不现实的。许多限制条件而不仅是价格因素阻止了他们的体育参与。这使我们不禁要问：如何使补贴实现平等服务？如何贯彻"体育为全体人民"的政策？

最近，在许多地方价格差异正成为比全面性补贴更为复杂的问题，在泰勒和富特（1996）的调查中，有将近一半的地方政府采用"休闲通行证"计划。通行证计划是一种直接补贴那些需要补贴的人。然而，正如泰勒和富特在报告中所指出的那样，地方政府使用通行证计划的目标很可能是反映通常的使用情况（如鼓励使用设施，对所有人的平等机会），而不是针对于如何改善那些被社会所排除的人群的情况。

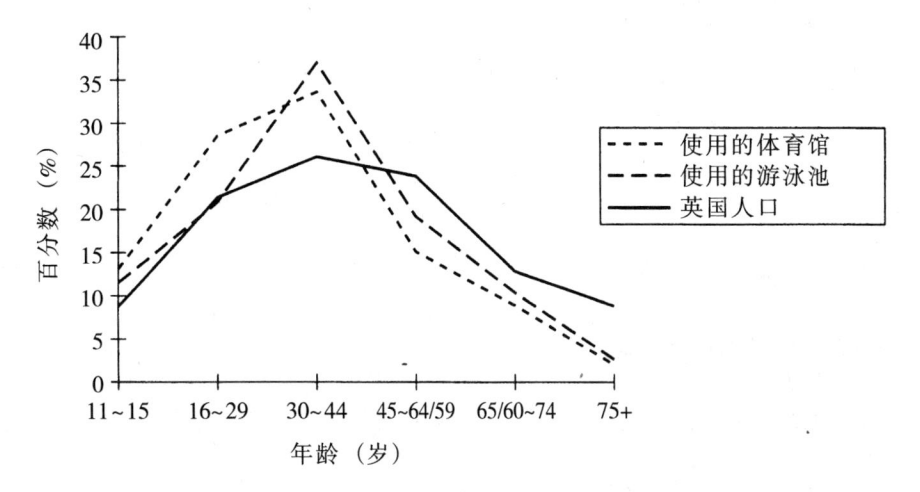

基础：所有的受访者（剔除"未说明的"）。
"英国人口"国家统计办公室（人口趋势，1997）。
资料来源：英格兰体育委员会 1999。

图 6.3　当地政府体育中心和游泳馆使用者的年龄

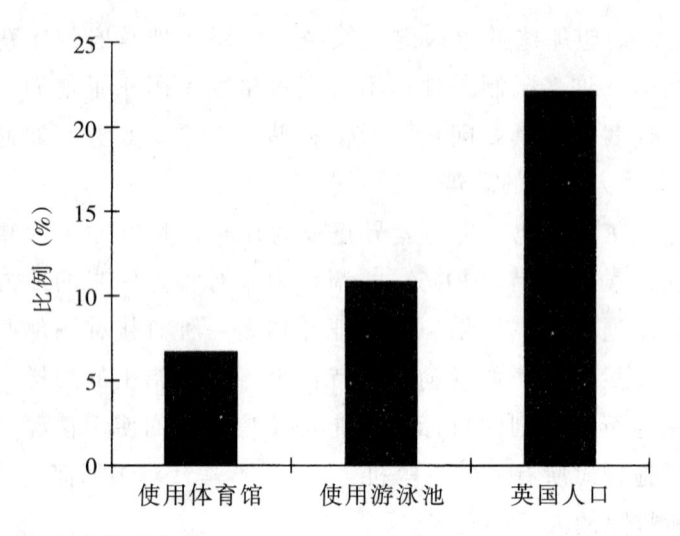

150 体育休闲经济学

基础：所有的受访者。
"英国人口"国家统计办公室（全体家庭调查，1996）。
资料来源：英格兰体育委员会 1999。

图 6.4 残疾人使用当地政府体育中心和游泳馆的情况

表 6.6 使用者的就业状况

	体育中心用户（%）	游泳池用户（%）	英国人口*（%）
全日制上班（30 小时以上）	56.5	49.1	39.2
退休	12.6	14.8	23.8
业余上班（少于 30 小时）	12.5	16.2	15.9
家庭妇女/丈夫/全天在家	6.1	8.3	8.6
全日制教育（学校/学院/大学）	9.8	6.9	2.2
失业	1.8	2.5	4.4
永久性不能工作（由于疾病/残疾）	0.6	2.0	3.9
参加政府培训计划	0.1	0.3	0.5
权重基础（n）	419548	686649	13352

基础：所有受访者年龄在 16 岁或 16 岁以上；也就是说，剔除未说明的和年龄在 15 岁或 15 岁以下者。

资料来源：英格兰体育委员会 1999。* 国家统计办公室（全体家庭调查，1996）。

政府干预

到目前为止本章所讨论的问题沿用了常规的福利经济的方法，分析政府干预原则和与其目的相关的实际干预效果及程度的批评性评估。特别是在干预的均衡性评判问题上，并没有足够的证据表明政府干预达到了其经济意义上的目的。

上述分析政府干预的福利方法的一个做法是对一些政府行为作出一些大胆的假设（格拉顿和泰勒）。首先，假设政府的动机是公证的、客观的和具有"公共目的"导向，也就是说不从中牟利，而且，被认为与最高的目标要求——社会福利的最大化相关联；第二，假设政府知晓任何进行有效干预的必要信息，或至少比个人市场参与者（消费者和供货者）有更好的市场信息；第三，假设政府被假设为社会团体的代表，即具有大众观念；第四，假设政府干预的成本效益好，即其目标的实现建立在耗费最少的纳税人金钱的基础上。

这些假设和福利方法被"自由派"和"新右派"经济学家批评为"脱离现实"。他们以政府失败作为替代模型，试图证明政府可以有效地（达到明确的目标）和最经济地（最小消耗）干预市场的理论是错误的。

政府干预在公共服务领域内已非常普遍，包括收入与工作成绩挂钩；缩减政府服务；与私企合作；非盈利性供货商；对潜在用户提供优惠券，不直接提供设施补贴。在所有的措施中，只有优惠券措施尚未在体育服务的公共供给行业中检验过。优惠券措施存在非常明显的问题（特别是管理费），其他可行的如休闲计划通行证的方法也不失为政府补贴的一项措施。

政府干预模型在英国已有了多次变化，如改善包括体育供给问题的公共服务领域。然而，在保证政府干预的高效性方面，"新右派"措施并非取代上述福利方法，而是作为一种与之关联的补充措施。

结 论

经济学至少在原则上为政府干预体育市场提供了坚实的基础。然而，政府干预的结果与其希望的结果相比，尚缺乏说服力，甚至自相矛盾。这意味着不仅仅在测试政府干预的成效上，以及在研究的数量和质量上需要改进，而且需要用相当多的方法来探讨政府干预的模型。

政府干预的效率问题导致了与公正性问题相似的结论。也就是说，为了从体育中产生一种社会化的最佳集体收益，公共支出将会针对于特别的群体。如果青少年参与体育减少了犯罪和暴力，那么这种社会收益将是在鼓励青少年参与体育的情况下取得的。由于随着年龄的增长健康状态变差，低收入人群比高收入人群的健康状态差，因而旨在健康的体育推广政策可以此为其先行目标，关注以往被社会排除在外的诸如老人、低收入阶层和失业者等弱势群体。

第七章

志愿行业和体育

引 言

英国和其他许多国家，从娱乐性大众体育到竞技性精英体育，在政府和商业行业之外，还有第三种不以盈利为目的的体育提供者。他们的共同特点是私人的组织形式和非盈利的动机。首先，在志愿行业中最重要和独具特色的部分是志愿工作者。体育志愿工作者的数据并没有在国家统计基础上做系统的记录，这种志愿组织的行为和结果也没有官方的追踪统计数据，按常规分析手段很难评估和分析。然而，作为一项研究结果（LIRC，1996），本章将要首先阐述英国体育志愿行业的规模和价值。第二，慈善行业在英国的重要性。这些不断增长的慈善事业拥有休闲设施的所有权，而其中绝大多数的休闲设施以前是由当地政府所拥有的。第三是企业。企业体育设施和俱乐部从商业中获得一定的补贴。这种组织形式大多是建立在志愿的基础上的。在英国有关全国性的慈善行业和企业在体育供给中的数据很难得知，但有证据显示前者的数量在增加，后者的数量在显著减少。

在英国，许多体育项目活动是由志愿者俱乐部来组织的。这些志愿者俱乐部及其上级组织和国家体育管理机构一样，大多是志愿性的组织。这些组织为许多体育项目提供了从参与、进步到发展的基本框架。本章先从描述志愿行业的规模、结构和价值入手，然后分析该行业的经济学原理，同时分析其组织中存在的一些问题，以便于评估志愿体育组织的经济和效率，分析志愿劳动力的成本和收益。最后，我们研究一些政策方面的情况，以及志愿行业需要政府扶持的程度。

志愿体育的结构和范围

许多体育项目通过志愿俱乐部组成，它们通常代表全国性体育管理部门（NGBs）。但在英国体育中，NGBs有其多样性。经常出现的情况是，除了英国国家体育管理机构外，在苏格兰、威尔士、英格兰和北爱尔兰分别有独立的管理机构。这种独立的管理机构主要是为英联邦运动会组织和选拔代表队而设立的，因为英联邦运动会是目前为数较少的需要上述四个地区单独派队的主要国际性赛事。许多体育项目有独立的运动协会，有些还包括残疾人/轮椅协会。残疾人体育有其自身管理机构的总体结构。武术至少有14个NGBs，其中4个是空手道，其他分别代表功夫、柔术、合气道、剑道、泰拳和跆拳道。

许多体育参与者既不属于俱乐部也不属于全国性管理机构。他们通常使用由商业、公共或志愿行业提供的设施，参与者只需要在参加某一项活动时缴费即可。在对普通家庭的调查中，三项最大的体育活动是散步（超过2英里，以娱乐为目的）、室内游泳和健身。这三项体育活动原则上是由非俱乐部和非政府管理机构来管理，娱乐性散步和游泳是随意性的，健身活动由商业机构提供。

一些志愿组织致力于持久性地提供体育服务，如提供体育管理机构和体育俱乐部。他们也提供短期的服务，如组织特定的大型体育盛会等。在学校、青年组织和残疾人组织中则通过志愿者来组织活动。这些志愿服务者可能是体育专家或具有多重身份。

研究表明，体育志愿行业是多样化的。当前的体育组织结构是一系列因素影响的结果，如历史性因素、不同的训练方法和运动能力、不同区域和国家的不同利益和政策、国际性团体的要求、与国家体育理事会相关的组织性发展等。这些因素的相互作用导致了体育的不同组织结构。

英国体育理事会最近的一项研究首次揭示了英国体育志愿行业的确切规模和发展程度（LIRC，1996）。这项研究调查的范围是在体育行业工作的志愿者人数以及他们一年中在体育上所投入的时间。所得数据来自于对平均每一俱乐部/组织中有多少志愿者及其投入的时间的研究。通过这些信息我们可以评估这一重要行业的经济价值。

表 7.1 英国体育志愿者规模

体育志愿类型	志愿者人数	每年小时数	每周小时数
94 项体育项目的管理机构和体育俱乐部	1166688	165528565	142
由英国主办的国际赛事	5047	277680	n.a.
残疾人体育	25217	3162744	125
学校	37897	2576972	68
青年人组织	233389	11617709	50
总计	1468238	183163670	385

资料来源：休闲产业研究中心（LIRC，1996）。

表7.1列出了英国体育志愿者劳动力市场的总体规模。这些结果反映了英国的体育志愿者达到150万人，每年平均志愿工作时间125个小时，或在每年48周中每周志愿工作时间约2.5小时。体育志愿者的人数超过在体育相关活动中有薪金收入的工作者人数的3倍。1995年，休闲产业研究中心（LIRC，1997）估计在英国与体育相关活动中带薪的工作者人数是414950。按标准的工作时间来假设，表7.1中估算的志愿者劳动力相当于106000个全日制的体育行业的劳动力。

需要强调的是，休闲产业研究中心研究得出的估计数字是较为保守的。他们仅仅包括诸如俱乐部和管理机构等组织内的志愿者工作情况——这些被定义为"正式的"志愿者，而并没有包括那些在体育活动中以一种"非正式"的方式来帮助体育活动开展的人群，如父母开车送他们的孩子和朋友去体育场地及参加活动，朋友在正式的俱乐部组织之外教授和培训体育参与者。志愿活动国家调查（NSVA）研究了正式和非正式的志愿行为（林恩和戴维斯·史密斯，1991），其结果表明，体育志愿者人数远远多于休闲产业研究中心估计的志愿者人数。志愿活动国家调查数据估计当前体育志愿者的人数达575万人，也就是说，他们至少在过去的一年中参加了一次志愿活动。这一数据包括218万的每周志愿者（他们在本次面试前的一周已经参加了一次志愿活动）；106万人至少一个月参加一次志愿活动；251万人一个月少于一次志愿活动。

个体体育

在休闲产业研究中心所选的26个体育项目中，保龄球、足球和板球三个项目最为重要。在英国有组织的体育中，从事这三项的志愿者占全部正式志愿者人数的37%。它们占有重要地位的理由各不相同：足球在英国很普及，每一个俱乐部的一小部分志愿者相加即汇成大批的志愿者；保龄球俱乐部成员中的绝大部分可能由于社会原因而向志愿化发展；对板球来说，其俱乐部的成员由于各种不同的原因也趋于志愿化。

志愿者的总数和志愿工作时间是由俱乐部举办活动的级别决定的，表7.1显示，79%的志愿者人数和90%的志愿工作时间属于NGBs和俱乐部。就每周志愿工作小时而言，参与的级别和小时数有紧密的关系：级别越高，工作小时数越多。平均来说，每一名志愿者在国家级水平工作13.8小时，在中级水平工作5.8小时，在俱乐部水平工作2.7小时。这些估计考虑了季节性因素并假设志愿者年度工作时间是48周。通常来说，体育志愿活动并不因为季节因素而停止。也许工作时间会减少，工作任务会有所变化，但志愿活动在非繁忙季节期间仍在进行。在上述总体的平均数中，各项体育活动之间的差异很大。如在国家级水平，每周志愿工作时间从曲棍球不足1小时到乒乓球长达36小时不等。

志愿活动的多少与体育参与的情况并没有较强的联系。如以骑车、散步和游泳为代表的最流行的体育项目并不属于志愿活动中的最重要的项目，这是因为这些活动的参与多是非正式的、偶然的和非竞技性的，因此不需要志愿者的支持。然而，由于这些项目的参与者众多，即使在其中有极小比例的志愿活动，就志愿者参与的数目而言也是很大的。其他相对冷门的体育项目，如板球、橄榄球和曲棍球，依赖志愿者的比例非常高。由于这些项目大多是在正式的俱乐部环境中进行并需要一系列的志愿者支持，如竞赛管理、教练员和场地维护等，因此，按照志愿活动需求来说排在前列。其他如航行一类的体育活动，在俱乐部里亦需要很高比例的参与者，但由于他们有重要的商业赞助，因而并不需要较多的志愿者支持。

虽然志愿者的平均工作时间有一些极端的数据，但通常的工作时间是每周2~5小时。这些平均时间是通过很高比例的志愿者参与俱乐部水平活动的工作时间得出的。

志愿者与俱乐部会员数目的比例是一项反映志愿者密度的指标，数值越低，志愿者支持密度越高，反之亦然。许多体育项目具有非常低的数值（高密度），很可能是因为有大量的志愿活动需要去做。具有高数值（低密度）的体育项目属于非竞争性的，较少需要技术性指导（领导需求），如散步、垂钓和娱乐性骑车，以及那些有巨大商业赞助的，也就是意味着较少需要志愿者的活动，如高尔夫、航行和健身。

主要的国际赛事

个体的体育志愿行为包括那些每年定期举行的体育项目。除了常规的体育赛事外，一些大型的国际体育赛事有时也由英国主办，如1991年在谢菲尔德举行的世界大学生运动会，2000年在曼彻斯特举行的英联邦运动会和单一赛事的世界和欧洲锦标赛。这些比赛是周期性主办的，在一年或几年之后英国很可能再次主办。

大型国际赛事需要大量志愿活动。如1993年在谢菲尔德举行的欧洲游泳锦标赛，在长达17天、平均每天8小时的情况下，每天有700名志愿工作者，他们的总工作时间达95000小时——相当于英国每年游泳志愿者估计量的3.6%。

不同类型的国际大型体育活动对志愿活动的需求水平也不同，并不是仅仅取决于参与者的人数。有一些赛事需要司机、随员和技术官员的数量多于其他赛事。也有一些赛事使用许多须支付薪金的人员而不是志愿者。

事实上，主要的赛事都有志愿者的辛勤努力。有时志愿者人数超过竞技者人数也不足为奇。志愿者的平均工作时间从11小时的跨越国境的活动到120小时的网球赛事，有时志愿者在赛前花费了相当多的工作时间——如一名志愿者在划艇回旋赛前的工作时间会长达两年。

残疾人体育

残疾人体育由一系列组织组成。一些组织是纯体育性的，一些组织是更广泛性的，体育只是其中的一个项目，如盖特韦俱乐部。表7.1估计的数据来自于9个主要的组织：英国截肢者体育协会、英国残疾人奥林匹克协会、英国盲人体育理事会、英国聋哑人体育理事会、英国Les奥特雷体育协会、英国轮椅体育组织、盖特韦俱乐部国家联合会、残疾人骑车协会和英国特殊奥林匹克协会。此外，还有一些未知数量的小型残疾人体育组织来帮助推动提供进入体育的机会。因此，表7.1对残疾人体育的估计是较为谨慎的，但我们缺乏足够的数据来判断与实际情况相比数据被低估的程度。

残疾人体育志愿者人数主要是由残疾人骑车协会来决定的。该协会不仅有很多人参与，而且平均不到两个骑车者中就有一名志愿帮助者。通常情况下这一比例是5:1。

学校

教育与就业部在1996年进行了一项在学校开展体育教育和体育活动的调查。这项调查包括关于每周帮助课外体育活动的志愿者人数和志愿者每周投入的时间等问题。这些数据的来源是小学、中学和特殊学校。通过这些数据可以构建一个学校体育志愿活动的国家级评估框架。表7.2对数据进行了归纳。

评估学校体育志愿活动较复杂，因为许多教师为监督学校课外体育活动而无偿工作了很多时间。不过，这可以视为他们工作合同的一部分。休闲产业研究中心所定义的志愿活动并不包括无偿的加班时间，因此，这些时间是在志愿活动的估算之外的时间。

表 7.2　学校体育志愿活动

学校类型	体育志愿者活动学校的比例（%）	志愿者人数（人）	志愿者年度工作小时数（小时）	每一志愿者的年度工作小时数*（小时）
小学	57	33098	2323480	70
中学	36	3705	202293	55
特殊	19	1094	51199	47
总计		37897	2576972	

资料来源：休闲产业研究中心（LIRC，1996）。从 1996 年教育与就业部对学校体育教育和体育的调查数据得出的估计值。

* 年度小时数是以假设的一年 39 周为基准。

志愿活动在这三种类型的学校中有很明显的区别，小学中体育志愿活动的比例远远超出另外两类学校，同时，小学的总志愿人数和平均参与时间也远远高于中学。就学生的管理而言，小学生的体育课更具挑战性，这是因为他们较难于坚持体育行为规范，因而较高的管理比例也是理所应当的。

在特殊学校，志愿活动开展的程度最低，使用志愿者的体育活动的比例不足 1/5。教育与就业部调查发现，特殊学校比其他学校体育运用的概念更广，包括诸如物理疗法和伸展运动等。这些运动对志愿活动的需求与传统体育相比必要性较低。同时，与小学和中学相比，特殊学校的课外活动也受交通安排和距离因素的严格限制。

青年组织

与估计残疾人体育志愿活动相类似，对青年组织的研究主要集中于以下主要的全国性组织：空中训练营、军校、男孩俱乐部、组合军校、女孩组织、指导组、卫理公会派青年俱乐部、侦察兵组、海军旅、基督教青年会和英国青年俱乐部等（爱丁堡公爵奖励计划主要通过其他组织来实施，因而志愿者人数很少）。由于有一些数目不清的小型组织帮助青年人提供参与体育的机会，因而表7.1中的估计是较为谨慎的。

尽管指导组和其他一些青年组织可能有一个相对稳定的聚会计划，其中总是包含一些体育比赛活动，但对所有的青年组织来说情况并非如此——一些体育活动也许主要集中于一次聚会或会议。在一些青年组织中体育仅被定义为身体锻炼活动和比赛，如在指导组的每周例会中，只用15分钟的时间进行一项活动。然而，即使每周志愿者只负责15分钟的体育活动时间，一年下来所用的时间也是很可观的。以指导组的例子来看，将一年内每周15分钟的志愿者时间累加后就达到了每年90万小时。

英国志愿者活动的价值

尽管可以用货币价值来评估英国志愿者活动的价值，但需要着重指出的是，用货币价值来分析志愿者劳动从某种意义上说与此术语相矛盾。志愿者劳动力的明确含义是无货币报酬。的确，许多志愿者认为很难将货币价值用于志愿工作。

然而，从组织观点而不是从个人的观点来看，志愿者活动的价值是与其工作相关的，因为如果没有这种志愿劳动力，那么，其替代者必然是带薪的工作。推而广之，志愿者劳动力并不是没有价值，志愿活动的实施对其组织的价值是显而易见的。其价值与从国家和地区的角度来评估体育经济的重要性密切相关（参见第二章）。这是因为尽管志愿活动和它所产生的劳动输出并没有工资报酬，但他们的价值和贡献已经反映在那些受益的体育参与者的物质生活水平上了。

　　原则上，志愿劳动力价值的评估方法可以与估价休闲时间的方法相同。其中有三种方法可以使用。第一，作为一个分析不确定价值方法，试图辨别在多大价值的情况下志愿者会失去志愿工作的机会。至今尚无评估志愿者劳动力价值的研究。第二，享乐价值方法将分析经济中介机构的行为，其定价反映了志愿劳动力的价值。然而，在这种情况下鉴别这类经济中介是很困难的，所以至今这类调查仍未进行。第三种方法是机会成本方法，假设一项志愿工作由带薪工作替代，所支出的费用就是机会成本或者志愿劳动力的影子工资。机会成本方法经常被用于支持劳动时间的价值评估。

　　带薪工作与志愿工作差异较大，如前者在工作纪律、培训和生产率期望方面比后者要求高。也许因为人们对志愿工作标准的期望要低于带薪工作，因此，志愿劳动力的价值将低于同等的带薪工作。但是，志愿劳动通常发生在传统的加班小时内。的确，许多志愿者在做志愿工作的同时仍有全日制的工作。假设加班时间工资以最高标准来计算，那么，志愿劳动力的价值应该高于一般的工资标准。对这一问题无论是概念性的或实证性的，均无满意的解决方案。因此，在评估志愿劳动力价值时应采用实用性方法。

　　在评价志愿者体育市场时的一个主要问题是没有可接受的影子工资率。在研究职业健康志愿活动（拉布若大学社会政策研究中心）中采用的最精确方法是鉴别志愿劳动力市场的工作任务和职业结构，并与带薪职业相匹配，然后就不同的职业角色分配相应得出适当的影子工资。这是一项很复杂的研究工作，目前尚未纳入英国休闲产业研究中心关于志愿行业的研究中。

表 7.3 英国体育志愿者的价值

体育志愿者类型	每年志愿者小时数	每小时 8.31 英镑下志愿者小时的价值（百万英镑）
94 项体育的管理机构		
体育俱乐部	165528565	1375.5
英国主办的 11 项赛事	277680	2.3
残疾人体育	3162744	26.3
学校	2576972	21.4
青年组织	11617709	96.5
总计	183163670	1522

资料来源：英国休闲产业研究中心(LIRC, 1996)。

遗产和体育彩票基金为志愿劳动力的影子工资提供了另一个基础，因为它们将志愿输入作为自我资金的一部分抵偿出自彩票的拨款。遗产彩票基金建议将两项影子工资作为回报志愿者对于遗产彩票工程的贡献。志愿体力劳动者的影子工资是每小时 5.75 英镑，志愿专业劳动力是一天 120 英镑，如果一天工作 8 小时，则每小时 15 英镑。假设体育中的志愿者一半是体力劳动者，一半是专业劳动者，那么，他们每小时的平均工资是 10.38 英镑。体育彩票基金虽然没有给遗产彩票基金提供同样的建议，但它的确接受了将志愿劳动力价值作为对彩票贡献的一部分。按照体育彩票数据库提供的信息，在接受志愿劳动价值的前提下，志愿体力劳动力的价值一般是每小时 5~10 英镑，其专业劳动力的价值一般是 5~15 英镑。因此，遗产彩票基金建议的每小时 10.38 英镑的工资是在当前的工程中估价志愿者劳动力价值的一种选择。

然而，彩票影子工资是一个高价值——高出 1995 年所有行业平均每小时收入的 25%。也许体育志愿活动比其他志愿活动需要更高比例的技术和专业工作,但我们对此并没有确凿的证据。许多如体育俱乐部的志愿管理性工作就技术需求而言更"例行化"而不是"专业化"。比彩票影子工资争论较少的选择是遵循以往的国家研究志愿行业的先例(英国志愿者中心,1995)。该项研究以全国化的平均工资来评估志愿劳动力,用平均每小时收入作为设定的影子工资,1995年每小时的价值是8.31英镑。

表7.3总结了英国志愿劳动力的价值情况。总价值达15亿英镑以上,超出以前估计值的8倍。亨利中心(1992a)将这个数据作为评价英国体育经济影响的一部分。由于亨利中心用平均每小时收入的一半作为影子工资,因此这种比较难与实际情况相符。尽管如此,对此数据和通货膨胀的调整可以作出与实际情况相吻合的比较。不过,经过调整的数据结果仍比以往的估计值高出4倍。不可避免的结论是,以往志愿劳动力市场的大小和价值被严重低估了。

表7.3中的价值数据需要与表7.1中的志愿者人数的估计值匹配。这些价值仅仅考虑了在体育组织中工作的正式志愿者,并不包括在体育组织之外的非正式志愿者。

在提供体育志愿活动的不同组织中,很明显,体育俱乐部和管理机构创造了最大的价值(他们占表7.3所列价值的90%)。同时,体育俱乐部提供了90%的志愿者时间,管理机构占10%。志愿者劳动力价值的前20名体育项目中,以平均每小时收入作为劳动力的影子工资,那么,每一项目中志愿者的年度价值均超过1000万英镑。

志愿行业的经济学原理

长期以来我们缺少对体育志愿活动在体育中的角色的理论性

研究。经济学家魏斯布罗德已经分析了志愿行业的特别作用,格拉顿和泰勒试图将魏斯布罗德的理论运用到对体育俱乐部的研究中去。维斯布德提出了一套有关志愿行业存在的经济学原理。他认为其在根本上与政府的角色一致,即提供市场所需的产品(参见第六章)。商业失败和政府失败将机会留给了以非赢利为目的的第三家供应商。

魏斯布罗德认为有两个因素与刺激志愿行业的活动尤其相关。由于政府缺乏消费者需求的信息,政府官员常常依照其个人目标而不是以效率和均衡的抽象概念为依据行事。在需求产品类似或相同的情况下,政府或许是一个有效率的产品提供者。而在产品需求多元化的情况下,志愿行业很可能是更有效的提供者。

当共有商品仅仅成为某一些人的共有商品时(在这种情况下这些商品积极地进入了仅仅是那些人的效用功能),将导致在政府之外组织共有性商品的活动,因而志愿性的非赢利的组织将有可能出现。

(魏斯布罗德,1978)

实际上,魏斯布罗德认为在政府进入市场之前已经对商品的共有属性达成普遍共识。对于少数派政府来说很可能不能满足其共有商品的需求。

这种未被满足的对共有商品的需求是一种类似于私人市场失败的政府"失败"。也就是说,一部分人共同愿意承担为额外的共有商品支付的费用超出了提供这种商品增加的成本,但政府响应"沉默的大多数人"的利益,并未提供这种产品。

(魏斯布罗德,1988)

当需求各不相同和被分割时，甚至当商品的本质为共有性时，政府未能获得消费者需求的相关信息。其原因有以下几点：

第一是动机问题。行为主义模型指出与达到一个抽象的社会福利目标相比，政治家很可能更关心如何最大化地满足其竞选连任机会。当一个共有的商品存在多数需求时，这两项目标将有可能通过商品供应来实现。然而，提供少数人利益的共有商品并不能通过政治家竞选目标来实现。

第二是信息问题。政治家在觉察符合大多数人利益的共有商品的需求时不会有太大的问题。但对于符合少数人利益的商品，却很难确定需求强度。

需要补充的是政治家通过其官僚机构的程序在推行决策时效率低下。也许并不奇怪，商业行业和政府并没有满足很大一部分共有产品的消费者需求。志愿行业正好填补了此项空白。

魏斯布罗德的观点与体育尤其相关。因为体育需求的本质是需求很可能被分割。一般家庭调查参与率的数据表明，对一些特别体育项目的需求是一种少数人的需求。因此，用魏斯布罗德的术语来说，在市场和政府均不能提供体育差异性的需求时，体育俱乐部便应运而生。

魏斯布罗德分析了非赢利组织的各种情况。极端的例子是有一些组织的收入几乎完全依赖于会员，这就是指俱乐部。布坎南（1965）分析了俱乐部的经济形成方式，这些组织的收益仅仅来自于俱乐部的会员。事实上，布坎南认为这些俱乐部的目标是使特定会员的收益最大化，在某种意义上其所提供的这种商品是共有的，但也具有排他性，即主要是为俱乐部会员服务。

表 7.4　1995 年志愿行业收入汇总（单位：百万英镑）

收入因素（货币的）	
运动员参与费、比赛费等	1327
设备	4
赞助费、广告费	73
博彩、游戏机	241
酒吧	1646
收入因素总和	3291
其他收入（货币的）	
拨款	79
企业主给俱乐部的补贴	94
利息	42
体育艺术基金会	40
足球信托	6
彩票奖励	37
彩票合营	44
货币收入总计	342
总收入	3633

资料来源：休闲产业研究中心（LIRC，1997）。

另一方面，"共同性非赢利行业，如提供医药研究和帮助穷人，所产生的公共性服务会带来广泛的可分享的收益"（魏斯布罗德，1988）。这些组织在微观层面上仿效政府行为。政府由于其少数性特性和信息的不完备而不能提供这种公共性的收益。这些组织很可能得到公共补贴并能获得大部分以捐献、礼物和赞助等形式的收入。相关证据可参见泰勒（1993）于 20 世纪 80 年代中期所作的研究。

魏斯布罗德建议用"共有性指数"来度量一个组织从上述渠

道所得的收入。一个主要向其会员（指俱乐部）提供私人性的商品和服务的组织的"共有性指数"接近于零。另一种极端的情况是，其他仅提供共有性商品的非赢利性组织（指个人的所有收益均不需支付费用）的"共有性指数"趋于100。因此，志愿行业组织的形式多种多样。

许多体育俱乐部（如业余足球俱乐部、体育健身俱乐部等）可能属于魏斯布罗德定义的志愿行业组织的"私人商品"范畴的边缘。魏斯布罗德认为这种非赢利型的特点与商业行业非常相似。这些行业的大部分收入来自于会员费和销售收入。由于很少甚至没有公共补贴，因此只有很少的收益来自于非会员收入，故共有性指数应该很低。

休闲产业研究中心（LIRC，1996）估算了体育志愿行业的总收入（表7.4）。这一行业很可能是由体育俱乐部为主导，但也包括一些体育管理机构。体育俱乐部的大部分收入分两类：①会员费和收费；②酒吧利润。另一项主要收入来自于博彩和游戏机。由于通常是会员们自己在酒吧内消费和使用游戏机，因而体育俱乐部的大部分收入来自于会员。需要指出的是表7.4中1995年的估计值显示国家彩票收入在总收入中仅占相对较小的比例。与以会员为主要收入来源相比，彩票不是志愿行业的主要收入。

如果我们对典型的业余体育俱乐部加以分析，那么情况就很明晰了。俱乐部提供的收益对其会员来说是很重要的。通过由组织提供的志愿者劳动力，他们参加所选择的体育项目将容易和便宜得多。诚然，在体育俱乐部的志愿劳动力内有利他主义的因素，这些劳动力的提供者主要包括：运动员自身（主要的受益者），以前的运动员（以前的受益者）、运动员亲属（间接收益的消费者）或收到积极效果的投身体育的志愿者。对运动员来说，当他们没有贡献就取得收益并在训练结束后即离开俱乐部时，总是抱有某种动机。

这是一种为人熟知的"自由驾驶"问题。然而，体育俱乐部也是社会组织，社会压力将是自由驾驶行为重要的制约器。

志愿者劳动力是志愿行业的重要资源，这也是有别于公共行业和商业行业的特点，这两个行业均需要按市场价格来支付劳动力。表7.4反映出绝大部分体育俱乐部的收入来自于直接与商业行业竞争的商业活动，如售酒和其他饮料（来自于酒吧的收入），因此，体育俱乐部活动通过商业运行来交互补贴。体育俱乐部可以成功运作的一个原因是可以按低于商业行业的价格来销售饮料，另一个主要原因是志愿者劳动力的低成本。

因此，体育俱乐部提供的产品从根本上说是私人产品。参加俱乐部的人出于自身利益而不是利他主义。俱乐部成员的动机不是获得体育社会的共同收益，而是实现会员的收益最大化。一些偶然方式产生的共同收益也许意味着俱乐部得到政府的资助（如拨款、设施的补贴费和场租费），但这种情况并不多见。

体育志愿者问题

正如休闲产业研究中心的研究所示，志愿劳动力也带来了影响服务效率的自身问题。在俱乐部委员会定量调查中，经常遇到的两个问题是没有足够的志愿者和工作往往由少数人来做。这是两个相互联系的问题（表7.5）。在许多俱乐部内很难招募到新的志愿者，那些看起来花费时间或者开展程度低和需要筹款的活动更是如此。正如一个保龄球俱乐部的代表所说：

通常来说，想做工作的俱乐部成员越来越少，而且很难吸引人们前来，很难找到志愿者顶替现有的志愿者——他们不想做8年、9年、10年或15年，通常只想做2~3年。

表 7.5 体育志愿者面对的困难

困难	是
没有足够的其他人愿意在俱乐部做志愿工作	74%
不断有工作留给极少数的志愿者	55%
志愿者工作不断需要专业化技巧	23%
带薪工作后所剩时间不多	19%
俱乐部的组织工作应该改进,志愿者觉得自己的努力有时白费了	16%
与家庭事务相冲突	16%
其他重要的问题	11%
志愿者的孩子不再去俱乐部活动,因而志愿者参与志愿活动的兴趣降低	2%
俱乐部联系的其他组织对志愿者工作技能的要求很高	2%
志愿者已经停止从事体育活动,因而兴趣不大	1%

资料来源:休闲产业研究中心(LIRC,1996)。

相应的困难包括加大现有志愿者的工作量和同行的压力以使他们能延长在志愿行业的工作时间。英国国家志愿者活动调查(NSVA)1997年的数据显示志愿者的平均年龄呈递增趋势,这与上述困难是相对应的(戴维斯·史密斯,1998)。这些困难通常被认为是缺乏志愿者培训系统所致。这种情况可能波及非赢利行业,它们依赖于志愿劳动力,而事实上许多志愿者并不希望他们的志愿性工作超过带薪的工作。具有讽刺意味的是,这种问题的一个解决方法是雇用带薪工人来满足俱乐部的需求。第二章中的表2.3显示出志愿行业加班的附加值在不断增加,这也许是因为投入了更多的资金,包括使用带薪劳动力。

休闲产业研究中心(1996)认为志愿者短缺问题的根源在于两个方面。首先是时间问题:

我认为人们并不害怕任务，他们担心的是时间。

(羽毛球运动)

由于我的工作，我没有空余时间，我认为我总是让人失望。

(体育运动)

日常工作会使人烦躁，也许是由于绝对时间的限制，如家庭的压力、带薪的工作（特别是双方均在工作）和其他休闲生活等。就时间而言，我们在前几章（第三章、第四章和第五章）已经分析了时间因素在体育参与中的重要性。同样的分析方法亦适用于志愿工作，这是其他休闲实践活动的一个直接的替代品。

研究中发现的第二个原因是缺乏志愿俱乐部会员态度变化的证据。志愿俱乐部会员的本质既是生产者又是消费者，由于排他性的原因，人们认为在俱乐部内通过共同的努力产生共同的收益。会员费的收入被认为是一种纯粹的消费者机会，对他们的参与机会没有进一步的要求。这也是前述的"自由驾驶"问题。与此相类似的网球俱乐部试验使用两种会员收费方式：全价200英镑，愿意做志愿工作的收180英镑。绝大部分的会员选择做全价会员。同样，有一家网球俱乐部给其会员两种选择：按ATM的优惠价但须提供给俱乐部一定的志愿工作时间，或缴纳更高的会员费。大多数会员选择了缴纳更高的会员费。对于上班族来说，时间是主要问题。志愿俱乐部的传统竞争优势在于其低廉的劳动力成本，但这种优势正在面临挑战。

政策性因素

休闲产业研究中心关于英国体育志愿者研究的一项主要发现是志愿俱乐部是属于自给性的。俱乐部的共同特性是俱乐部会员的内部网络有能力处理许多问题。一个典型的反应是：

如果有一些问题我们不能解决的话，在我们俱乐部内将有足够的能人可以解决这些问题。

(足球俱乐部)

尽管如此，此项研究发现一些特别的领域也需要外在的支持，并非所有的俱乐部都完全依靠自己。俱乐部的需求包括：帮助集资，特别是赞助和争取获得体育彩票基金；寻求教练员发展/培训和基层发展的更好的信息；争取一定的财政支持。

从财政角度来说，国家彩票是最近几年来在志愿者基金领域内最重要的发展成果。至1998年3月，英国彩票体育基金已经给志愿体育组织发放了1861个奖项，占体育彩票奖项总数的68%。至1998年5月，估计2%的体育俱乐部收到了奖金。尽管对彩票奖项分配的公平性有所质疑，但毋庸置疑，它代表了志愿体育行业在财政增长方面有了很大的改善。

在休闲产业研究中心对俱乐部的研究中未提及对俱乐部有一种重要的潜在帮助，但提到了志愿者短缺带来的问题。这些问题意味着需要对志愿俱乐部的安全、维护和满足志愿者等方面提供支持。由于俱乐部的培训计划存在弱点，因此对培训管理俱乐部没有帮助。一个需要克服的显而易见的障碍是使俱乐部知晓其低效的原因，这时寻求外部的帮助也许是适宜的。

休闲产业研究中心的研究显示，那些有能力"达到"水平的个别俱乐部，或来自于以俱乐部内部管理机构为形式的志愿者行业，或来自于以俱乐部的当地管理部门为形式的公共行业。来自俱乐部网络之外的帮助是必要的，即使这些计划是建立在国家水平上，如"体育理事会"的"运转体育"计划即设计在国家水平上，这些计划将有效地影响志愿俱乐部的运行。

与休闲产业研究中心的研究结果相呼应，英国体育理事会设计的志愿者投资计划（VIP）旨在为体育志愿者提供更多的信息、培训和提高其认知度。开发这些动议的一个重要途径是通过全国性的管理机构（至1998年已有13家将VIP计划置于志愿者支持策略之中）。在接下来的研究中，英国体育理事会发现超过1/4的俱乐部秘书知道这项计划（比以前增加了许多），几乎所有被询问的管理机构的代表均知晓这项计划。培训计划的参与率很高，志愿者代表也很满意（尼科尔斯和泰勒，1998）。

如果志愿俱乐部的大部分工作是为了会员的利益，那么为什么要由公共行业来支持志愿俱乐部呢？在国家和地方的两个级别上，人们不断地关注不以赢利为目的的行业并认识到其潜力，主要的原因是非赢利行业的不断繁荣，不仅可以促使这种行业发展和成长，同时也可减少政府活动和开支。这种策略是与微观层面的志愿者俱乐部的共同利益相一致的，假若将成千上万的俱乐部相加计算，它的意义就十分重大了（尽管尚未测算）。

泰勒和佩奇（1994）指出，部分负责体育和娱乐的地方部门对发展与商业行业和非赢利行业互相合作的机会很感兴趣。73%的当局或介入或有兴趣与商业行业结成伙伴关系；71%与志愿行业结成伙伴关系。由于这些发现与当局对体育和娱乐融资的一项调研相关，我们有理由认为那些有兴趣结成伙伴关系的部门大都希望获得现行运行的财政储蓄，或用最少的支出达到增长的目的。有兴趣与志愿行业结成伙伴关系的部门也为了其自身利益，即使接受这些收益的社区产生共同利益时具有更高的效率和经济性。

瑞斯克杰（1990）指出，政府对志愿行业的这种方法有损于志愿行业活动的精髓。它将有大量志愿劳动力的志愿行业从合作性机构转变成只比政府稍微多一点作用的带薪的新型合作机构。瑞斯克杰认为这种不断增长的由政府主导并依赖政府财政的志愿行业是一种危险的倾向。

结　论

志愿体育俱乐部通常是独立的和内向型的，并不寻求提供共同的收益。志愿行业生存的一项重要的经济学原则是有能力从非常复杂的结构中提供共同的收益并成为政府的补充。

尽管体育志愿行业有其独立性，但也有其问题，特别是缺乏志愿者的问题。政府可通过财政、建议、培训和合作伙伴关系等方式来帮助解决这些问题。政府有实施上述方式的动机，因为这比发展自己的直接供给成本效益高。同时就政策目的而言，志愿体育行业更受人欢迎。一个伤脑筋的问题是许多志愿组织不情愿与合作伙伴共事，或者不愿意处于政府的附属地位。不管怎样，令人担心的是对政府的依赖和对国家彩票的依赖将使志愿者行业的本质发生变化。

第八章

商业和体育

引 言

尽管在过去的两个世纪体育志愿行业居主导地位,但是政府在特定时期内依然起着重要的作用。在 21 世纪,商业体育行业是体育市场最有活力的供应方。"体育产业"已成为经济活动和就业的发动机,商业体育活动占体育活动和就业的很大比例。本章我们将定义体育产业的界限,概述体育产业对经济的重要性和主要贡献。

在过去的几年里,商业体育行业的各相关子行业已经变得非常重要,我们将用独立的章节在本书的最后部分进行阐述。这一部分是体育赞助、主要体育赛事、职业运动队和体育传播。本章先要讨论它们在商业体育行业中的情况,然后在后面的章节对其进行详细的分析。体育产业的核心是体育商品,包括体育设备、体育服装和体育用鞋。本章的主要部分要讨论和分析这一行业内的特定问题:体育商品需求的内在不稳定性和多变性。除了在本书最后四部分讨论商业体育行业外,还要讨论其他的商业体育服务行业。其中最引人关注的是体育健康与保健设施的商业供给,以及这一领域内的一个特别问题——与政府机构的不平等竞争。

体育产业的定义和结构

图 8.1 显示了商业体育行业构成的总体情况。商业体育行业由体育商品和服务行业组成。体育商品包括所有购买用于体育的产品：体育设备、体育服装和体育用鞋。体育商品市场占所有与体育相关的消费者支出的大约 1/3（表 2.1）。体育服务包括观赏体育门票的支出、体育参与费和会员费，体育相关支出包括电视、健康和保健俱乐部。体育服务的支出占体育总消费支出的 25%，尽管其中一些收入流入政府和志愿行业，但是绝大数进入了商业体育行业。

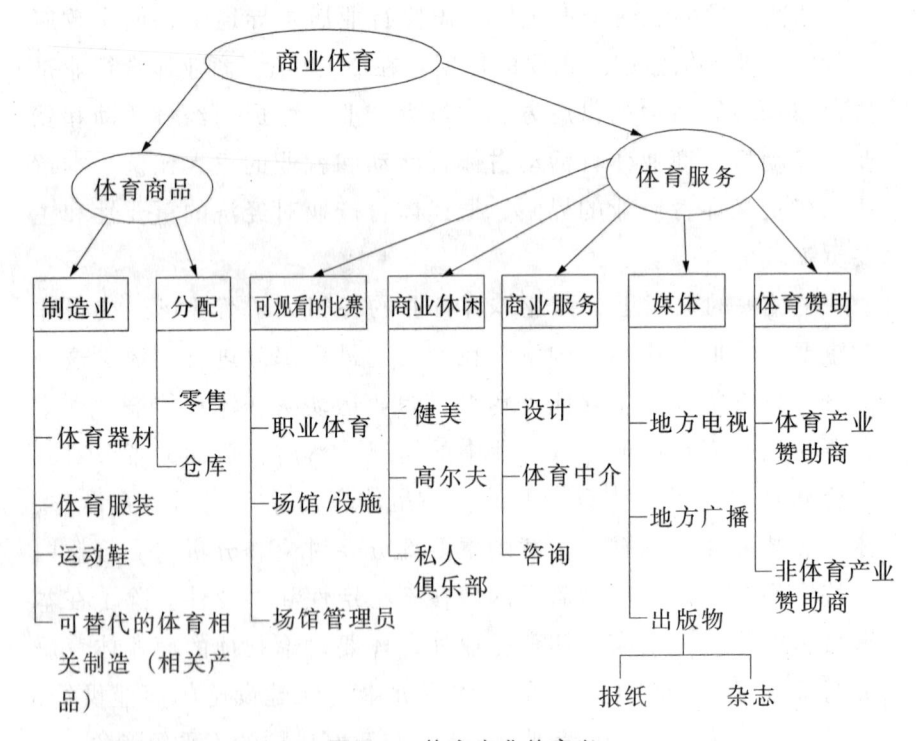

图 8.1 体育产业的定义

表 8.1　英国 1995 年商业体育行业收入

	百万英镑	%
观众俱乐部	633	12
参与俱乐部	362	7
零售商		
设备	692	14
服装和用鞋	2099	41
传媒	539	11
厂家的销售（包括出口）设备、服装和用鞋	486	10
电视和无线电广播	249	5
其他	2	0
总计	5062	100

资料来源：休闲产业研究中心（LIRC，1997a）。

其他与体育相关的消费支出一部分来自于非商业体育行业。也就是说，它们是与体育相关的消费支出，但不能将提供这些需求的企业归属于体育产业。它们包括旅游、赌博和用于书籍、杂志和报纸的支出。与体育相关的旅游占体育总支出的7%，与体育相关的赌博超过30%，与体育相关的书籍、杂志和报纸占7%。

在商业体育行业，体育产品子行业的收入在总收入中所占的比例远远大于它对消费者体育支出的贡献，因为后者的主要部分流向政府和志愿行业。表 8.1 总结了商业体育行业在 1995 年的收入，其中体育产品占总收入的51%。

另一项重要的体育经济重要性指标是就业，如第二章的表 2.4 所示，在英国体育零售商和厂家提供的就业机会占总数的 18%。截至目前，体育中最大比例的就业机会在非商业体育行业。

体育经济重要性的最后一个指标是国际体育贸易收支差额，

它反映了贸易赤字情况。1995 年，体育设备、服装和用鞋的进口值为 6.35 亿英镑，出口值为 4.42 亿英镑（休闲产业研究中心 LIRC，1997）。

按照来自贸易与工业部的数据（DTI，1999），英国 1995 年仅体育设备贸易收支差额进口为 3.9 亿英镑，出口为 2.1 亿英镑，贸易赤字为 1.89 亿。在 20 世纪 80 年代早期，体育设备收支差额的情况发生了历史性的变化：在此之前，顺差较大但在不断递减，自 1981 年以后则赤字不断增长。

贸易与工业部的数据也反映出体育设备市场的国际化程度。进口产品占英国市场销售的 87%，而国内产品仅占 13%。英国制造的体育产品有 78% 用于出口。英国是世界第七大体育设备市场，但是最大的市场特征（通常是发达工业化经济）与最快的市场特征（通常是指如印度、中国、匈牙利和菲律宾的新兴经济）是非常不同的。

表 8.2　1995 年体育设备、体育服装和体育用鞋的产品行业和销售

（单位：百万英镑）

	1995 年销售
体育设备：主要产品行业	
室外 / 防水材料	65
高尔夫球	180
有氧运动 / 室内健身	125
足球用具 / 靴子 / 训练鞋	10
游泳衣	5
球拍类运动	60
雪上运动	10
司诺克 / 桌球、标枪	30

(续表)

	1995 年销售
体育服装：主要产品行业	
室外/防水材料	380
径赛服装	250
足球用具	100
游泳衣	155
有氧运动/室内健身	80
高尔夫球	95
雪上运动	50
球拍类运动	50
体育用鞋：主要产品行业	
通用体育/休闲设计	240
跑鞋	150
室外运动靴	150
足球鞋/黑色训练鞋	100
有氧运动/室内健身	100
球拍类运动	65
高尔夫球	30
雪上运动靴	5

资料来源：贸易与工业部（DTI, 1999）。

表 8.2 列出了体育设备市场各种市场分割的大小情况，体育服装和体育用鞋市场是体育产业的核心行业。表 8.2 反映了与表 5.3 之间的有趣关系，表 5.3 显示出各种不同的体育和娱乐活动的参与水平。散步作为一项最普及的活动，在体育服装市场占有最大的份额，但却在设备市场中占很小的比例，在体育用鞋市场中

排名并列第二。尽管高尔夫运动 4 周的参与率只是同等时间足球运动参与率的 5%，但高尔夫运动市场却是最大的体育设备市场。同样的，尽管滑雪运动的参与率仅为 0.3%，但由于滑雪器材价格相对较高，滑雪运动在体育设备、服装和用鞋市场中却占有重要的地位。

表 8.3 体育服装和用鞋的主要供应商

厂家/商标	设备类型/产品	销售额（百万英镑）	年份
Reebok(UK)	健身、有氧运动、足球、跑步、休闲	144.6	1996
Nike(UK)	健身、足球、跑步、休闲	240.0	1996
Adidas(UK)	健身、足球、网球、橄榄球、体育馆、休闲	212.5	1996
派特格兰集团：总计		755.2	1997
Speedo	游泳衣	44.7	1997
Berghaus	户外服装、用鞋和设备	26.7	1997
Mitre Sports	足球、橄榄球靴和球	16.1	1997
Ellesse Sports	流行服装	86.1	1997
Umbro（UK）	足球、复制用具	123.4	1996
Pringle（苏格兰）	Dawson 国际拥有的高尔夫商标	50.6	1996—1997
Hi-Tec Sports	通用器材、球拍类运动、徒步旅行、休闲	89.9	1997—1998
Mizuno（UK）	网球、高尔夫、足球	23.2	1996
Fred Perry Sportswear	网球	20.1	1996—1997
WL Gore 协会	户外服装	68.7	1996—1997
Cainpari 国际	户外，滑雪	38.8	1995
J Barbour & Sons	户外	43.8	1996—1997
Fila（by Dashrace）	网球，妇女健身，流行	40.5	1997

资料来源：贸易与工业部（DTI, 1999）。

表 8.3 列出了提供体育服装和用鞋的主要厂家。耐克、阿迪达斯和锐步三大国际市场巨头列在前三位。有趣的是，尽管派特格兰集团中的任一商标（如 Speedo 和 Mitre）比耐克或阿迪达斯的营业额要低，但该集团在英国的总营业额却比上述三大巨头相加的数额还要大。

表 8.4 列出了英国体育设备市场的主要供应商（主要由高尔夫运动、球拍类运动和钓鱼设备供应商组成）。这反映出与散步和游泳等参与性高的低成本的体育项目相比，上述三个领域的设备成本高的相对重要性。

表 8.4　体育设备的主要供应商

厂家 / 商标	设备类型 / 产品	销售额（百万英镑）	年份
Dunlop Slazenger International Ltd	高尔夫球、网球、壁球、羽毛球	108	1996
Wilson Sporting Goods Co.Ltd	高尔夫球、球拍类运动、篮球	42.8	1996
Accent Ltd	高尔夫球	51.1	1997
Burghers Ltd	野营和徒步旅行（靴子、毯子）	26.7	1997
Grampian Holdings plc	高尔夫球、服装	244.3	1997—1998
Mitre Sports International Ltd	足球、橄榄球和球靴	18.9	1995
Daiwa Sports Ltd	钓鱼用具	10.1	1996—1997
Spading Sports Ltd	高尔夫球、网球	15.6	1995—1996
Christen(UK) Ltd	高尔夫球（Ping 商标）	15.1	1996
Leeda Ltd	钓鱼用具	14.8	1996—1997
Lowe Alpine	服装、背包	18.4	1996—1997

资料来源：贸易与工业部（1999）。

表 8.5 体育商品市场：零售分配渠道（1996）

	服装		用鞋		设备		总计	
	百万英镑	%	百万英镑	%	百万英镑	%	百万英镑	%
全部体育商店	678	57.8	461	52.6	230	35.4	1369	50.7
多样的	416	35.5	291	33.2	79	12.2	786	29.1
独立的	262	22.3	170	19.4	151	23.2	583	21.6
家庭购物	115	9.8	91	10.4	96	14.8	302	11.2
服装店	182	15.5	14	1.6	–	–	196	7.2
俱乐部商店	65	5.5	50	5.7	135	20.8	250	9.2
百货商场	76	6.5	59	6.7	34	5.2	169	6.3
鞋店	–	–	190	21.6	–	–	190	7.0
杂货店	53	4.5	7	0.8	120	18.4	180	6.7
其他	5	0.4	5	0.6	35	5.4	45	1.7
总计	1174	100.0	877	100.0	650	100.0	2701	100.0

资料来源：贸易与工业部（1999）。

表 8.5 列出了 1996 年零售分配的渠道。仅仅 50% 的零售销售是通过体育专业零售商。体育服装的数据增长到 57%。奇怪的是，体育设备的数据却下降到 35%。

在上述信息中我们指出了体育参与统计和主要的行业，特别是在设备市场的统计上不够一致。这种不一致的情况有其特别的经济原因，我们现在就对这种情况加以分析。

体育商品和加速效应

由于通常体育商品是耐用品，从而在体育商品市场中存在着潜在的不稳定性和易变性。用来解释这个问题的最简单的方式是运用投资经济理论，该理论解释了一家企业在生产自己满意的产品时需要的资本商品的质量。正如一家企业用资本设备投资以便于在产品生产过程中实现其回报率，家庭和个人"投资"于一系列的体育设备，这些设备是可以用于体育活动的家庭"产品"。我们所使用的投资模型是简单的加速模型。

投资加速理论，在最简单的水平上，可以表示为：

$$K = aO$$

在这里 K 指资本的变化（即投资），O 指产出的变化（即父母需求），a 是加速系数（即资本/输出比率）。

对我们来说，资本是指一项活动中的体育设备；输出是指一项活动中的参与者人数；a 是设备与人数的比率，即每一参与者的平均设备价值。我们可以通过体育参与人数来划分国内设备市场支出，从而估计这些平均价格（即国内产值减去出口加上进口）。对体育设备的一定投资可以弥补设备的折旧，我们需要在所调查的活动中对体育设备的使用寿命作出假设。

表 8.6 和图 8.2 通过列出了壁球、钓鱼和乒乓球的不同情况来说明加速效应问题。我们假设以下三点：

1. 参与壁球和钓鱼的人，他们的年度设备成本相同（20 英镑），而乒乓球的成本仅为 5 英镑。
2. 钓鱼和乒乓球的设备折旧期为 10 年，10 年后设备将被更换。壁球的折旧期较快，一般 5 年后需要更换。
3. 当参与人数在 10%、0%、5%、10% 时，每项体育运动均有四项连续的年度变化。

参与性变化的加速效应对设备需求的变化显而易见。设备的

184 体育休闲经济学

价格不是很重要的因素，如图 8.2 (b) 和 (c) 有不同的价格，但设备的折旧率却很重要。如图 8.2 (a) 和 (b) 所示当折旧率不同时，不同的假设效应将得以体现。折旧期越长（即折旧进程缓慢），加速效应越大。

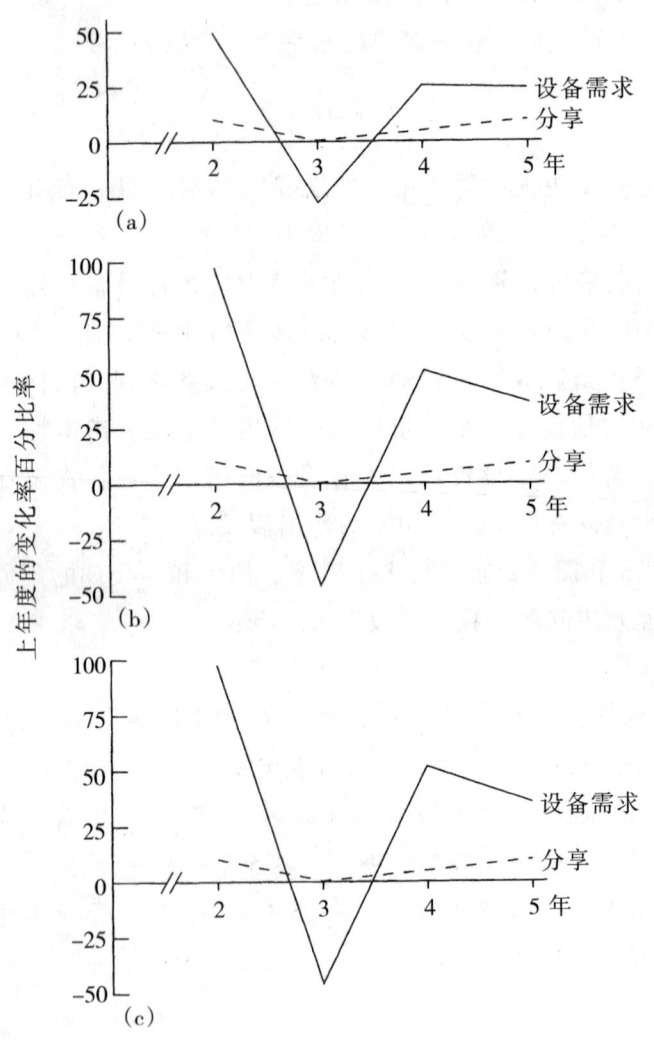

图 8.2 列图说明体育设备加速器：(a) 壁球；(b) 钓鱼；(c) 乒乓球。

我们讨论的折旧就像使用和抛弃设备一样。不管现存设备的物理状态如何，体育设备需求也有"相对折旧"的因素。这种相对折旧将会由设备制造的科技变化带来，或由于设计流行的变化鼓励体育参与者在设备本身需要更换配件之前更新设备。当产品的折旧期较长时，体育设备生产商出于自身利益的考虑，也鼓励这种相对的折旧。以钓鱼为例，玻璃纤维鱼竿有可能使用一生的时间，而从碳素纤维鱼竿到硼制鱼竿，玻璃纤维被很快取代并不是必然的，而是由于科技进步的推动。同样，滑雪设备在最近几年也经历了几次重大的变化。

表 8.6 体育设备需求的加速器效应：一个例证（单位：百万英镑）

	参与者		设备库存	期望设备库存	折旧	年度设备需求*	%变化
	百万	%变化	（百万英镑）				
壁球							
第一年	1		20	20	4	4	
第二年	1.1	10	20	22	4	6	50
第三年	1.1	0	22	22	4.4	4.4	−27
第四年	1.155	5	22	23.1	4.4	5.5	25
第五年	1.2655	10	23.1	25.31	4.62	6.83	24
钓鱼							
第一年	1		20	20	2	2	
第二年	1.1	10	20	22	2	4	100
第三年	1.1	0	22	22	2.2	2.2	−45
第四年	1.155	5	22	23.1	2.2	3.3	50
第五年	1.2655	10	23.1	25.31	2.31	4.52	37

(续表)

参与者		设备库存	期望设备库存	折旧	年度设备需求*	%变化
百万	%变化	(百万英镑)				
乒乓球						
第一年	1		5	5	0.5	0.5	
第二年	1.1	10	5	5.5	0.5	1	100
第三年	1.1	0	5.5	5.5	0.55	0.55	−45
第四年	1.155	5	5.5	5.5	0.55	0.83	51
第五年	1.2655	10	5.78	6.33	0.578	1.13	36

* 年度设备需求 = 折旧 + 期望设备库存 − 设备库存。

因此我们可以得知，对一家设备生产商来说有两种方式来扩张或降低市场的不稳定性：或是减少体育设备的使用年限，或是鼓励新的参与者。虽然我们以设备为例，其实在很多方面这种情况适用于体育服装和运动鞋。新材料生产的新产品使得产品的更新换代加快，并不因破损的原因被淘汰。流行的重要性日益提高，旧产品被新的、更流行的产品所替代。这种需求行为的变化将会减少"折旧"期，进而减少由于参与者人数的变化带来的需求变化。这意味着更换需求的增加成为总需求的一部分。此外，过多地依赖于新的参与者的需求可能会增加加速效应。

那些占有市场的主要公司在市场营销上花费重金为其商品进行国际化促销活动。这些公司开发全球性的品牌，一方面用来拓展客户，另一方面通过不断生产新的、更流行的产品来缩短折旧期。

全球品牌

最近几年体育产业的一个特点是全球商业体育的发展。体育产业的这种全球化有两方面的意义：建立全球化的产品配送网络；通过与重要的运动员和体育赛事的结合实施打造其品牌的策略。耐克公司就是一个典型的例子。1996年该公司从《金融时报》所排定的全球500家大公司的第175名一跃成为世界第167家最大的公司。在此我们将耐克作为全球体育商业企业的一个典型案例加以分析。我们主要分析耐克的产品和市场营销战略，其参与赞助活动的情况将在下一章进行分析。

耐克：一个体育产业全球化的案例分析

耐克主导了世界体育用鞋产业，在过去的20多年里该产业的成长惊人。1997年世界体育用鞋的总销售额据估计是200亿美元，耐克占其中1/3的份额。

耐克的前身是蓝带体育公司，位于美国的俄勒冈州，是一家名叫奥利苏卡的日本制鞋公司的销售商。20世纪70年代早期，它与奥利苏卡公司结束了合作关系并开始设计、营销、推广自己生产的跑鞋。1978年蓝带体育更名为耐克。在世界休闲体育增长最快的领域之一，耐克迅速奠定了其领头羊的地位。尽管耐克也生产其他的体育用品，但运动鞋的产值占该公司销售额的2/3，是其主要的产品。

有一些著作涉及到耐克产品的全球生产、分布及市场推广策略（克利福德，1992；维利干，1992）。也许令人感到奇怪的是耐克根本就不是一家生产厂商，所有的产品制造是由承包商完成的，其中99%的承包商在亚洲。克利福德描述了耐克如何通过不断寻找最低成本的生产商来降低产品的成本：

这家公司永远在寻找廉价的产品生产地。如果在一个国家或一家工厂的成本增长过快，那么一定要用提高劳动生产率来弥补，或者将生意迁往别的地方。耐克使用大约40家工厂，过去的5年内关闭了大约20家，新开了35家。

耐克在组织产品方面的巨大活力和灵活性的经典案例发生在20世纪80年代后期，即面对韩国劳动力成本的迅猛增长而采取的应对措施。1988年，68%的耐克鞋是在韩国生产的。到1992年，这个比例降低到42%（克利福德）。在这一时期，耐克将承包商转移到劳动力便宜的中国、印度尼西亚和泰国。1988年，在这些国家生产的鞋占耐克鞋产品的比例不足10%。到1992年这一比例增加到了44%。

耐克不仅能够很快地将产品生产地转移到成本更低的地区，同时根据国际体育赛事的情况改变其国际产品配送网。克利福德指出，耐克在1992年9~10月间面临潜在的商业威胁的危险。在耐克将其大部分体育用鞋的产品生产线转移到中国后，美国政府陷入到要求中国进一步为美国商品开放市场的贸易纠纷之中。美国政府威胁除非在10月10日前达成协议，否则将对中国商品征收惩罚性关税。为了应对这种威胁，耐克计划将其大部分产品生产基地从中国转移到欧洲。它也与中国商品供应商就其他仍需进入美国市场的鞋子所导致的损失将由双方分担达成协议。最终争端解决了，不再需要采取行动了。

维利干强调了耐克是如何进行其全球性产品营销的。耐克在产品营销时的一个主要特点是与体育明星合作，如迈克尔·乔丹与"Air Jordan"篮球鞋；约翰·麦肯罗、安德鲁·阿加西和彼得·桑普拉斯与网球鞋和服装。这种合作是国际化营销的一种理想方式。耐克在重大体育赛事期间在国际媒体上的覆盖建立起耐克产品的国际性市场。正如耐克的网球市场主任，伊恩·汉密尔顿所指出的：

当我开始在耐克网球部工作时，约翰·麦肯罗是世界上最耀眼的明星，他也是耐克家族的一员。他汇集了耐克鞋所想要的特质——天才的、奉献的和响亮的。他虽然摔断球拍并被罚款，但最重要的是他赢得了比赛。他的成功和行为不时地吸引了球场上的观众，使很多人开始使用耐克。

下面一段出自菲尔·奈特，他强调了产品和运动员合作的重要性：

其中的技巧是不仅使运动员能赢得比赛，同时也能激发观众的激情。我们想要的是公众又爱又恨的人物，并不仅仅是领先的球员。……为了创造一种与消费者的长期的感情，我们不断地重复展示运动员的生涯，将他们作为普通人一样来推荐给公众。

于是，当约翰·麦肯罗年龄大了，阿加西替代他成为新的代言人，成为"Challenge Court"这一令人激动且丰富多彩的网球系列产品的推广者。而麦肯罗则成为一种新的更柔和型的"Suprem Court"系列的推广者。

这种将单项体育分割为愈来愈小的子市场的政策是耐克公司市场营销的另一特点。20年以前，市场上只有一种篮球鞋和很少的专业运动鞋，普通运动鞋被用于各种各样的体育活动。而现在每一个体育项目都有不同的用鞋和设备。"乔丹风"篮球鞋是耐克公司为创建一个全新的篮球用鞋市场的集体努力的成果。这一努力获得了成功。之后耐克又将该市场进一步细化并推出了

"Flight"和"Force"两个系列。

在20世纪80年代中期,耐克落后于锐步,后者随后成为体育用鞋市场的主导力量。1987年,锐步占美国体育用鞋市场的30%,而耐克仅占18%。耐克随后实施的进取型的全球化营销策略和用大量支出与运动员签约的方式使耐克成功超越锐步。至1996年,耐克占美国鞋类市场的43%,锐步的市场占有率跌至16%。在1996—1997财政年,耐克在国际市场的收入达到92亿美元,增长了42%。

耐克每年投资10亿美元于市场营销和运动员签约,相比较锐步的花费大约为4亿美元。在1998年1月,锐步宣布由于无法花费巨额开支用于品牌的市场营销,它不再与耐克进行面对面的竞争。尽管耐克赢得了与锐步的"运动鞋"战争,但它的另一个竞争对手——阿迪达斯在1997年扩充业务并成为世界第二大体育公司,国际销售额达50亿美元,产品涉及体育用鞋、服装和设备。阿迪达斯跟随耐克将其生产基地转移到亚洲,并积极地通过全球性体育广告和与运动员签约的方式来推广其品牌。

耐克给我们的启示是:在一个成熟的后工业经济前提下,在体育经济中,设计、营销和零售比制造更为重要。表8.7列出了耐克的一项产品的情况。

表8.7 耐克"空中飞马"(Air Pegasus)运动鞋的成本结构

	美元	%
产品成本	17.75	
供应商的利润	1.75	29
船运	0.50	
耐克的成本	20.00	

(续表)

	美元	%
研究与开发	0.25	
推广和广告	4.00	
销售，配送，管理	5.00	22
耐克利润	6.25	
零售商成本	35.50	
零售商成本	25.50	
零售商利润	9.00	49
消费者成本	70.00	

资料来源：Washington Past（1995）。

零售活动占鞋的总价格的49%，生产成本为29%。耐克可以在全球寻找最廉价的生产基地，在过去的20年内已经三次在亚洲改变生产基地。然而，零售活动须在主要的市场中进行，那里成本很难协商，边际利润相对较大。

耐克案例分析不仅反映了体育产业的全球化，也反映了在商业体育行业中不同因素间的相互关系。耐克是一家举足轻重的体育设计和营销公司。然而，它通过运用主要的体育赛事和观看这些电视节目的全球观众，作为其市场营销战略的主要因素，从而最终取得了巨大的成功。这家公司也是世界范围的体育职业队的赞助商。耐克的名字也将在本书的最后四部分出现，这四部分主要是讨论体育商业市场：体育赞助、主要体育赛事、职业球队和体育传播。在讨论这些市场之前，我们需要考虑体育市场供给方的三个行业间的内在关系。

政府、志愿行业和商业行业在体育中的相互关系

在本章和之前的两章里我们已经讨论了政府、志愿行业和商业行业在体育市场供给中的不同作用。本章我们将体育产业定义为商业行业中提供体育商品和体育服务的产业，然而，在实际中并不能在政府、商业行业和志愿行业之间清晰划界。这三个行业通常均涉足于体育机会的提供，我们经常能够看到这些行业之间的直接竞争。例如，商业性健康和健身俱乐部也许与同样的公共行业休闲中心的设施或一个志愿者俱乐部形成直接的竞争。

格拉顿和泰勒指出商业行业通过投资体育赞助和职业体育队等方式占据对体育的优势（参见第九章和第十一章）。另一方面，志愿行业和政府在大众体育参与市场中扮演着重要的角色。从前述的章节中，我们已经看到更多的政府资源致力于专业性体育，更多的商业市场活动出现在大众参与市场。同样，志愿行业中更多的经济活动正在加入到真正的市场经济中，由于带薪劳动力时间已经取代了志愿者劳动力，一些志愿行业已经变成商业性运行（如在橄榄球联盟内）。

在本节我们讨论是否经济学可以帮助我们解释为何体育输出的供给在不同行业间用这种方式来分割。魏斯布罗德（1978）提供的一组假设可以作为一种解释的第一要素。首先他将所有的输出划分为三类：公共消费商品、公共商品的私人商品替代品和单纯的私人商品。通常，我们期望政府提供公共消费商品，然而，魏斯布罗德指出：

> 期望公共行业供应的替代品（即融资）的任何商品，或者是集中于志愿行业或是在以盈利为目的的私人行业，这主要取决于

公开提供的商品是公共性商品还是私人性商品。除了政府融资商品的"公共性"外,志愿行业和私人行业在一个产业中的大小比例取决于科技的状态,特别是在公共性商品和私人商品替代品的相似性程度和相对的产品成本方面。

上述所谈到的第一个要素是消费者首先从公共行业寻找公共性产品的供给。然而,消费者很可能不满意政府对一个特定公共性商品的供应水平。因而,他们在志愿行业和商业行业寻找补充性的输出。上述引用的一段话表明商品的公共性越多,越有可能由志愿性行业来提供;商品的私人性越大,越有可能通过商业行业来提供附加的输出需求。然而,上述两个行业的产品成本也是一个重要的影响因素。

魏斯布罗德观点的第二个要素与需求的本质相关,特别是需求的差异性。差异性越小,越有可能是由政府提供输出的主要部分。需求的差异性越大,志愿行业和商业行业联合提供的输出份额则越大。这是因为政府输出是由简单的大多数投票模式来决定。如果一个特别的公共性商品的消费者人数不够多从而不能影响投票进程时,他们不可能去看政府提供的这种商品。

魏斯布罗德观点的第三个要素是他所称的"收入假设"。他谈到从消费者的观点来看,公共性商品与私人商品替代品相比较有一个重要的缺点:消费者对其样式、类型和时间的可得性的个人控制程度较低。他以灯塔为例,一个灯塔不可能为不同的用户设置在不同的地方,也不能为满足不同的偏好而在不同的时间开关。如果我们将其扩展到公共性商品的差异性需求上,就有可能看到需求的各个方面没有得到满足。而私人市场替代品可以满足消费者的需求。由于消费者个人意愿的控制程度可能与收入积极相关,因此商业供应商很可能"跳过"市场而去满足高收入消费者的需求。那些转到私人市场去选择的消费者将会支付较高的费用，得到的回报将是得到一个非常接近他们需求的产品。他们很可能选择一种使他们的个人收益最大化的商品形式，并尽可能减少外部的利益。

如果回到体育市场，我们可以分析魏斯布罗德的观点与事实相符的程度。在参与者的供给市场上，我们已经注意到公共和志愿行业居主导地位。同时也注意到所提供的商品在本质上是个体型的而非共同型的。公共行业的体育中心和游泳池以及志愿者行业的参与性体育俱乐部所提供的收益既非竞争性的，也非排他性的。他们所提供的商品在根本上是私人商品，尽管社会收益体现在参与者这一代的健康收益，还可能表现在第六章所讨论的减少犯罪和暴力方面。按照魏斯布罗德的第一个假设，我们可以预料非满足性需求是出于商业行业而不是志愿行业。

对于如健康和健身俱乐部等提供单项体育活动的行业来说，情况确实如此。在20世纪90年代，来自商业行业的诸如提供体育设施的体育供给迅猛增长，使其成为商业体育行业中增长速度最快的单个行业。

然而，就集体运动项目和其他竞技性体育来说，非常明显的是志愿者行业而非商业行业是最重要的供给者。其中的原因在于这两个行业的"相对的产品成本"。如前所述，志愿者行业的劳动力服务的成本为零，因而商业行业无法与此相比。事实上，情况比这还要复杂。在很多情况下，在志愿行业中提供免费服务的许多人实际上在他们对志愿行业的贡献中受益。我们以一个业余足球俱乐部为例，要组织一场在星期六下午举行的比赛需要做许多工作。一些人要挑选球队、联系运动员、组织比赛场地和裁判员、确定比赛用具的清洁以及赛后提供点心等。其中的一些工作是由运动员去做，但大多数工作则由非运动员来完成。许多非运动员从这些志愿活动中获得了参与的愉悦感，他们对体育活动的兴趣体现于对体育活动的参与中，因此这种劳动力服务提供的是免费服务，甚至被认为是一种消费而不是去工作。在这种情况下不难看出商业行业很难与此竞争。

然而，这种对志愿行业的描述也许有一点过时。正如我们在第七章所讨论的，时间压力已经减少了体育志愿者的供给，有事实表明培训青年志愿者已变得越来越困难。许多以前在体育俱乐部由志愿劳动力所提供的活动（经营酒吧、提供点心、清洁等）正不断地由带薪劳动力所取代。体育运动的级别越高，志愿行业市场活动的水平就越高。尽管志愿行业比商业行业仍拥有一定的产品成本优势，但这种优势正在逐步减少。

魏斯布罗德的第二个假设是需求的差异性越大，志愿行业和商业行业的总输出的份额就越大。第五章清楚地反映了体育需求的差异性，如许多体育项目的参与者人数很少。

并不感到奇怪的是，许多参与人数少的体育项目的需求是由志愿行业和商业行业来提供的。而政府行业涉及的是那些参与人数较多的体育项目（如室内游泳）或至少是某一年龄段的人群（如青年组体育队）。

魏斯布罗德的第三个假设是商业行业将使市场"瘦身"并为高收入消费者提供更多的机会。如果我们分析一下体育商业供给的模式，就可以看出这一特点。高尔夫运动是一项吸引高收入消费者的体育活动，我们可以看到高尔夫球场和设备的商业性供给。同样，商业行业向非常广阔的消费者提供了独特的健康和健身设施，远远多于志愿和公共行业俱乐部所提供的（当然收费要高很多）。

这样我们可以看到魏斯布罗德的三个假设在体育市场参与服务中得到了验证。他的分析在解释市场中这三个行业的相对份额时是很有用的。然而，我们已经看到情况正在不断发生变化，这三个行业的分界线正变得模糊起来。我们通过描述美国的一个特定的由此模糊性引起的问题来对此加以说明。

克朗普顿（1998a）指出在最近的几年，在体育和娱乐机会的供给上，很难区分公共行业和商业行业的角色。他提出了产生这一问题的理由：

有三个因素导致了这些行业界线的模糊。首先，出现了一系列新的体育活动，如健身操、徒步登山、动力行走、队列滑冰、滑板运动、街上曲棍球、沙滩排球和心血管锻炼仪等。20年前任何行业都没有提供这些活动。因为为这些活动提供长期供给的公司尚未建立，在一些地区对这些新需求的反应来自于公共行业，而在其他一些地区私人行业提供了这些服务。

第二个因素是可用的公共基金的减少……一些机构通过提高现有服务的价格和通过拓展以前属于私人机构所专有的盈利性活动来顺应这种变化。获取收益关乎一些机构的生存，这种情况已经超越了避免与私人行业竞争的传统观念。

第三个引发行业重叠的因素是现在许多机构服务费的价格不断攀升。当公共娱乐服务行业的价格提高后，私人行业更有能力提供具有竞争性的活动项目。这是因为对私人机构来说存在着一个产生满意性投资回报的极好的投资机会。

克朗普顿给出了几个不同的案例分析，其中有商业行业供给者与政府机构的不平等竞争。这是因为公共行业机构具有低成本的优势，他们不用付场地费、销售和收入所得税，他们可以投资设备而不需要从投资基金处按商业贷款率取得贷款。

在英国，克朗普顿所描述的最为接近的情况是公共行业中的休闲中心与商业行业中的健康和健身俱乐部之间的竞争。我们在第五章已经看到,在过去的十年内,增长最快的参与性活动是健身培训和健美操。公共行业通过将需求减少的措施,如将壁球场改变成健身房来应对这种需求的变化。公共行业的体育馆设施比十年前更多地用于健美操的课程。一些新建的设施里均建有商业行业的健康俱乐部,如戴维劳埃德中心和爱斯珀塔中心。

克朗普顿接着指出了这种不平等竞争已经扩展到公共行业之外的志愿行业,或像基督教青年会等非盈利性组织。这种困难使基督教青年会因会员的要求而提高设施的质量,从而使其能与商业行业中的健康俱乐部抗衡。在英国,许多志愿行业的体育俱乐部从体育彩票基金处接受大量的赞助来做同样的事情。

克朗普顿文章中谈到的不平等竞争问题,主要是由于体育供给中的公共补贴行业的失败并波及到相对富有的人之外。体育补贴使那些富人受益的情况仍然存在。由于在过去的十年里公共行业和志愿行业的宗旨变得更加顾客至上,这三个行业所提供的设施越来越相似也并不奇怪,因为这三个行业都是在争取同一个消费群体——在迅速扩展的健康和健身市场里的相对富裕的人。这些相同的消费者为耐克、阿迪达斯、锐步带来了利润。如果政府行业用来自较穷的社会团体的体育补贴来成功达到其体育价值目标的话,那就没什么问题了。

结 论

从历史的观点来看,体育是由志愿行业主导的。在 20 世纪 60 年代和 70 年代,特别是在西欧,政府通过增加对体育公共补贴、制定致力于提高体育参与和推进精英体育质量的发展政策从而发挥着非常重要的作用。自 20 世纪 80 年代起至今,商业体育行业显示出最快的成长速度并成为决定性的体育经济行业。本章我们集中于商业体育的核心要素（由服装、用鞋和设备构成体育商品行业）、商业健康和健身俱乐部所提供的体育服务。然而，在20世纪90年代，商业体育行业中最活跃的行业是体育赞助、大型体育盛会、专业体育队伍和体育广播，上述每一个部分将各成一章在其后分别进行介绍。

第四部分

体育经济学的当代议题

第九章

体 育 赞 助

引 言

  1970年以前，在英国几乎不存在"体育赞助"这样一种经济行为，然而到了1999年，体育赞助的评估总值已达3.5亿英镑。在全球范围内，1999年体育赞助的评估总值高达200亿美元，仅在20世纪90年代其总值就增加了3倍。在各种赞助行为中，体育赞助居主导地位，约占全部赞助行为的2/3。

  现在，任何一个体育项目的商业可行性都极度依赖其赛事组织者通过体育赞助获得可观收入的能力。在所有的职业运动队的收入中，体育赞助都占有相当可观的比重。通过体育进行的赞助行为具有普遍的说服力，它不仅仅体现在聚集少数精英的职业体育，同样，不少业余运动队也能够获得体育赞助。正是这种说服力使得精确评估体育赞助的价值变得非常困难。加之不少商业公司不愿透露其用于体育赞助的金额，使得体育赞助的价值评估变得更加扑朔迷离。

什么是赞助？

在豪厄尔的报告中（CCPR，1983），体育赞助被定义为："一个外部实体或个人为获取双方的共同利益而对某一运动、某一运动项目、某一体育组织或某一体育赛事提供的支持。"该报告的结论是："体育赞助为体育提供了服务，进而为体育所服务的社区提供了服务。从这个意义上讲，体育赞助实际上服务于公众利益。"

西姆金斯（1980）指出了体育赞助的三个特点：

- 赞助人以金钱或实物的方式对体育作出贡献。
- 被赞助的活动不是赞助公司的主体商业活动的一部分。
- 赞助人期待的回报是一种无损于赞助人的公众宣传效果。

科拉（1999）对于体育赞助作了如下定义：

赞助一词是指以金钱或实物进行的一种投资行为，其所期待的是开发相关联的潜在商机的机会。

体育赞助一般与一个赛事、一项联赛、一个管理机构、一支运动队、一名运动员或是对某一赛事的转播联系在一起。那些可被赞助者，在市场开发的术语中通常被称为"资产"。

赞助是一项极为多变的商业行为。我们试图将其视为相对较新的现象，但事实上 120 年前的板球比赛中已有类似的商业行为。豪厄尔报告中的施皮尔斯和庞德个案即属此类。施皮尔斯和庞德是澳大利亚的一家饮食服务公司，它赞助了 1861—1862 年间的英国板球队在澳大利亚的首次巡回赛,并从中获利 1.1 万英镑。

不过,无可置疑的是,体育赞助是在 20 世纪的最后几十年间得以迅猛发展的,这不仅体现在绝对数量上,也体现在体育赞助所涉领域的广泛性上。

体育赞助的增长

体育娱乐中央委员会在 1981 年设立了一个针对体育赞助的调查委员会,由前体育部长丹尼斯·豪厄尔任委员会主席。设立这个调查委员会的原因是:

体育娱乐中央委员会认为,体育赞助是一个非常复杂的问题,而且体育极度依赖体育赞助,因此有必要进行一次正式的调查进而对体育赞助的现状进行分析并为其日后的发展指明方向。(体育娱乐中央委员会,1983)

该委员会首先对当时的体育赞助现状进行了评估,并通过图表揭示自 20 世纪 70 年代以来体育赞助的增长情况。然而,他们的工作遇到了严重的问题,因为无论是体育的管理组织机构还是赞助人都不愿意透露体育赞助的实际规模与金额。图 9.1 是该委员会的工作成果之一,表 9.1 表明了评估中使用的数据来源。从图 9.1 中可以看到体育赞助(金钱或实物形式)在持续稳定地增长。但这一评估结果有可能存在着较大误差,如 1973 年和 1981 年的评估都有两个可选结果。而且,在 1981B、1982 和 1983 三年的数据中,包括了"有形"和"无形"两类支出,而此前的评估数据中仅包括了"有形"支出。虽然黑德的 1981 年的"无形"支出的调整值(黑德,1982)与豪厄尔调查中的数据不同。

百万英镑（按当时价格）

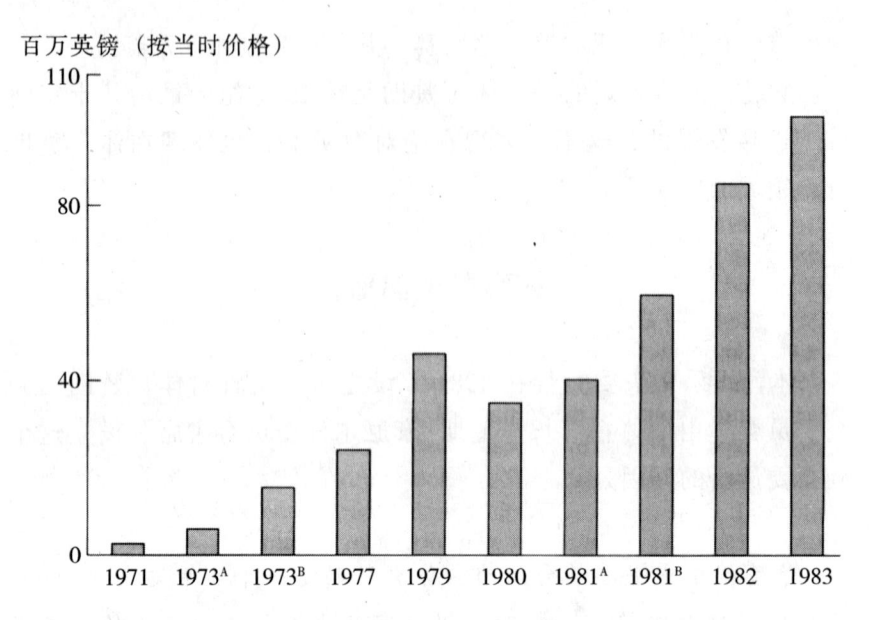

图 9.1 1971—1983 年体育赞助评估
（1973 和 1981 两年分别有两个可选评估结果）

表 9.1 体育赞助评估的数据来源

时间	体育赞助价值（百万英镑）	资料来源
1971 年	2.5	体育委员会
1973[A] 年	6.0	交流体系
1973[B] 年	15.0	经济情报单位
1977 年	24.0	经济情报单位
1979 年	46.0	经济情报单位
1980 年	35.0	体育委员会
1981[A] 年	40.0	康普顿报告
1981[B] 年	60.0	维克托·黑德
1982 年	84.7	豪厄尔咨询
1983 年	100.2	豪厄尔咨询

"有形"赞助是指赞助人公布承认的金钱支持。不过,我们有理由认为这一部分的评估数额低于实际投入的金额。很多的赞助永远也不会以统计数据的形式公开,因为它们大多发生在较小区域范围内的较小规模的公司和体育组织之间。体育娱乐中央委员会试图通过问卷调查发现这些区域性支出的重要性,并认为这类区域性赞助约占全国赞助总量的25%~27%。根据这一比例,图9.1和表9.1均可在"无形"支出部分做进一步的调整。

不过,"有形"支出被低估的一个重要原因还在于赞助公司投入赞助的资源远比公开的以货币形式显示的金额要多。通常地,在一项赞助实施的过程中,公司的市场开发部都须投入大量的时间、人力和物力进行宣传。此外,还有与赞助行为直接相关的印刷、宣传和娱乐活动方面的费用。

自豪厄尔报告问世至今,在英国对体育赞助的规模和金额进行准确评估的难度丝毫未见降低。不过,有一点是肯定的,即1983—1999年间,体育赞助的增长速度远比国家经济作为一个整体的增长速度快得多,特别是20世纪90年代与职业足球有关的赞助金额巨大(参见第十一章)。总体上讲,重要的体育项目获得的赞助都有所增加(参见第十章)。科拉(1999)指出:

目前对于英国体育赞助的合同金额的评估为3.5亿英镑。体育赞助学院评估市场财富总量(包括开发和其他附加费用)为10亿英镑左右。预计2002年时,以通常授权费用估算的体育赞助金额将达到5亿英镑。如使用体育赞助学院的计算方法,这将带给市场价值15亿英镑的财富。

从上文可以看出,自20世纪80年代以来,体育赞助总额中的"无形"部分已飞速增长,目前已是"有形"部分的两倍。

不过，20世纪90年代末，讨论某一国家体育赞助的状况似乎无关宏旨，似乎在全球范围内审视体育赞助更为精准。各国体育赞助的较小增加实则构成了全球性的体育赞助的增长。事实上，很多赛事是真正意义上的全球性赛事：世界人口的2/3（超过35亿人）收看了1996年亚特兰大奥运会的全球性电视转播。1998年的法国世界杯足球赛则吸引了超过400亿人次的观众。此外，现在不少公司实际上是在全球范围内生产、销售和推广其产品。

这些超大规模的活动，如奥运会和世界杯足球赛，是这类跨国公司向全球观众推广其产品的最佳"资源"，而跨国公司对此类赛事的赞助金额也是惊人的巨大。1996年欧洲足球锦标赛已"晋升"为全球性赛事，成为仅次于世界杯足球赛的第二大国际足球赛事，吸引了192个国家的4.45亿观众。据国际赞助研究项目（SRI）评估，1996年的欧锦赛的电视观众超过67亿人次，平均每场观众2.16亿。

1996年的欧锦赛的主办机构欧洲足联将赞助合同转包给ISL。这届欧锦赛共有11家官方赞助商［嘉士伯、佳能、可口可乐、富士、通用汽车(沃克斯霍尔)、JVC、麦当劳、万事达信用卡、菲利浦、士力架和茵宝］，每家提供赞助350万英镑。有趣的是，尽管这届欧锦赛在英格兰举行，但上述11家赞助商中只有一家的总部设在英国，另有三家总部设在欧洲大陆，四家总部设在美国，另外三家总部在日本。科拉（1999）这样描述围绕此次赞助展开的推广计划：

所有的官方赞助商都围绕其对1996年的欧锦赛的赞助制定了详尽的市场开发计划，以足球为媒在欧洲的各大电视台、超市和商场进行的市场开发活动之多创下了新纪录。市场开发活动包括广告、以赞助商产品和比赛门票为奖品的竞赛、露天演出以及在8

个比赛城市的机场和火车站设立欢迎中心等。结果自然是销售额上升，贸易关系进一步稳固，新商机接踵而至。

此外，有史以来第一次这11家大型跨国公司的形象被整合在一部电视商业片中，并在英国的影院、ITV电视台和欧洲体育台播放。如果拘泥于传统的品牌战略是不可能拍摄这样的广告片的，但在巨大的共同利益面前，传统的品牌战略只能退居次席。以足球为名，这些跨国巨擘站在了一起。

由BMRB进行的研究显示，可口可乐品牌知名度最高，其次是麦当劳。不过，该研究也显示，尽管耐克没有赞助1996年的欧锦赛的任何活动，但是其知名度仍排名第七，甚至比不少欧锦赛的官方赞助商的知名度还要高。但需要指出，耐克在电视广告方面投入巨大，并且开展了一个大规模的海报宣传。

1996年的欧锦赛结束几个星期后，亚特兰大奥运会开幕了。赞助收入几乎是这届奥运会的唯一最重要的收入来源。赞助分为三个级别：奥林匹克赞助（TOP，由国际奥委会直接管理，最多可有12家赞助商在全球范围内推广其产品）、主办国组委会赞助（赞助用于支付组织奥运会的费用）和各国家的国内赞助（由各国奥委会管理，用于支付各国国家队的费用）。奥林匹克赞助计划在1988年卡尔加里冬奥会时首次实施，到亚特兰大奥运会时，共有10家跨国公司提供奥林匹克赞助，其中包括可口可乐和麦当劳。国际奥委会因亚特兰大奥运会获得的奥林匹克赞助高达3.5亿美元。不过，科拉认为，单是可口可乐围绕1996年亚特兰大奥运会在赞助和市场推广方面的花费就高达3.65亿美元，是其公布的直接支付给国际奥委会的赞助金额的10倍还多。

国际奥委会为举办奥运会而设置的分级赞助制已被各单项体育的国际组织效仿。1998年的法国世界杯足球赛，ISL再次包办了赞助事宜。这次共有 12 家主赞助商：阿迪达斯、佳能、可口可乐、吉列、富士、JVC、麦当劳、万事达信用卡、欧宝、菲利浦、士力架和百威。每家赞助商为获得全球推广权而支付了 1250 万英镑。1998 年的法国世界杯足球赛还有其他赞助商赞助组委会和参赛的各国球队。比如英格兰队就有 8 家赞助商，每家赞助 100 万英镑。据估计，耐克和阿迪达斯围绕 1998 年的法国世界杯足球赛分别花费了 1 亿美元进行推广，所不同的是，阿迪达斯是该比赛的官方赞助商而耐克却不是（科拉，1999）。

正是这些跨国巨擘在体育赞助方面投入的不断升级，使得体育赞助在全球呈增长之势。当我们跨入新千年的时候，全球体育赞助金额达到了 200 亿美元。

埋伏式市场推广

20 世纪 90 年代出现的一个新现象是越来越多的公司使用"埋伏式市场推广"。麦考利和苏顿（1999）认为：

公司专项资金与体育赛事之间新的相互依存的关系滋生了新的赞助方式，"埋伏式市场推广"的概念也应运而生。被描述为"埋伏式市场推广"的战术从正反两个方面改变了人们对赞助的看法，并推动了新的市场营销手段的发展。埋伏式市场推广使体育和体育赞助面目一新。

科拉（1999）将"埋伏式市场推广"定义如下：

"埋伏式市场推广"是指这样一种公司行为：公司将自己同一项被赞助的事件联系起来，但事实上并没有支付必要的费用。此种"埋伏"给消费者这样一种印象（这种印象有时真有时假）："埋伏"的公司和品牌事实上是赞助商或者在某种程度上与被赞助的事件联系在一起的。

比恩（1995）对于"埋伏式市场推广"的定义，则从另一方面揭示，"埋伏推广者"的动机更多地是针对作为某一事件官方赞助商的竞争对手，而不是将自己同该事件联系起来。他这样定义"埋伏式市场推广"：

"埋伏式市场推广"是一家公司采用直接的手段以削弱或影响其竞争对手通过支付赞助费而同某一体育组织之间建立起的联系。通过广告和推广战略，"埋伏"公司试图使消费者搞不清到底谁是赛事的官方赞助，或者干脆误导消费者认为"埋伏"公司才是赛事的官方赞助。

麦考利和苏顿（1999）认为，"埋伏式市场推广"的流行导致了20世纪90年代末期赞助增长的减缓。比如可口可乐和IBM这样的公司都曾不得不重新进行赞助合同谈判或者终止赞助合同，因为"埋伏式市场推广"减少了他们通过赞助本应获得的收益。麦考利和苏顿将"埋伏式市场推广"视为体育组织通过赞助收入获得资金的严重威胁，并总结出"埋伏式市场推广"的五大类型：

1. 竞赛或中奖：公司组织关于比赛结果的竞猜，或者组织以比赛门票为奖品的竞赛。
2. 转播赞助：公司赞助对某一赛事或某一场比赛的转播，其赞助金额远远低于赞助赛事本身所需的金额。
3. 电视广告：公司将其电视广告置于赛事转播的间歇时段，

并通过广告内容相应地将公司名称与赛事联系起来。
4. 赞助运动队或运动员：赞助参赛的运动队或运动员，但对赛事组织者毫无贡献。
5. 伴生营销广告或推广：例如在赛事期间派发的广告传单，在赛场附近张贴的海报，或是在赛场附近举行的专门的营销推广活动。

很多公司在某一赛事期间会使用上述几种"埋伏式市场推广"手段。1998年法国世界杯期间，耐克并非官方赞助商，但他们与夺标大热门的巴西队之间有赞助合同。耐克在世界范围内购买了比赛中场休息时的广告时段，而且在其广告中使用巴西队的形象。耐克还在巴黎附近建了一个"足球村"，巴西队再次被用来"形象代言"。此外耐克还进行了大规模的海报宣传。结果，世界杯期间耐克获得了比其主要竞争对手（如为世界杯官方赞助的阿迪达斯）还略高的知名度。

"埋伏式市场推广"符合耐克一贯的反权威、重革新的积极进取的公司形象，其广告代言人和赞助对象常常是那些或在行为举止上或在衣着打扮上"离经叛道"的运动员，前者如麦肯罗，后者如阿加西。充当官方赞助则有违耐克的一贯形象，耐克在"埋伏式市场推广"方面投入之巨，相当于官方赞助的金额，但却获得更高的知名度，这种商业行为本身也进一步确立了耐克那种反常规、反教条的公司形象。

然而，"埋伏式市场推广"对于赛事组织者来说，毫无疑问意味着威胁。尽管使用"埋伏式市场推广"手段的公司围绕着赛事的举办也投入了巨资，但赛事组织者却不能从中分一杯羹。虽然赞助转播和赞助运动员都算是赞助的方式，但在其他三种"埋伏式市场推广"中的花费则是典型的广告费用。因此，使用"埋伏式市场推广"的公司越多，就意味着真正的体育赞助的收入总量越小。

直到 20 世纪 90 年代末，体育组织才觉察到"埋伏式市场推广"的威胁，并开始组织"反击"。不过，很少有迹象表明他们的反击会在 20 世纪结束前取得胜利。

"埋伏式市场推广"增大了对于体育赞助的评估的不确定性。上述的很多"埋伏式市场推广"手段一般不算做体育赞助，因而，"埋伏式市场推广"手段越流行，根据赞助合同金额得出的体育赞助的评估越有可能低于其真实价值。

公司的赞助决策

要理解公司为什么赞助体育，可以从广告经济学入手。对于广告决策的初步分析的前提是公司以利润最大化为总目标。广告的目的是将需求曲线右移，但与此同时广告的费用又使总成本增加。只要广告后的销售收入的增加大于成本的增加，就可判定广告使利润增长了。科斯塔亚斯（1982）认为公司的这种追求利润最大化的行为与将广告费用列为收入中的常规部分的"大拇指定律"实为异曲同工。

根据这种相当简单化了的广告观点，自然会得出"成功的广告将使销售额增长"的结论。而且，这一结论也不难验证，因为"不成功"的公司不会再继续做广告，因此，我们应该可以发现广告费用和销售增长率之间有着很明显的正比关系。

然而，不少的研究试图评估广告对于销售的作用，结果绝大多数的研究无法确定广告与销售之间存在着任何关系。科斯塔亚斯（1982）在回顾了所有的关于广告与销售关系的实证研究后，得出这样的结论："广告对于购买者的作用，无论在理论层面还是在实证层面,都还没有得出令人满意的定论。"

这一经济研究显示,困扰公司广告决策的一个重要问题是广告回报的不确定性。这也许可以解释缘何设定一个常规的广告销售比的"大拇指定律"成了当下的"法则",现在各公司是根据收入的变化来调整广告费用的支出,而不是根据广告费用的变化来解释收入的变化。

一些经济学家认为,广告费用应视为一项投资,因为它在一段时间之后才能带来回报。这种观点使得广告决策的风险或不确定性变得更加扑朔迷离。这些经济学家认为,广告是公司用以建立其声望和信誉的主要手段,而收入受到影响的时段越长,广告决策的风险和不确定性就越大。此类观点还认为广告带来的回报中包括有不可量化的变量,如"声望和信誉"。

赞助可视为公司追求利润最大化行为的一部分,其首要动机是增加销售。广告费用对收入影响的风险和不确定性迫使公司实施多种的市场推广战略,赞助是其中的一种。所有关于体育赞助的证据表明,这种市场推广/广告行为在预期回报方面存在着很大的风险。这种风险使得公司期望参与(因为想象中的回报会很丰厚)但又不愿过多地参与。实际操作中,公司一般将赞助费用控制在市场推广总费用的5%以下,这与上述观点是相符的。

不过,某些行业对赞助的投入远高于这个比例,原因是其他形式的广告战略是被禁止的。在这种情况下,为了保证既定的广告收入比,用于赞助的资金额自然会增加。烟草行业长期以来都是英国体育的主要赞助商,莫勒(1983)认为,20世纪80年代初期,直接的香烟电视广告被禁止,于是烟草公司对体育赞助表示出了更浓厚的兴趣,因为这是唯一一种可以使他们在电视上宣传其产品的途径。莫勒通过以下案例描述了体育赛事对于赞助商的有力的宣传效果:

经典战例之一是每年的"大使馆"杯世界职业斯诺克锦标赛。在横跨四、五月的为期17天的比赛过程中,1080万人次的观众收看了不少于81个小时的赛事转播。大使馆支付的赞助总额不超过20万英镑,但其获得的广告效果,按照电视广告的平均价格计算,高达6800万英镑。

尽管目前烟草公司每年用于体育赞助的金额仍在800万英镑左右,但20世纪80年代末和20世纪90年代,像世界职业斯诺克锦标赛这样受烟草公司赞助的体育赛事的电视转播受到了越来越多的限制。欧盟还出台了禁止所有形式的烟草广告和赞助的指令,该禁令于2001年启动执行,到2006年时在全欧盟完全生效。

英国政府则表示将更早地开始禁止烟草公司对体育赛事的赞助,但一级方程式赛车却获得英国政府"赦免"而不在被禁之列,该赛事严重依赖于烟草公司提供的赞助,一旦赞助被禁,与该赛事直接相关的很多行业的就业状况将受到严重影响,这是英国政府不得不考虑的。

关于体育管理和市场推广的研究还从经济学以外的其他角度来审视赞助公司的收益。克朗普顿(1996)认为赞助体育有四种动机:提升形象、提高(公司或产品的)知名度、表示亲和力,以及进行产品试用或销售。

在英国,用于旨在提升公司形象的市场推广方面的费用日益增加,并与广告的投资动机密切相关。此外,其还与一些经常提供赞助的行业如银行、保险公司、石油公司等联系在一起。体育具有健康的形象,公司提供体育赞助的动机则是将体育的健康形象与公司或其产品的形象"嫁接"起来。力量、竞争力和获胜的欲望是体坛和商界的共同特征,通过建立精英运动员与产品之间的联系，赞助公司实际上是在打造其作为"精英公司"的形象。

赞助的另一个动机是改变公司的原有形象，并在特定市场内塑造一个更有利于其产品的新形象。克朗普顿援引了努纳翰（1983）的关于吉列如何放弃其"美国形象"并通过赞助英国的传统运动——板球，而战胜其英国的竞争对手威尔金森的案例。

对于那些知名度比较低的公司，或是有新产品进入市场的公司，提升公司和其产品的知名度尤为重要。科恩伊尔通过赞助板球"考查系列赛"，大幅度地提高了其公司的知名度，对此豪厄尔报告是这样评说的：

1977年科恩伊尔刚开始赞助"考查系列赛"时，该公司在英国的保险公司中仅排名第十二位，且调查表明其公众知名度低于2%。然而，赞助该赛事5年之后，公司的知名度已上升为17%。

科恩伊尔在1981年分析了其通过体育赞助获得的收益。在140小时的电视转播过程中，公司条幅出现了7459次，公司名称在解说中出现234次。此外，公司的名称在电台广播中被提及1784次，在全国性报刊上出现659次，在地方性报刊上出现2448次。此外还有预想不到的宣传收获，包括1980年英国电讯公司接到的询问比赛结果的2100万个电话。

每一场"考查系列赛"，科恩伊尔手中都有250张门票，这也成了公司加深与客户之间联系的有力工具。科恩伊尔的保险经纪人表示，由于知名度上升，现在科恩伊尔的各项保险比以前好卖得多，科恩伊尔自己的评估认为每年通过赞助"考查系列赛"而增加的保险收入达1000万英镑。

这个案例还显示了体育赞助创造了表达亲和力的机会。不少市场推广部经理都将娱乐和贸易关系视做赞助行为的最重要动机。

在这个案例中还显示出了娱乐与销售或利润最大化之间的关系，因为公司试图娱乐的对象恰恰是他们的客户。在某些个案中，赞助体育使得公司在众人瞩目的重大赛事中得到赛场的最佳座位或包厢，这些设施被用来招待公司的客户。在大型的赛车或赛马比赛上，这类现象尤为明显，在足球、网球和板球比赛中也常常出现。

克朗普顿使用的最好的通过体育赞助进行产品试用的例子大概要算是计算机公司向体育赛事提供的以货代款的服务了。每当比赛时间或比分出现在电视屏幕上，计算机公司的名字也随之出现。克朗普顿援引了朗（1993）的研究中关于奥利韦蒂的例子：

奥利韦蒂已经为一级方程式赛车提供了13年的计时服务。奥利韦蒂称其已处理了200万个比赛时间，超过50万圈的赛程，计算了70万个速度值。这个计算机小组包括15位工程师、10公里长的电缆和12台386 PC机。在终点线上安装有摄像头，计时器将数据输入一台PC机，同时遥测系统（安装在赛车上的发射器通过安装在赛道上的天线将赛车行驶过程的秘密数据传给计算机小组）将数据输入另一台PC机。安装在赛道上其他位置的两个较远的遥测系统向所有的车手提供关于最高车速和赛程中用时的数据。在1992年的意大利Imola大奖赛上，使用的是一个可以从赛道上的15个不同位置测定时间的新系统，它为电视台提供了更多的数据。这意味着一笔相当大的投资，但回报是奥利韦蒂得以向全世界展示其尖端技术。

斯莱克和本茨（1996）认为小型企业赞助体育还有一个特殊的动机，即提升其在当地社区的形象。

建立良好的公共关系和与当地社区保持接触，通常是小规模的限于当地的体育赞助的目的，而不是大规模的、广泛宣传的赞助的主旨。20世纪80年代广泛开展的马拉松比赛使得这种小规模赞助大量出现，而现在各地的足球和板球队也积极寻求当地赞助，不少的公司也都愿意为当地球队提供小额的赞助。公司通过提供这样的赞助而获得的广告宣传效果非常有限，但在政治上却很有用。比如说，公司正计划扩建，并需获得扩建许可，那么，通过体育赞助对当地社会有所贡献，便可以使其在民意调查中获得支持。

由于赞助目的的多样性，测定一项赞助是否成功就变得相当困难。如果这只不过是个利润最大化的问题，或者干脆就是销售最大化的问题，那么，测算还是有可能的。即便如此，在赞助费用和销售额之间建立起明确的统计量化关系依然十分困难。"吉列"依靠社会调查，试图测定公司通过赞助行为得以上升的知名度。"不幸"的是，在20世纪80年代早期，消费者因"吉列"而联想到的常常是体育（特别是板球），而不是安全剃须刀。"吉列"发现的另一个问题是，公众对于其赞助的认知程度并没有逐年增长。重复赞助一项体育赛事（比如板球吉列杯）似乎最终证明在发展新用户方面没有什么效果，这是因为公司的知名度在步入平台阶段后停滞不前，甚至还有下落。这一评估结论的后果是1981年"吉列"不再对板球提供赞助。

上文中提到的豪厄尔报告中关于科恩伊尔的例子，展示了另外一种评估赞助效果的方法，如统计公司因赞助而获得的报刊报道面积或电视报道时间，然后按照广告市场价格计算获得同样的媒体报道量所需的费用。我们在上文中已经提到，莫勒对大使馆因赞助1982年世界斯诺克锦标赛而获得的媒体报道量的价值评估为6800万英镑。豪厄尔报告将媒体报道进一步细化为：

1. 每当摄像机在比赛过程中拉近镜头时，运动员休息区上空的横幅占据 1/8 的屏幕空间。在 17 天的比赛过程中，计划内转播时间超过 90 小时，而实际上由于晚间的比赛可以超时播出，最终的总转播时间几乎达到了 100 小时。
2. 在长时段的转播过程中，特别是那些每次超过 6 个小时的转播中，词语提及都超过了两次。78 次转播，每次转播被要求至少有两次词语提及，这样最少可保证 156 次的词语提及。
3. 在最后 10 天中，公开出版的电台节目预报中提及大使馆 28 次，最多时一页预报上出现了 3 次。
4. 关于最新赛果的文字报道定期出现，大使馆总是出现在标题中。

科恩伊尔和大使馆这两个例子显示，赞助公司的获益可以是丰厚的，而且这些收益是有可能以货币形式进行部分量化的。

赞助的好处

赞助行为的好处似乎是显而易见的。赞助是体育组织的重要收入来源。一个体育组织机构，甚至是一个体育俱乐部，必须从政府拨款、赞助、俱乐部会员会费或是销售其产品（如赛事门票的销售）中获得收入。在某种程度上，一种收入往往是另一种收入的替补。如果赞助收入上升，那么，体育活动的参与者的花费就会下降（便宜的会员会费），或者收看比赛的花费会下降（便宜的门票）。可以说，赞助是对体育的一种私人拨款。

不过收入并非赞助带给体育的唯一好处，体育还因此获得了宣传效果。赞助商一般都愿意采取相应措施以提高其赞助体育项目的公众认知度，这样无论是被赞助的体育项目的市场还是赞助商的产品市场都得以拓宽。

在英国，斯诺克运动普及率的惊人上升表明这种"联合宣传"的效果可以使对体育和产品的需求同时增加。在20世纪70年代初期，斯诺克还是一个很少有媒体报道的冷门项目，是赞助使得斯诺克从烟气弥漫的小房间步入豪华场所从而进行大型比赛的（其中以谢菲尔德的克鲁希伯尔大剧院最为有名）。这些豪华赛场吸引了更多的传媒特别是电视台前来进行报道，而媒体报道的增加反过来又吸引了更多的赞助商，从而使比赛奖金更高。高额奖金和媒体报道又确保了公众对赛事的浓厚兴趣，这更鼓励了电视公司和赞助商，从而使这一螺旋上升曲线继续攀升。赞助因而成为了体育自身推广的必要条件。到了1983年，斯诺克已成为英国电视报道量排名第四的体育项目，是继飞镖之后参与程度最高的第二大室内体育活动。

被赞助体育付出的代价

收入、宣传效果和市场推广，是赞助带给被赞助体育的主要好处。但是，被赞助体育也要因此付出代价。赞助说到底还是一种商业行为，赞助商必然期待其投资带来相当的回报。因此，赞助商往往要求对赞助行为有控制权。海德（1982）这样评论：

显然，如果赞助商认为他们没有被公平地对待，那么他们必然对赞助失去兴趣，或要求更多的控制权。这时，赞助带来的将是纯粹的市场推广，体育的操作将不再以体育自身的利益为主要目的，而是以赞助公司的利益为主要目的了。

这段评论揭示了因赞助方和被赞助方预期目标的不同而潜伏

着的威胁。有人担心赞助在某种程度上减弱了体育的本真,在这样的争论中很多问题被提了出来。体育应该变得更加职业化和商业化以满足赞助商的胃口吗?一项体育运动应该为了适应电视转播而修改其比赛规则吗?

赞助带来的一些变化无疑是有益的且吸引了新的观众。斯诺克就是一个很好的例子。但其他变化就不那么受欢迎了。为获取赞助而特别组织的活动并不总是与既定的体育发展计划相一致,过多的电视曝光也会起反作用。所有这些都会伤害到体育的长期利益。关于洛杉矶奥运会的大规模赞助问题就存在着严重的争议,一些评论家认为,1984年的这届奥运会是"美元奥运会"(观察家,1984)。对其赞助规模的评论是这样的:

> 美国的公司向第23届奥林匹克奢华演出投入了5亿美元,作为回报,他们把奥运会变成了销售他们产品的市场摊位。他们得让他们的钱花得物有所值……30家公司各自花费了不少于400万美元以获得使用奥林匹克口号和徽记推广他们产品的"独家授权"。对于多数赞助公司来说,这400万美元不过只是首期付款罢了。麦当劳不得不又花了600万美元为洛杉矶建了一座新的游泳馆。ABC电视台则花了令人难以置信的2.25亿美元天价才购买到电视转播权(观察家,1984)。

尽管如此规模的赞助意味着多年来第一次奥运会举办国和举办城市的政府不再亏本,但还是有很多人感到,在吸引赞助的过程中,奥林匹克理想被丢弃了。因洛杉矶奥运会组委会将奥林匹克火炬接力在美国境内的路段按每公里3000美元"售出",奥林匹克圣火的故乡、希腊奥林匹亚市的市长就曾一度威胁不让圣火离开奥林匹亚。

也许，赞助带来的最严重的问题是为了获取最佳宣传效果，赞助商一般只对那些顶级赛事、热门项目和精英选手（体育巨星）感兴趣，这就造成了几个方面的问题。首先，过去赞助商和体育组织的矛盾在于，赞助商只想赞助那些精英运动员，而体育组织却明确规定了参赛者的业余身份。现在的情况比20世纪80年代时简单了一些，那时有些运动项目规定赞助只能被用于特定的开支，而另外一些体育项目又允许建立专项基金。其次，为了满足赞助商的要求，顶级选手往往不得不面对排得满满的比赛日程。第三，赞助还使体育管理机构与运动员之间产生了矛盾。对于运动员个人的赞助往往意味着该项目体育管理机构从中一无所获。而体育管理机构认为其对该体育项目拥有完全的责任和权利，因而应当从通过其组织的比赛得以实现的赞助行为中分一杯羹。这种矛盾又往往被安排公司赞助运动员事宜的代理公司进一步恶化。这些代理公司有时置体育管理机构的权益而不顾，安排他们自己的活动，把他们自己横插在运动员和体育管理机构之间。

体育不得不面对的另一个问题是赞助行为的不连贯性。赞助商常常没有事先说明就突然退出赞助。收入的不稳定又会给体育管理机构带来严重的问题。如前所述，"吉列"在1981年突然退出了已赞助了近20年的吉列杯板球赛。豪厄尔报告对此的评论是：

这对体育来说是一次重大的教训，公司不得不对其投资将进行艰难的商业决策。"吉列"充分肯定了由其创始的比赛的巨大成功，但这也意味着该赛事的价值可能已经超过了公司对赛事的赞助所能维持的水平。

这里显示出另一个要点。为了实现赞助商的商业目标，有必要经常性地变换体育赛事。豪厄尔的报告建议，体育管理机构应该努力避免对于赞助的过分依赖，并尽可能组织多种赞助，从而降低某一赞助商退出时带来的风险。

赞助带来的最后一个问题是体育与烟酒业和赌博业之间的关系。我们建立的公司赞助决策模型显示，正是由于烟草被禁止进行其他形式的广告，才使得这个行业提供的体育赞助特别多。这里我们面临一个严重的矛盾：因其积极意义而被鼓励参与的体育活动，却与有着消极意义的抽烟、喝酒和赌博联系在了一起。我们在上文中已经提到过，烟草业对于体育赞助已经被宣告终结。但目前，制酒业和赌博业尚未面临同等命运。

结　论

体育赞助是一项价值 200 亿美元的全球性产业，美国在其中扮演主角，占去了约 1/4 的份额。因为对重大体育赛事和职业运动队的赞助金额逐年攀升，体育赞助的年增长幅度达到 10%。然而，几乎所有的引用数据都存在着低估体育赞助真实价值的可能，这不仅因为难以确定投入体育赞助的实际资源量，还因为"埋伏式市场推广"将体育赞助"掩盖"在了常规的广告和推广预算之中。

在本章我们试图分析体育赞助市场。我们认为这个市场是相当零碎和分散的。很少的几个热门项目、精英队伍和精英运动员却吸引了大量的商家竞标赞助费。与此同时，又有大量的运动项目、队伍和运动员处于急需赞助的状态。

体育赞助市场的另一个重要特点是其不稳定性。30 年前，美国之外并不存在体育赞助市场。今天，像 IBM 这样的奥运会主赞助商，却完全可能突然决定终止对奥运会的赞助。所有的体育项目都有可能面临这样的局面：一夜之间他们收入的一个主要来源消失了，而这一切都与他们的体育竞技行为毫无关系。体育赞助恐怕要算是最不稳定的一种体育收入形式了。尽管我们试图确定公司赞助体育的原因和他们追求的收益，但许多公司都无法证明他们获得了预期的收益。一旦公司核心业务的变动威胁到了公司的商业可行性，赞助往往是头一个被砍掉的项目。

尽管存在着这样那样的问题，大量的体育赞助收入意味着没有赞助体育将无法生存。因欧盟禁令从 2001 年开始生效，目前欧洲的许多体育项目正苦苦寻求替代过去烟草赞助的新的赞助商。这被证明并非易事。

本章的分析始终围绕着对于体育赞助至关重要的一个要素进行，即体育赞助对于电视对比赛、运动队和运动员的转播的依赖性。所有的重要的体育赞助合同都以电视曝光率为基础。我们将在第十二章对此进行详细分析。

第十章

重大体育赛事

引 言

20世纪80年代以前,主办像奥运会这样的重大体育赛事被认为是主办城市和国家的沉重的财政和管理负担。蒙特利尔举办的1976年夏季奥运会亏损了6.92亿英镑,就是上述观点的佐证。此外,慕尼黑举办的1972年奥运会亏损也达1.78亿英镑之多。

随着亏损额的不断升级,任何主办城市似乎都不得不接受举办奥运会或其他重大体育赛事必然成为财政负担这样一个事实。然而,1984年的洛杉矶奥运会却赢利了2.15亿英镑,这一财政的成功从此改变了各城市和政府对于主办重大体育赛事的态度。此外,随着对主办重大体育赛事可能带给一个城市和国家的经济利益的认识变得更全面更深刻,很多城市开始为获得一系列不同体育项目的世锦赛、欧锦赛或是像田径大奖赛这样的特殊赛事的主办权而展开激烈的竞争。

重大体育赛事在经济上的重要性

20世纪80年代关于标志性活动或是超大型活动的研究成为了

旅游休闲研究的一个重要组成部分。尽管研究的角度和方法是多种多样的，但研究的焦点都是这些活动带来的经济利益（1992；盖茨 1991）。在超大型活动中，体育赛事相当引人瞩目。

这一领域最早的研究之一是关于 1985 年阿得莱德大奖赛的影响力的研究，之后还有关于 1988 年卡尔加里冬奥会的深度研究。

表 10.1　体育赛事的花费和经济影响

赛事	财政损失 （百万澳元）	对 GSP 的影响 （百万澳元）
1985 年阿得莱德大奖赛	2.6	23.6
1992 年阿得莱德大奖赛	4.0	37.4
1991 年希腊摩托车大奖赛	4.8	13.6
1994 年布里斯班世界大师运动会	2.8	50.6

穆莱什和福克纳（1996）指出，即便是奥运会和赛车大奖赛这样的超大型活动也并不总能保证主办者获得经济收益。他们强调，一般而言，举办大型体育赛事尽管可使主办城市因更多的投入而受益匪浅，但主办机构自身却往往要赔钱。表 10.1 显示了澳大利亚举办重大体育赛事的城市的亏损情况，同时也可从中看出赛事的一个直接效果是州生产总值的上升。比如，1994 年布里斯班世界大师运动会耗资 280 万澳元，但由此而在该州派生的经济活动的价值却达 5060 万澳元。穆莱什和福克纳的基本观点是国营部门一般都会在赛事主办中发挥作用，并为使当地经济有所获益而产生费用：

许多赛事的财政架构都是一样的，因而导致上述亏损。私人机构似乎不大可能愿意运作这样的赛事，因为它们几乎没有机会赢利。政府主办这些赛事并在这一过程中花费纳税人金钱的原因在于赛事的外延作用或效果。

为一个特定赛事建立起收益或亏损账目并不是一件直截了当的事情。大型体育赛事往往需要投资兴建新的体育设施，其所需费用部分是由中央政府甚至是国际体育组织支付的。这种纯粹来自外部的投资使主办城市当地经济获得的是净收益。而且，这些设施在赛事结束后还保留在当地，可以用来举办其他活动以带来更多的旅游收入（穆莱什和福克纳，1996）。体育赛事只是提升城市知名度的战略的一个组成部分，因此，赛事举办的成功与否不能单以账面的赢利或亏损论之。

赛事的吸引力往往与一个重塑形象的过程联系在一起，比如英国的很多城市就是通过举办体育赛事来实现其城区改造和发展旅游业的计划的（比安基尼，1991；布拉姆威尔，1995；洛夫特曼和斯皮罗尤，1996；罗奇，1994）。重要赛事，如果举办成功的话，可以为一座城市带来新的形象和"身份"。主办重要体育赛事可能带来的直接或间接的、长期的对经济和社会的影响，这也常常作为申办的理由（穆莱什和福克纳，1996）。这些影响首先在经济范畴内被评估，比如当地经济因举办赛事而获得的投资、相关的旅游收益和因赛事成功而带来的城市形象的重塑等（罗奇，1992）。

举办重要体育赛事的城市获得的是向世界推广自己的独特机会。正如我们将在第十二章中分析的那样，电视媒体间为获得重要体育赛事的转播权而日益加剧的竞争使得赛事转播权的费用大幅度上升，这反过来意味着电视台会在黄金时间对这些赛事进行地毯式报道，赛事主办城市的市场推广收益也随之上升了。

衡量重要体育赛事的经济影响力

重要体育赛事的经济影响力通常是用"乘数分析"来进行评估的。"乘数分析"将因主办赛事而在主办城市产生的总消费转换为减去"流失"后的保留在当地经济中的净收益。比如说，在一家宾馆的总消费并不一定只在宾馆所在城市流动。这笔费用的一部分会被用来支付工资、采购食品、采购饮料等等，而以上费用的收到方可能在宾馆所在城市之外。因此，"乘数"是一个将总消费转换为保留于当地经济中的那一部分的工具。

"乘数"计算的最终目的是为进一步的经济分析提供基础，比如分析投入当地经济的一笔资金对就业机会的贡献。对当地经济的持续投入将为当地创造新的工作机会。

"乘数"又分为很多种，但在赛事分析中使用最多的是"比例乘数"。"比例乘数"表达如下：

$$比例乘数 = \frac{直接收入 + 间接收入 + 派生收入}{原始外来消费}$$

一旦原始外来消费被测定出来，那么，通过乘以当地"乘数"，可计算出由此产生的当地收入的增加值。

直接收入是外来消费产生的第一轮影响，它包括在那些被直接注入外来消费的行业中工作的当地人的工资和利润增长。间接收入是当地的其他行业或个人因外来消费而获得的收入，但这些行业或个人并不直接地收到外来消费（比如，当地的商店、饭店和宾馆是外来消费的直接收入方，而这些商店、饭店和宾馆的供货商是间接收入方)。派生收入是指因外来消费而获得的直接收入和间接收入再次变成投资或开支后而产生的收入。

实际上，当地的乘数值一般是从关于其他相关城市的研究中"借用"的，因为评估这个乘数值的过程不仅复杂而且花费不菲。比如在谢菲尔德（本章即将分析的个案），当地比例乘数为0.2（这意味着只有20%的外来消费作为增长的收入保留在了当地），而此前的多个经济影响力研究所使用的乘数也都是0.2。城市越大，外来消费的"流失"越小，一般地，乘数值也就越高。分析在谢菲尔德、格拉斯哥和伯明翰举行的赛事时使用的乘数值为0.2，而分析在萨宁德尔举行的高尔夫球锦标赛时使用的乘数为0.1，因为对于萨宁德尔这样的乡村经济来说，外来消费的"流失"是相当大的。

将那些因外来消费而获得收入的行业（比如宾馆和饮食业）的收入额除以全职员工的年平均工资，即可算出因外来支出而增加的工作数，并以全职工作的年数来表示。一个"全职工作年"是一份全职工作一年的工资。事实上，任何一次性的体育赛事都极少创造出能够持续一年以上的全职工作。因赛事而增加的就业大多是短期和兼职的。因此，在计算中使用的年平均收入数一般都低于反映就业结构的国内平均工资数。在下文中涉及的英国的个案研究中，我们使用的年平均收入数为12500英镑。

英国的体育赛事

在英国，人们认识到举办重要体育赛事能够给主办城市、地区和国家带来经济和社会收益，也是最近的事情。1994年，体育理事会建立了"重大赛事支持集团"，后改名为"重大赛事指导集团"。该组织的作用就是帮助各级政府申办和组织重大体育赛事。

一份来自前"国家遗产委员会"的报告（1995）提供了吸引赛事的组织协调方法的框架。该报告认为，英国在吸引重大体育赛事的手段方面已经落后于其他国家，且在申办方法上缺乏稳定性。而建立英国体育理事会的一个主要目的就是理顺整个体系。英国体育理事会从一开始就实施了"大赛战略"，现在英国国内彩票发行为支持重大体育赛事提供了稳定的资金来源。

"国家遗产委员会"的报告（1995）中提到：

很明显，即便申办重大体育赛事不能最终成功，申办本身仍可对经济复苏起促进作用。

该报告用谢菲尔德和曼彻斯特的例子来说明体育赛事刷新英国经济的作用：

……一旦初期重建启动，那么高标准设施的存在意味着这些城市能够借此吸引其他更多的体育赛事。其影响力还不止于此。很多设施还可用于举办其他活动，比如大型会议和音乐会。此外，随成功举办一项赛事而来的宣传效果可以增加城市的吸引力，提升其海外知名度，从而吸引更多的旅游者。

1996年欧洲足球锦标赛

1996年欧洲足球锦标赛（简称"欧锦赛"）在经济上的成功使得重大体育赛事的经济重要性成为了热门话题。1996欧锦赛将28万外国球迷吸引到了英国，他们在8个比赛城市及周边地区共消费了1.2亿英镑（多布森等，1997）。如果我们把国内游客（非比赛城市居民）的消费也计算在内，那么，因1996欧锦赛的比赛和报道而产生的总的经济影响力高达 1.95 亿英镑。

据评估，1996 欧锦赛使得英国 1996 年第二季度交通和旅游的净收入上升了 3%，并使得英国的货物和服务的出口增加了 0.25%。1996 欧锦赛对英国整体经济的影响是使当年 4 月到 6 月英国的国民生产总值增长了 0.1%，这相当于该时段英国国民生产总值总增长 0.4% 的 1/4。由于旅游业在欧锦赛期间的繁荣，使得英国自 1995 年年初以来首次出现了贸易顺差。

根据蒂罗埃特和图什的估算，由于英格兰主办此次比赛英国政府也多收入了 6400 万英镑，其中 4000 万英镑来自门票销售、相关商品销售、公司食宿招待和其他与欧锦赛有关的花费带来的价格附加税；500 万英镑来自对 1996 欧锦赛赛果下注的 8000 万英镑赌金带来的税收；300 万英镑来自对比赛组织者征得的税收；1600 万英镑来自于公司因欧锦赛而赢利带来的税收增加。可以说英国政府因 1996 欧锦赛大赚了一笔，因为赛前政府只通过国家遗产部向赛事投入了很少的资金。赛事组织、推广和管理以及相关文化活动都是由地方政府、私人企业和英足总经办的。

1996 欧锦赛还使欧足联创纪录地赢利了 6900 万英镑：其中 4900 万英镑作为奖金发放给了各参赛队。尽管英国足总因承办比赛而花费了 170 万英镑，但因英格兰进入半决赛而从欧足联那里获得了奖金，英足总实际上共赢利了 250 万英镑。

1996 欧锦赛对英国的旅馆业产生了显著的影响。与 1995 年 6 月时相比，1996 年 6 月时伦敦以外的旅馆的入住率和房价分别上升了 14% 和 22%。在曼彻斯特，由 1996 欧锦赛直接带来的住宿收益和入住率的上升就达 57%。不过，在英国的某些地区，为满足 1996 欧锦赛的住房需求而不得不使一些商务活动和交易会改地举行，这多少使得 1996 欧锦赛带来的收益打了一些折扣。

1996 欧锦赛是自 1966 年足球世界杯后英国承办的最大的体育

赛事。上面讨论过的种种证据表明，对于主办城市和英国的旅游业来说，1996 欧锦赛是一个成功的故事。而且 1996 欧锦赛的成功，也使得希望英国承办更多的大型赛事的呼声高涨，比如呼吁英国申办 2006 年足球世界杯和 2012 年奥运会。1999 年，英国还承办了橄榄球联盟赛和板球世界杯等大赛，还将主办 2002 年的英联邦运动会。

每年，英国都要举办一系列的体育赛事，其中有些比赛是受到世界瞩目的。体育理事会 1997 的"大赛年历"开列了 291 项在英国举行的比赛，其中 46 项可以吸引英国国内和海外的电视直播，比如六国橄榄球巡回赛、温布尔顿网球赛、高尔夫球公开锦标赛、英足总杯决赛、牛津剑桥的划船比赛以及全国越野障碍大赛马。若以举办的赛事对人口的比例论，英国大概要算是每年举办赛事最多的国家了。英国在举办体育比赛方面的特长和经验，在当今迅速增长的全球体育赛事市场上，是一个有竞争力的优势。同时这也标志着，有必要更充分地理解体育赛事可能带给主办城市的好处。

在英国，有三个城市（谢菲尔德、格拉斯哥和伯明翰）采用了通过举办体育赛事来刺激当地经济更新的战略。这三个城市被设计为"体育市"，其中，谢菲尔德和伯明翰都是 1996 欧锦赛的主办城市之一。通过对谢菲尔德发展的分析，可以使我们窥见体育赛事能够对经济更新产生何种程度的影响。

体育赛事和经济更新：关于谢菲尔德的个案研究

1978—1988 的十年间，谢菲尔德经历了严重的经济衰退，其煤矿业、钢铁业和工程业方面的工作机会减少了 6 万个，使得该城市部分地区的失业率高达 20%。谢菲尔德当时面对的是一无多少现实的选择机会、二无获得中央政府支持的希望的艰难处境。窘境中，谢菲尔德选择了通过以举办活动为龙头发展体育、休闲和旅游工业来增加就业机会的冒险战略。谢菲尔德争取到了举办1991年世界大学生运动会的机会，从而获得了在体育设施方面的1.5亿英镑的新投资，建起了一个新的体育场、一个新的体育馆，以及一个国际比赛水准的游泳池。

于是，谢菲尔德变成了一个经济试验室，以验证我们在前面讨论过的主办体育比赛可以对当地经济有明显贡献的假设，以及改善该城市作为一个肮脏的老工业城的历史形象的设想。考虑到谢菲尔德在钢铁业方面的悠久历史，不能不说，把旅游者吸引到这里观看体育比赛的战略大大改变了这个城市的发展导向。

20世纪80年代形成的经济更新战略迅速地发生着演变，正如罗奇（1992）评论的那样：

> 这类战略的一个特征就是，第一眼看上去，它是试图在一个没有前途的地方发展新的旅游工业的不合情理的计划。

举办世界大学生运动会的亏损为1000万英镑，但是没有人针对这项体育赛事对谢菲尔德经济的影响进行研究，因此，也就没有关于因世界大学生运动会而到谢菲尔德参观的旅游者对当地经济的贡献的评估。因此，表10.1中的经济方程式中只有一边被测定了出来，并证实这种战略在其实施的早期是承受了相当大的政治压力的。不过，因举办世界大学生运动会而在谢菲尔德兴建起的新的体育设施，为谢菲尔德在1991年之后连续举办体育赛事的计划提供了操作平台。自1991年起，谢菲尔德已经举办了超过300项体育赛事，因体育赛事而被吸引到谢菲尔德的旅游者对于当地经济的贡献经评估超过了3000万英镑。

这其中有 900 万英镑是在 1996 年六七月间的 24 天（15 个比赛日）中产生的，这段时间，谢菲尔德举办了两大赛事，一为 1996 欧锦赛 D 组第一轮的三场比赛，一为紧随欧锦赛小组赛之后举行的世界大师游泳锦标赛。这两个体育赛事都是休闲体育研究中心的研究对象，这两个赛事之所以特别有研究价值，是因为欧锦赛是吸引了大量媒体注意力的观赏性项目，而世界大师游泳锦标赛虽然观赏性较差，但参加比赛的人数却特别多。

三场欧锦赛小组赛共吸引了近 69000 名现场观众，其中超过 61000 人是从谢菲尔德以外地区来的"访问者"。"访问者"中又只有 24%的人在谢菲尔德住宿了至少一个晚上。尽管 1996 欧锦赛吸引了从其他国家来的很多观众，但这些外国游客中只在白天旅游然后在当天比赛结束后就乘船或飞机返家的人的比例惊人地高。不过，那些在白天旅游的游客，平均每人每天的消费超过 50 英镑，这远远高于因其他原因来旅游的游客的日均消费量。这样，因为这三场小组赛而来谢菲尔德的游客在谢菲尔德的总花费为 580 万英镑。

1996 欧锦赛作为一个全球媒体关注的热门大赛为谢菲尔德吸引来的主要是外国游客，而在欧锦赛小组赛结束后第三天开始的世界大师游泳锦标赛不仅缺少媒体关注，也没有多少观众。该锦标赛自 6 月 22 日开始，至 7 月 3 日结束，参加比赛的运动员和官员为 6500 人，观众则大多是参赛者的亲朋好友。然而，这些"访问者"中的 80%在谢菲尔德住宿了至少一晚，其人均驻留谢菲尔德的时间为 5.4 晚。在谢菲尔德过夜的游客的日平均花费超过 80 英镑，这样，因游泳锦标赛而到谢菲尔德来的"访问者"的总花费为 360 万英镑。

也就是说，世界大师游泳锦标赛吸引到谢菲尔德的"访问者"的人数虽然只有 1996 欧锦赛吸引人数的 10%左右，但其为谢菲尔德带来的收入却相当于 1996 欧锦赛带来收入的 60%还多。这是因为，游泳锦标赛吸引来的"访问者"主要是各国的参赛者，他们在谢菲尔德驻留的时间更长，花费得更多。现在人们认识到，举办"大师赛"这类赛事可使主办城市在经济上受益良多，因为这类赛事吸引来的主要是年纪较大的且比较富有的参赛者，他们一般都会在主办城市住相当长的一段时间。如表 10.1 所示，1994 年在布里斯班举行的世界大师运动会为主办城市带来了 5000 万澳元的经济效益，因有 25000 人参赛，该运动会也成为了世界上最大的、综合的、参与性体育赛事。

重大体育赛事的经济重要性：关于六个赛事的研究

这一节讨论的是对于 1997 年 5—8 月间在英国举行的 6 个体育赛事的研究结果。该研究是由英国、英格兰和苏格兰体育理事会委托休闲工业研究中心进行的。研究的目的是评估体育赛事对于主办城市当地经济的影响，并对举办大型体育赛事过程中涉及的复杂的经济学问题进行探讨。

在这 6 个体育赛事中，"访问者"共交回完成的调查问卷 4306 份。此外，研究者还从主办城市当地政府、赛事组织机构和主办城市的旅馆那里获得了社会调查的补充信息。样本调查信息加上门票销售数据，被用来进行来自外地的"访问者"针对当地经济的花费的评估。由赛事带来的当地收入的增加和就业机会的增加的评估则使用比例收入乘数进行计算。下面是主要的研究结果：

这 6 项赛事分别是：

①5 月 19 日—6 月 1 日：世界羽毛球锦标赛和苏迪曼杯，格拉斯哥。

②5月31日—6月8日：欧洲青年拳击锦标赛，伯明翰。

③6月5—9日：第一届科恩伊尔板球测验赛，英格兰对澳大利亚，埃德巴斯东。

④6月29日：国际业余田径协会大奖赛，谢菲尔德。

⑤7月31日—8月3日：欧洲青年游泳锦标赛，格拉斯哥。

⑥8月14—17日：韦特比克斯女子高尔夫英国公开赛，松宁达勒。

研究显示这6项体育赛事的经济影响力是非常不同的。两个青年锦标赛（拳击和游泳）对于主办城市的经济影响力相对较小（尽管拳击锦标赛进行了9天之久、游泳锦标赛也进行了4天）。田径比赛的经济影响力也很小，但该比赛总共持续了不到5个小时。板球赛给主办城市带来的外来消费是最高的（510万英镑），而且也吸引了最多的观众。羽毛球比赛和高尔夫球比赛带来的外来消费基本相同，但羽毛球比赛长达14天，高尔夫球比赛却只有4天而已。

表10.2 外来参观者在举办城市花费的来源

	羽毛球	拳击	板球	田径	游泳	高尔夫球
观众	31%	65%	91%	75%	8%	90%
官员、运动员和媒体人员	69%	35%	9%	25%	92%	10%
附加消费总和	1926692英镑	244374英镑	4571225英镑	150936英镑	257802英镑	1645244英镑

表10.2比较了6个体育赛事带来的外来消费，同时对外来消费的来源进行了简单的归类。该表表明，6个赛事所带来的外来消

费中来自观众的消费和来自参赛者、官员和媒体人员的消费所占的比例是非常不同的。板球和高尔夫球比赛是典型的"观众驱动"型的赛事，其带来的外来消费中观众消费的比例分别高达91%和90%。田径比赛亦属于"观众驱动"型赛事，其带来的外来消费的75%来自于外来观众。在田径比赛这个个案中，多数的观众是只在白天旅游的"访问者"，但总人数不多的参赛选手和官员中却有较高比例的人在主办城市过夜且其消费金额也比较高。这就是为什么田径比赛中来自观众的外来消费的比例不如板球和高尔夫球比赛高的原因。

在另一"极"，格拉斯哥的游泳比赛中，92%的外来消费是由参赛选手、官员和媒体人员贡献的。羽毛球比赛中，大约1/3的外来消费来自观众，另2/3则由参赛选手、官员和媒体人员贡献。拳击比赛中的比例正好反过来，2/3的外来消费来自外来的观众。

总的来说，如果我们把从"观众驱动"到"参赛者驱动"比作渐变"光谱"，那么，板球和高尔夫球位于"观众驱动"的顶端，而游泳则位于"参赛者驱动"的顶端，其余三项比赛位于中间地带。其中，田径和拳击偏向"观众驱动"，羽毛球偏向"参赛者驱动"。（如图10.1所示）

图10.1 "观众驱动"到"参赛者驱动"的"光谱"

由参赛者、官员和媒体人员带来的外来消费量相对而言比较容易预测，因为这与参赛人数、官员人数和比赛天数直接有关，所以，预测"参赛者驱动"型赛事的经济影响力不是太大的问题。在格拉斯哥，通过考查旅馆提供给各参赛队和官员的食宿价格就有可能建立起由赛事带来的住宿和饮食两方面的外来消费规模。但是，由于比赛本身是青年锦标赛，因此在食宿之外的外来消费是非常有限的，在这种情形下，完全有可能在赛前就建立起一个相当精确的赛事经济影响力的预测，只要掌握了参赛人数、官员人数、以前该锦标赛举行时吸引的媒体人员人数和比赛天数，就不难得出预测结果。

而预测观众的影响力就要难多了。表10.3显示了英格兰体育理事会在赛前向研究者提供的他们对这6项赛事观众人数的预测和实际的观众人数的差别。

表10.3 预测和实际观众人数差别

	预测出席总数	实际出席数
羽毛球	35000~40000	21642
拳击	35000~40000	1690
板球	63000~70000	72693
田径	25000	16025
游泳	1500~2000	990
高尔夫球	40000	50000

拳击比赛和羽毛球比赛的观众人数远远低于预测水平。而在谢菲尔德当地居民和学校得到了分发的特别便宜的打折门票的前提下，在那里举行的田径比赛的观众人数还是比预测人数少很多。只有在两个"观众驱动"型赛事（板球赛和高尔夫球比赛）中，

实际观众人数还比较接近预测水平。不过，由于这两个比赛是每年都举行的常规赛事，因此观众人数比较容易预测。但这两个比赛都极易受天气状况的影响，板球赛还会受到赛事进展本身的影响（板球考查赛有时打3天就完了），这样就会很显著地削弱赛事的经济影响力。在高尔夫球比赛的个案中，得益于这一年8月份天气非常好，使得观众人数超过了预期。

研究显示了举办"仅此一回"的赛事的风险。现场观众人数预测出错的可能性非常大，而这样的预测错误又会给赛事的预算以及赛事对当地经济的影响力产生戏剧性的影响。

表10.2显示，6个赛事中板球赛的经济影响力最大，其次是羽毛球和高尔夫球比赛。然而，羽毛球比赛的影响力在很大程度上是由其特别长的赛期（14个比赛日）决定的。表10.4给出了6个赛事产生的日平均外来消费额。板球赛带来的"访问者"日均消费是最高的，比排在第2位的高尔夫球比赛带来的日均消费高了2倍还多，是日均消费最低的拳击赛的42倍。在这种测算方法下，羽毛球比赛退居第4位，排在板球、高尔夫球和田径赛之后。可以说此表清晰地显示出了那些经济影响力显著的赛事与经济影响力有限的赛事之间的巨大差别。

表10.4　赛事产生的日平均外来消费

羽毛球	137621英镑
拳击	27153英镑
板球	1142806英磅
田径	176937英镑
游泳	64451英镑
高尔夫球	411311英镑

表 10.5　各种外来消费百分比

	羽毛球	拳击	板球	田径	游泳	高尔夫球
住宿	52	31	25	21	82	55
饮食	21	26	35	24	7	23
娱乐	5	7	15	5	2	2
商业项目	1	3	7	12	1	6
购物	11	19	5	18	6	7
旅游	6	8	8	14	1	4
其他	3	6	4	7	1	2

表 10.5 显示的是赛事带来的在不同方面的外来消费的比例情况。游泳比赛带来的住宿消费的比例是最高的。这并不奇怪，因为其带来的外来住宿消费几乎全都来自参赛运动员和官员在比赛期间住在日供三餐的旅馆的消费。一般而言，比赛的"参赛者驱动"程度越高，其带来的外来消费中住宿消费所占的比例就越大。所以，我们在羽毛球比赛中也发现住宿消费占了很大的比重。高尔夫球比赛是个例外，尽管它是"观众驱动"型赛事，但住宿消费仍在其带来的外来消费中占相当大的比重。这是因为与其他"观众驱动"型赛事相比，高尔夫球赛的观众中更多的人会选择在主办城市过夜，此外还有数量相当多的参赛选手、官员和媒体人员在主办城市驻留很长的时间（尽管这个人数与观众人数相比可能相对很少），而且住宿的费用本身也相对较高。

田径比赛带来的住宿消费所占比例最小，因为绝大多数的观众只在白天访问主办城市而并不在那里过夜。板球比赛带来的饮食消费所占的比例是最大的，想想板球比赛的特点，就不难理解这是为什么了。总之，表 10.5 显示了不同的赛事带来的外来消费组成的不同,但有一点各赛事大体一致,即超过60%的外来消费是花在住宿和饮食上的,唯一的例外是田径比赛,田径比赛带来的外来消费中参与活动、购物和旅游方面的消费所占比重比一般的赛事要高。

体育赛事经济重要性在英国的意义

在我们所研究的6个赛事中,2个是每年都在英国举行的"常规"赛事;3个是在英国举行的"一次性"的或"非常规"的赛事。还有1个赛事,即田径大奖赛,虽然每年都在英国举行,但不是每年都在谢菲尔德举行。如果我们把赛事产生经济影响力的能力同赛事的类型联系起来,那么我们主要考虑的赛事的类型有以下几种:

A 非常规的、"一次性"的能够产生显著经济影响力并能吸引媒体关注的大型国际观赏性体育赛事(如奥运会、足球世界杯和欧洲足球锦标赛)。

B 常规性的每年都定期举行的能够产生显著经济影响力并能吸引媒体关注的大型观赏性体育赛事(如英足总杯决赛、六国橄榄球国际赛、板球考查赛、高尔夫球公开锦标赛和温布尔顿网球赛)。

C 非常规的、"一次性"的产生有限经济影响力的观赏性或参与性的大型国际体育赛事(如欧洲青年拳击锦标赛、欧洲青年游泳锦标赛、世界羽毛球锦标赛和国际田联大奖赛)。

D 常规性的、每年都定期举行的产生有限经济影响力的大型参与性体育赛事(如大多数体育项目的国内锦标赛)。

在上面的分类中我们使用"大型"一词，是为了说明比赛结果的重要性（如全国锦标赛、欧洲锦标赛和世界锦标赛）而不是指其经济重要性。而分类的目的是为了说明并不是所有的在比赛结果上重要的体育赛事都同时具有经济上的重要性。

一年中举行的大部分体育赛事是 C 类或 D 类的，这一点从上面研究的 6 个个案赛事中也可反映出来。然而，事实上是 A 类和 B 类的体育赛事主宰着体育赛事在一年中对经济贡献的多少。

D 类赛事尽管经济影响力有限，但主办这类赛事的额外成本也不高，因为它们是每年都举行的常规赛事，主办机构有着丰富的长期举办这种比赛的经验。

C 类赛事是在非常规基础上进行的"一次性"的赛事。即便该赛事本身是常规性的，但从每一届比赛的主办国的角度出发，由于每一届比赛的主办国都不同，因此对主办国而言，该比赛就是"非常规"的。这种赛事的计划和组织都得从零做起，对主办机构和主办城市而言，有很大的可能性会遇到赛事组织上的问题，因为它们此前大多并没有举办该赛事的经验。像奥运会和世界杯这样的超大型赛事当然存在着同样的组织风险，但事实已经证明其承办成本很容易由赛事带来的巨大的经济收益来"弥补"。然而，举办像世界羽毛球锦标赛这样的规模较小的国际赛事，举办比赛的成本很可能比赛事能够带来的经济收益还高或与经济收益持平。此外，观众对于这类赛事的兴趣难以预测，尽管世界羽毛球锦标赛在亚洲非常热门，但很难据此来预测该比赛在格拉斯哥举行时会有多少观众感兴趣。越是"参赛者驱动"型的赛事越好预测其经济影响力，同时，其经济影响力也会越小。

D 类赛事产生的经济效益低于承办比赛的成本，因此，申办此类比赛一般是由于经济之外的其他原因。

A 类和 B 类赛事能够为主办城市带来最大的经济收益。各城市激烈竞争 A 类赛事的主办权，足以证明这一点。而 B 类赛事呢，或者是比赛地点常年不变（比如温布尔顿网球赛），或者是比赛地点不是由申办竞争来决定的。很多人都没有意识到，英国恰恰举办了很多这样的 B 类赛事，也因此而独树一帜。这意味着，体育赛事在英国是一项工业，英国在举办大型赛事方面有着丰富的经验和专长，因此与其他国家相比，有着竞争上的优势。

对于任何主办城市来说，B 类赛事的风险都是很低的，因为其对观众的吸引力很容易预测。不过，对于那些试图实施"赛事带动旅游"战略的城市来说，这类赛事却是有钱也买不到的。于是，这些城市只好竞争承办 C 类赛事，而 C 类赛事的经济影响力又最难以预测。本研究的结果以及此前进行的赛事影响力研究的结果，使得我们可对 C 类赛事得出以下结论：

1. "参赛者驱动"型赛事的经济影响力相对而言较易事前预测。
2. 一般而言，"参赛者驱动"的青年比赛的经济影响力很小。
3. 参赛者年龄越大、比赛时间越长，赛事的经济影响力也就越大。以世界大师运动会为例，由于大量富有的参赛者在主办城市驻留长达数周之久，因此该赛事的经济影响力相当显著。
4. 观众人数的预测存在着较大偏差的可能，很多情况下，乐观的观众预测都没能变成事实，结果是赛事的亏损往往超过预期值。

随着关于体育赛事经济影响力的研究越来越多，更准确地测定相关参数从而区分不同赛事的经济重要性变得有可能实现。20 年前，A 类和 B 类赛事的经济重要性还不为人所知。接下来的 10

年里，研究中的主要挑战是发现更多的 C 类赛事的特点。

结 论

大型体育赛事现在是英国旅游工业的重要组成部分。英国（由于历史的原因而并非有意为之）成为了举办大型体育赛事这一全球市场中的领头羊，因为像英足总杯和温布尔顿网球赛这样的每年都在英国举行的比赛总是能够吸引大量的从外国来的现场观众和全球范围内的电视观众的注意力。在英国举行大型体育赛事是英国打造其旅游业形象的重要措施之一。上面讨论过的种种证据表明，大型体育赛事还有着显著影响经济的潜力。美国和澳大利亚很早就认识到了这一点，但在英国，人们对此的认识还不深刻。澳大利亚旅游委员会的评估认为，每年举办大型体育赛事带来的收益占澳大利亚旅游业总收入的 5%。尽管英国在举办大型体育赛事的国际竞争中领先一步，但现在竞争正在变得越来越激烈，英国体育理事会最近推出了其大赛赛事战略，以期确保英国在激烈的竞争中继续保持优势。

第十一章

职业团队体育

引 言

自20世纪50年代关于职业团队体育的研究开始出现至今,这方面的研究发展得很快。多数的研究是在北美进行的,研究的重点多在产品和劳动力市场的对比赛的限制问题上,而这一点又是北美职业团队体育如美式足球、棒球、冰球和篮球的特征。对北美职业体育研究得出的不少结论也适用于英国职业体育,特别是英国的职业足球和板球运动。

职业团队体育经济学在过去10年间变得越来越重要,因为英国和欧洲大陆的职业团队体育发生了巨大的变化。如1992年英国建立了职业足球的英超联赛;1996年橄榄球也建立了职业超级联赛,同年,橄榄球联盟职业化;1999年欧洲杯足球赛重新建构等等。本章主要关注英国职业足球,但首先我们要讨论在北美发展起来的关于职业团队体育的"古怪"的经济学(尼尔,1964)的主要组成成分。

赛果的不确定性

使得关于职业团队体育的经济学看上去很古怪的一个重要原因，在于这里对产品的需求与产出的不确定性成正相关，如埃尔·霍迪里和夸克（1971）指出的那样：

关于职业团队体育的一个基本的经济事实是：门票收入严重依赖于联赛中比赛结果的不确定性。一旦某支队伍的获胜率可能接近100%时，其门票收入将大幅度地下跌。因此，每支队伍都必然地有着不成为与联赛中其他队伍相比在运动才能方面太过超级的队伍的合理的经济动机。

经济学家认为，这一点恰是将职业团队体育与其他工业区别开来的最关键的特征。根据传统的经济学教科书，公司总是试图增加其市场霸权而获益，并最终在它实现了作为垄断者的最大化了的市场霸权后，也同时将它的利益（和利润）最大化了。但在职业团队体育中，一旦一支队伍成为"垄断者"，收入就将同时消失，这是由于无法进行比赛而使得产出为零。

联赛的功能之一就是保证没有哪支队伍能够获得太多的市场霸权，或是过分的优势。因此，联赛总是试图对比赛设定限制。这就是为什么俱乐部之间的价格竞争被有效制止的原因。职业团队体育联赛的其他非竞技性的特征还包括给予俱乐部运动员所有权的劳动力市场限制和由较富的俱乐部变相资助较穷的俱乐部的收入平均分配制。如诺尔（1974）指出的那样：

一个联赛和一支队伍在任何阶段都受到那些旨在限制业内经

济竞争的实践和规定的影响。在多数情况下，政府或是批准，或是无法有效地制止这种反竞争的实践。必然地，职业团队体育为经济学家们提供了一个独特的机会去研究一个有效且严格组织化的控制的运作和表现。

尽管几乎所有这个领域的经济学者都接受了"赛果的不确定性是分析职业团队体育需求的关键"这一观点，但凯雷斯等人（1986）指出，这种观点是缺乏结论性的、试验性的证据的：

鉴于赛果的不确定性对于职业团队体育研究的重要性，应该说，不仅需求和产出之间的关键关系的试验性验证被限制，就连对于这个核心概念的讨论也是缺乏方法论指导的（如果还不令人迷惑的话）。在如何确定支撑理论性概念的必要的试验性特点方面，没有引起研究者足够的注意。

他们继而指出，在已有的研究文献中，至少出现过三种不同的关于赛果不确定性的假设，即比赛结果的不确定性、赛季结果的不确定性和在没有哪支俱乐部具有长期优势的情况下的赛果的不确定性。

夸克和福特（1992）在测定美国职业体育联赛的竞赛均衡性时将这三个不同的赛果不确定性的假设结合在了一起：

我们的研究重点是联赛中的胜/负百分比的分布、冠军的集中程度和联赛队伍中的高胜/负百分比。如果一个联赛中各队的胜/负百分比都接近于50%，而另一联赛中各队的胜/负百分比相差很多，那么前者就比后者更具竞赛均衡性。冠军头衔的集中程度越高，部分队的胜/负百分比越高，联赛的竞赛均衡性越差。

夸克和福特（1992）使用的方法是以诺尔（1988）的研究为基础的。这一方法有效地将联赛的实际表现同理想中的那种各队实力完全相同因而具有最强的竞赛均衡性的联赛进行了比较，联赛的实际竞赛均衡性越强，联赛的实际表现偏离理想联赛的程度就越低。他们以美国五大职业联赛（全国美式足球联赛、全国篮球联赛、全国冰球联赛、美国棒球联赛和全国棒球联赛）为研究对象，分析了这五大联赛在1901—1990年间的每一个十年的表现。

夸克和福特（1992）发现五大联赛都是在显著的竞赛不均衡中运作的。全国美式足球联赛的竞赛均衡性最强，全国篮球联赛的竞赛均衡性最差，但就算是全国美式足球联赛与理想的联赛也相距甚远。为此，他们得出以下结论：

我们对于五大联赛竞赛均衡性的历史数据的拓展研究可以得出一个明显的结论，即五大联赛中没有一个联赛是接近于各队实力相当的理想状态的。在各个联赛中，有大量的证据可以表明竞赛不均衡的长期存在，尽管各联赛设定规章制度的初衷是使各队实力均衡。在另一方面，尽管缺陷明显，但是所有这些联赛不仅生存了下来，而且还发展得很繁荣，不仅参赛队伍的数量增加了，地理上的覆盖面积、比赛上座率和公众兴趣以及利润都在上升。

对于他们结论的一种解释可以是这样的：产出的不确定性和保持竞赛均衡性对于职业团队体育的成功来说并不像以前的研究中认为的那么重要。另一种解释可以是：美国职业联赛设定的各种竞赛限制有效地保证了竞赛均衡性并使联赛非常成功。现在让我们把目光转向这些竞赛限制。

职业团队体育中的竞赛限制

尽管赛果的不确定性可能是整个赛季中联赛的总体上座率的决定因素，但各俱乐部更多关注的还是他们的主场比赛。而主场上座率的主要决定因素是当地市场的规模或者说是人口的多少，而且在一个赛区内竞争的俱乐部的数量也会影响到每个俱乐部的上座率。

然而，对每个俱乐部来说，对上座率起决定作用的另一个要素是其赢得比赛的能力。一般来说，如果其他条件都相同的话，俱乐部比赛越成功，上座率就越高。这与前面讨论过的赛果不确定性假设显然是相矛盾的。当每个俱乐部都可以通过获胜率最大化来实现其主场上座率的最大化时，联赛作为一个整体却可能因为赛果缺乏不确定性而受损。这个矛盾是职业团队体育供给方面的主要特征。

斯隆（1980）强调了联赛通过反竞争控制使得没有哪一支或几支队伍主宰联赛的重要性：

比赛结果的不确定性越高，公众对于比赛的需求也就越高。而参赛各队的实力越平均，比赛结果的不确定性就越高。如果富有的俱乐部总是在获胜和赚钱的良性循环中，而其他俱乐部则在相对贫困和失利的恶性循环里打转的话，比赛结果的不确定性将受到威胁。为了消除这种可能性，体育联赛组织要求参赛各队以联盟的形式联手运作，并在参赛成员俱乐部之间对联赛收入进行再分配，限制价格竞争，限制俱乐部对运动员的所有权。目前，职业团队体育的劳动力市场限制有所减弱，因此，联赛收入的分配在维持各俱乐部实力均衡方面的作用变得更加重要了。

下面是美国职业团队体育中实施的一些限制：联赛实行收入平分制，由联赛组织出面与电视台和赞助商谈判，获得的收入在参赛俱乐部之间平均分配；选秀制度保证上赛季成绩最差的俱乐部获得最先挑选新赛季刚从大学联赛进入职业联赛的运动员的权利；工资封顶制限制了最富有的俱乐部为吸引运动员而竞相开出高工资的行为。

在所有限制性措施中争议最大的是通过将运动员的所有权归于他注册的俱乐部，因而限制了运动员在劳动力市场上的议价能力的"保留条款"。在英国，1978年以前的英国职业足球联赛中也实施了相似的限制转会条款。北美俱乐部的所有者一致认为"保留条款"对于保持竞赛均衡性是十分必要的。然而，这一条款不断地引发运动员与俱乐部之间的矛盾，并最终在1976年在棒球和篮球联赛中被废除。在其历史性研究中，夸克和福特（1992）分析了这两个联赛在1976年前后的竞赛均衡性。他们的结论是：

> 俱乐部所有者认为"保留条款"对保持竞赛均衡性是必要的，但微观经济学并不支持他们的观点。相反，微观经济学理论认为，一个有着"保留条款"和不受限制的买卖运动员的交易的联赛和一个有着自由竞争的劳动力市场的联赛的竞赛均衡程度是一样的。来自棒球和篮球联赛中的自由经纪人的证据是与微观经济学理论相一致的，而与俱乐部所有者的说法不同。没有任何迹象表明，在引入了自由竞争的劳动力市场后，棒球和篮球联赛的竞赛均衡性受到了较大的影响。

尽管有这样的结论，但通常，人们还是认为联赛的作用就是组织各参赛俱乐部以联盟的形式运作，限制俱乐部之间在产品和劳动力市场上竞争，从而保证没有哪一支队伍占有明显的优势

（凯雷斯等，1986）。体育联赛的联盟模式是建立在有关联赛整体利润和各俱乐部利润最大化的假设的基础上的。联赛要想保证所有参赛俱乐部总体利润的最大化，就必须限制各俱乐部个体利润的最大化。

联赛经营管理所有参赛俱乐部的集团利益的作用，是与那些最成功的俱乐部追求个体利润最大化的利益直接冲突的，因为如果没有联赛的种种限制，这些俱乐部可以获得更多的利润。联赛的目标是保证赛果的不确定性和竞赛的均衡性，而各俱乐部的目标是获胜率的最大化和因此而来的电视转播权、赞助和门票收入等经济利益的最大化。这种联盟的集体利益目标与联盟中各俱乐部的个体利益目标之间的冲突是联盟经济学中的经典画面。一般来说，联盟的作用不止是在产品和劳动力市场上限制其成员，而且还要限制产出量以保证产品的高价位。在美国的团队体育中，以全国美式足球联赛为例，联赛对于产出的限制表现为没有任何一支球队在一周内的比赛超过一场，而且每个赛季的长度都只有4个月。参赛俱乐部的数量也受到限制，如在全国美式足球联赛中只有30支队伍参赛。

转 播 需 求

传统上，职业团队体育中的俱乐部的主要收入来源是比赛门票的销售。因此，本章前一部分讨论的利润和收入最大化的理论，认为联赛必须保证赛果的不确定性和竞赛的均衡性才能保证上座率的最大化。然而，在最近几年中，其他的收入来源变得更为重要起来，尽管门票收入仍然是俱乐部总收入中最重要的一个单项。在第九章中分析了职业团队体育中的赞助日益上升的重要性，但近年来最重要的因素，是职业团队体育电视转播权的经济价值的急剧上升。

1998年初，美国的电视广播机构同意向全国美式足球联赛支付180亿美元以购买该联赛8年的比赛电视转播权。上一笔1995年到1998年的交易额为15.8亿美元，那时购买到电视转播权的是默多克的新闻集团，新闻集团同时也是天空卫视的所有者。这笔交易使得默多克的福克斯电视网与NBC（全国广播电视公司）、CBC（哥伦比亚广播电视公司）和ABC（美国广播电视公司）一起并列为美国的电视广播业的四大巨头。

在美国收视率最高的8个电视节目全都是体育节目。每年都有1.3亿观众通过电视收看"超级碗"比赛。结果是，在播放这些体育比赛的时段，电视广告的价格达到最高。"超级碗"比赛期间，每30秒的广告价格超过100万美元，而在这种时候做广告的都是像耐克、阿迪达斯和锐步这样的大型体育用品公司，他们希望他们的广告与各种重大的电视直播的体育比赛联系在一起。

在美国，这些比赛是在免费电视台播出的，因此能够吸引极多的观众，比如"超级碗"比赛就能吸引美国一半的人口收视。电视机构竞标这样的体育赛事的电视转播权，是为了通过翻番了的电视广告价格获得丰厚的广告收入。这样的比赛持续的时间是在欧洲举行的比赛的2~3倍，而且更频繁地插入广告时间。

1998年1月17日的《金融时报》上的一篇文章勾勒出了美式足球比赛的重要性，它议论的就是全国美式足球联赛获得的价值180亿美元的电视转播权费。文章认为，没有哪家主要的电视网敢于冒险不播出美式足球比赛：

早在1993年CBS已经有了教训，那一年他们居然让默多克的新闻集团所有的福克斯电视网击败他们而获得了足球联赛的转播权。失去足球联赛转播权后，CBS 的收视率从第一位跌到了第三位，并长期停滞不前。小鸟初飞的福克斯一夜之间完成了质变，从此，统治美国电视的不再是三巨头而变成了四巨头。

CBS 本周试图通过支付 40 亿美元（老价格的两倍）来播放部分足球联赛的比赛，以期收复失地。福克斯则为另一组比赛开出了 44 亿美元的价钱。而华特·迪斯尼，即 ABC 和 ESPN 有线体育频道的所有者，随即开出了 92 亿美元的价钱。这样，各电视机构的总开价几乎达到了 180 亿美元。这使得现收视率最高的电视网（NBC）在最近 10 年间第一次在其节目表中没有了美式足球比赛。美国最热门的有线频道——时代华纳的 TNT 也被挤出了局。

全国美式足球联赛 10 年前因电视转播权而获得的年收入为 5 亿美元，去年的电视转播权收入却已达到了 10 亿美元。而步入新世纪后，其每年的电视转播权收入将达到 22 亿美元。

主要的职业团队体育比赛的电视转播权费用的激增，虽然最初是出现在美国的现象，但正如我们在本章后半部分和下一章谈到的那样，这一现象迅速地被"进口"到了英国。

美国职业团队体育模式

我们将美国职业团队体育模式的一些鲜明特点总结如下：

● 各俱乐部和联盟都优先考虑利润最大化。

● 联赛追求联盟整体利润最大化的目标与那些最成功的俱乐部追求自身利润最大化的目标相矛盾，这一矛盾决定了联赛以联盟的形式运作，并对产出进行限制（俱乐部数量、比赛数量、价格竞争、运动员工资和劳动力市场运作)。此外,联赛传统上都采用收入平分制,以便缩小最富俱乐部与最穷俱乐部之间的经济差距。

- 在美国,这些在产品和劳动力市场上实施的竞争限制被竞赛的管理者认为是必要的,因为维护赛果的不确定性被认为是职业团队体育联赛运作成功的必要条件。
- 对于职业团队体育联赛和俱乐部来说,比赛的电视转播权的出售变成了越来越重要的收入来源。

在我们分析英国和欧洲大陆的情形时,有必要将这些美国职业团队体育经济学中的关键点铭记心中。

在我们离开北美场景之前,另有一点值得记叙。这一点是克朗普顿(1998c)提出的:

> 各城市不会先用公款建造摩天大厦然后再把它们免费送给IBM或是Telecom,纵使这些企业有可能对社区产生积极的经济影响。然而,在美国,各城市确实是用公款为职业美式足球队和棒球队建造体育场、为职业冰球队和篮球队建造体育馆,然后把这些体育场和体育馆拱手送给握有这些球队所有权的百万富翁们。在各城市普遍经历着财政危机和基础设施老化的前提下,这样的"乐善好施"就显得特别醒目。

1997年,上述四项职业联赛中共有113家主要的职业联赛特许经营企业。在1989—1997年间,其中的31家建起了新的体育场或体育馆;到了1997年,另外39支队伍正在积极寻求新设施,并完成建造新场馆的财政准备,或是正准备迁到新的主场(诺尔和茨姆巴利斯特,1997)。所有这些新场馆都是用公款建造的,或是分文租金未收地交给了俱乐部所有者,或是以与实际应收费用相差甚远的很小数额的名义租金租给了各俱乐部。这些设施并不便宜。一个标准冰球或篮球场馆的建造成本在1.5亿美元左右，而一个标准的美式足球和棒球场地的建造成本则接近2.5亿美元。

当地政府向以利润最大化为目标的体育企业拨入巨款的理由是，当比赛在这些场馆举行时，那些被比赛吸引而来的观众的消费将使当地企业受益。

关于这一点我们在第十章已进行过分析。现在，我们先只简单地指出，以利润最大化为目标的企业能从当地政府获得这么大笔的拨款是不常见的。美国各城市积极为职业团队体育俱乐部建造新场馆的现象的另一个显著作用是事实上鼓励了这些队伍在城市间流动，而流动的前提是被选择城市提供的待遇最为优厚。正如我们即将看到的那样，这一点与欧洲的情形非常不同。

英格兰职业足球经济学

直到20世纪80年代晚期，前文描述过的美国职业团队体育模式似乎与英格兰主要的职业团队体育即足球的运作还没有什么关系。很多的研究都讨论过英国与北美在职业团队体育方面的众多差异。

差异中的一个重要方面就是俱乐部的目标。在北美，利润最大化是俱乐部无可置疑的目标。诺尔（1974）得出的结论是："没有证据能够表明俱乐部所有者中的绝大多数经营俱乐部的最大动机是利润之外的其他考虑。"

但在20世纪90年代以前，相似的判断在英国足球或是英国的其他职业团队体育中是不成立的。在关于职业足球的PEP报告

（1966）中，有关职业足球俱乐部的目标是这样写的："通过足球比赛的方式提供娱乐。目标不是利润最大化，而是在不负债的前提下努力获胜。"

斯隆（1971）认为功效最大化是大多数（英国）俱乐部的目标。他认为，俱乐部的支持者和管理者把获胜作为俱乐部的终极目标，他们愿意为了获胜而不是为了任何金钱形式的奖励而花费金钱。他的理论是俱乐部在财务能力和保安能力允许的情况下为了实现功效最大化而奋斗。

怀斯曼（1977）认为俱乐部管理者的动机与第九章中讨论过的赞助商的动机不会有太大的不同：

> 俱乐部的管理者自己往往就是狂热的体育迷，参与本身就是对他们的爱好的一种奖励。当然，慈善不是全部。管理者们被给予球场中的最佳位置、董事会会议室的免费招待以及与相同身份的同行结交的机会。在这种社会和商业交往之外，俱乐部管理者的身份（特别是俱乐部主席的身份）可以充分显示一个男人的社会地位和当地声望之高及其事业的成功。

怀斯曼继而认为，当利润不是目标时，对于比赛胜利的追求可以带来更高的上座率，因而也就带来了更多的收入。这一点似乎暗示利润最大化和功效最大化可以产生同样的预期效果。然而，斯隆认为功效最大化目标的预期效果与利润最大化目标的预期效果会非常不同。他援引罗滕贝格（1956）的话，进一步阐明自己的观点。罗滕贝格认为追求利润最大化的俱乐部不一定愿意追求最大化的获胜率。

> 不应该想当然地认为富有的球队必然会组建最强大的阵容……

球队总是追求其收入与成本之间差别的最大化。如果说通过组建一支阵容不如联赛中其他队的阵容强大的队伍但却能使这个收入成本差最大化的话，那么，任何一支球队都会愿意选择不强大的阵容并在比赛中甘居人后。

但这种"甘居人后"的现象是不可能发生在功效最大化的目标下的。不过，也实在是很难想象，在英超联赛中一个俱乐部怎么可能通过这种行为来实现利润最大化。确实有不少俱乐部构建了"实力较差的阵容"，因为它们有意识地出售它们的明星球员来增加收入。但这样做的结果可能是联赛降级、上座率下跌和利润减少（或者更有可能的是更大的亏损）。凯恩斯（1983）得出这样的结论："我们能否在原则上实证性地区别功效最大化行为和利润最大化行为，这一点现在还不清楚。"

不管俱乐部的目标到底是什么，现实是20世纪90年代以前，对于大多数俱乐部而言，他们既没能实现利润最大化目标也没能实现功效最大化目标。图11.1显示了自1948—1949赛季4130万观众人次的巅峰后联赛观众人次的长时间的持续下跌。除了1966年英格兰队获得足球世界杯后的短暂复苏外，观众人次持续下跌，直到1985—1986赛季的1600万人次的最低点。1985年5月是英格兰职业足球的最低谷，在这个月，由于布拉德福德市足球俱乐部的老式木制看台起火，造成55人死亡，超过200人受伤。几个星期之后，一个15岁的男孩在利兹联队和伯明翰队的球迷斗殴中丧生。1985年5月30日，在布鲁塞尔的海瑟尔球场举行的欧洲杯决赛中，利物浦球迷将尤文图斯球迷围堵在球场墙下，墙塌了，人们被压在倒塌的墙下，最终导致38名尤文图斯球迷丧生。结果是所有的英格兰俱乐部都被禁止参加欧洲的比赛。

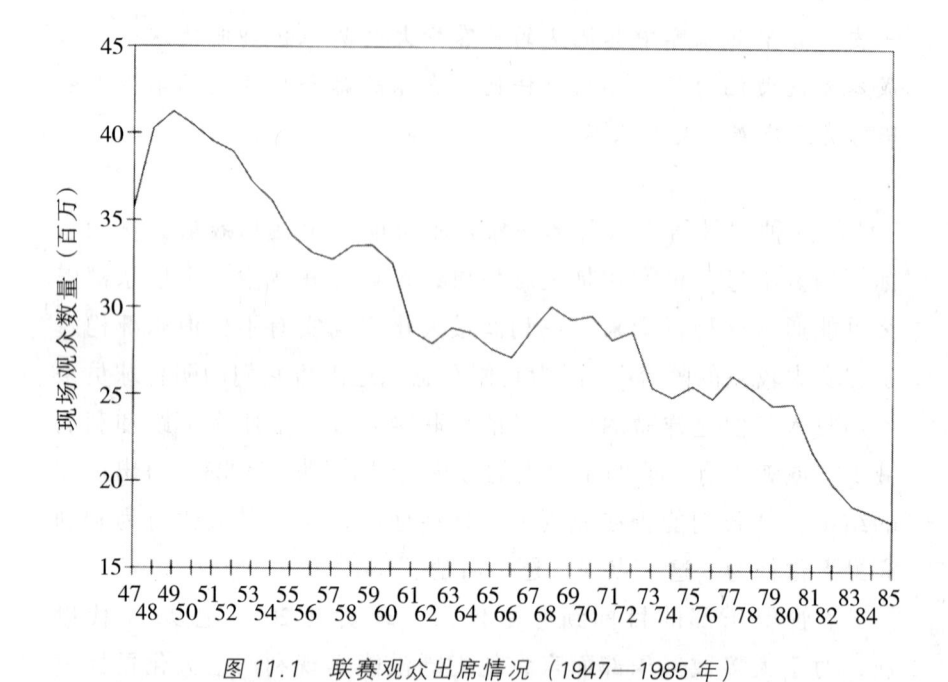

图 11.1 联赛观众出席情况（1947—1985 年）

克里奇尔（1985）表示了对于英格兰足球生存前景的担忧：

> 毫无疑问，足球会在英国文化中以这样或那样的一种形式生存下来。它仍将在那些传统的工人阶级男性文化占主导地位的地区显示力量……或许，足球属于工业化的早期阶段，但在后工业化社会里却显得无足轻重。

然而，1985 年也成为了英格兰足球长期衰退的终点。从那以后，观众人次稳步回升（图 11.2），几家主要的俱乐部的收入也开始上升。很难解释为什么在 20 世纪 80 年代中期，观众人次长期下跌的趋势会突然改变,因为在20世纪80年代结束前,即1989年的英足总杯半决赛中又发生了希尔斯堡惨案,有96人丧生,这似乎应该是对英格兰足球的又一个致命打击。不过,要解释为什么进入20世纪90年代以后英格兰职业足球经济学变得健康了起来,这倒是很容易的。

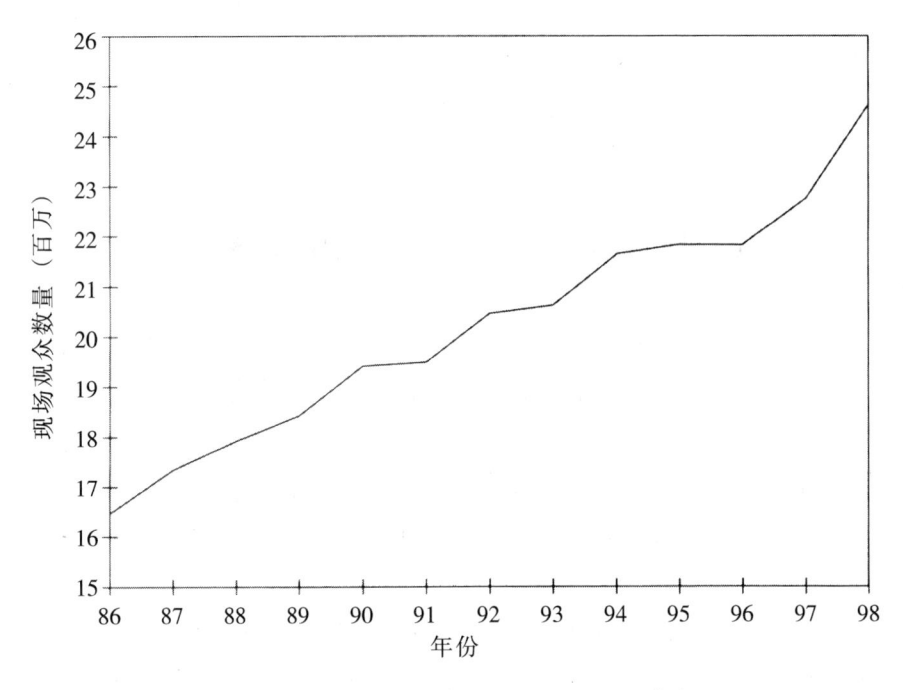

图 11.2 联赛出席情况(1986—1996年)

这里有多方面的原因。首先,作为希尔斯堡惨案的直接后果,泰勒报告(1990)建议所有的顶级足球俱乐部的球场在1994—1995赛季之前,必须改造为全座式看台。这使得20世纪90年代的前四年见证了英国足球在20世纪规模最大的一次场地投资。其次，22家顶级俱乐部告别了原来的足球联赛，并于1992年8月15日开始参加新的英足总"卡领"超级联赛。再次，一些俱乐部进入股票市场，成为了对持股人负有明确责任的公司，并在敏感的商业领域内运作（如追求利润最大化）。1995年以前，只有四家俱乐部，即米尔沃、普莱斯顿、托特纳姆热刺和曼彻斯特联队试图走股份制的道路，结果只有曼联队成功了。1995年和1996年更多的俱乐部效仿曼联，在1996年足球俱乐部股票绝对是股市热门。

不过，英格兰职业足球的最大的变化还是其电视转播权费在俱乐部收入的重要性日益增加。

足球比赛电视转播权出售带来的收入激升

表11.1给出的是1983—1997年间足球电视转播合同的历史。1983年，足球联赛比赛被首次现场直播。1997年，天空卫视以6.7亿英镑的价格买断了英超联赛4年的电视转播权。1983—1985年和1986—1988年的两笔交易是BBC和ITV合作转播，1983—1985年间的年电视转播权费为260万英镑，1986—1988年间的年转播权费用略有增长，变成了310万英镑。

足球比赛电视转播权费的大幅度上升始于1988—1992年ITV独家转播比赛的努力。ITV为此开出了每年1100万英镑的天价，并把其每年现场直播的足球比赛场数增加到了18场。1992年，天空卫视像ITV一样，又一次将足球比赛电视转播费上提了250%，它以每年3800万英镑的价格获得了60场比赛的电视转播权。1997年，天空卫视再次谈判电视转播权费时，又把每年的转播权费上提了337%（垄断和合并委员会，1999）。

表 11.1　联赛现场转播权的花费（1983—1997 年）

	开始合同年份					
	1983	1985	1986	1988	1992	1997
合同年限	2	0.5	2	4	5	4
电视台	BBC/ITV	BBC	BBC/ITV	ITV	BSkyB	BSkyB
转播费（百万英镑）	5.2	1.3	6.2	44	191.5	670
年转播费（百万英镑）*	2.6	2.6	3.1	11	38.3	167.5
每季现场赛事数	10	6	14	18	60	60
每场赛事的转播费	0.26	0.43	0.22	0.61	0.64	2.79

资料来源：垄断和合并委员会（1990）。

* 在合同中转播权费被分为若干年的费用，曾经每年都有变化。例如，为 1992 年英超联赛签订的合同中规定 1992—1993 赛季的转播费为 355 万英镑；1993—1994 赛季的转播费为 375 万英镑；最后三年每个赛季的转播费至少 395 万英镑。当前的四年英超联赛转播权合同的费用是，获得转播权时即支付 50 万英镑；1997—1998 赛季转播费为 1350 万英镑，1998—1999 赛季转播费为 1450 万英镑；1999—2000 赛季转播费为 1600 万英镑；2000—2001 赛季转播费为 1800 万英镑。

表 11.2 给出了 1992—1998 年间英超联赛对电视转播权费在俱乐部之间的分配。从中不难看出，五大巨头，即曼联、阿森纳、利物浦、切尔西和利兹，在这段时间内获得了电视转播权总收入的 30%，这与美国职业团队体育的收入平分制形成了鲜明的对比。

值得注意的另一点是，通过出售电视转播权而获得的收入的绝大部分分配给了英超联赛中的各俱乐部。在 1998—1999 赛季，只有不到 14% 的电视转播权收入分配给了其他的与足球有关的组织，这样的相关组织主要是足球联赛、职业足球运动员协会和足球资金组织。在 1998—1999 赛季，从英超联赛共计 1.68 亿英镑的电视转播权收入中，各种青年发展计划总共收到了 20 万英镑，英格兰足球学校只收到了 2.5 万英镑（垄断和合并委员会，1999）。

表 11.2 英超俱乐部部分得电视转播费一览表（1992—1993 赛季至 1997—1998 赛季）

俱乐部	1992—1993	1993—1994	1994—1995	1995—1996	1996—1997	1997—1998	1992—1993到1997—1998
阿森纳	4.83	5.30	4.19	5.54	6.85	7.52	6.31
曼彻斯特联队	6.85	7.24	7.42	7.81	7.58	7.38	7.41
利物浦	5.66	5.30	5.71	6.49	6.95	6.79	6.42
切尔西	4.68	3.75	4.31	4.53	5.59	6.45	5.37
利兹联队	4.17	5.83	5.08	4.47	4.71	5.82	5.18
布莱克本流浪者	5.78	6.82	6.86	5.25	4.44	5.61	5.58
阿斯顿维拉	6.44	4.81	3.78	5.81	5.49	5.20	5.26
西汉姆联队	-	4.06	4.39	5.18	4.52	5.01	4.26
德比郡	-	-	-	-	4.38	4.95	2.78
纽卡斯尔联队	-	5.82	5.29	8.11	6.76	4.73	5.26
考文垂城市	3.84	4.42	4.11	3.87	3.71	4.66	4.19
莱切斯特城	-	-	3.24	-	4.73	4.61	3.09
托特纳姆热刺	4.84	4.56	4.95	5.68	5.24	4.52	4.89
南安普顿	3.55	3.34	4.35	3.74	3.85	4.38	4.00
埃弗顿	4.08	3.63	3.87	5.54	4.21	4.25	4.25
温布尔登	3.96	4.82	4.24	3.84	5.31	4.00	4.39
博尔顿流浪者	-	-	-	3.09	-	3.82	1.69
谢菲尔德星期三	4.58	4.89	4.43	3.94	4.99	3.61	4.27
水晶宫	3.32	-	3.34	-	-	3.37	1.89
巴恩斯利	-	-	-	-	-	3.30	1.18
其他	33.48	25.40	20.42	17.11	10.70	0.00	12.31
	35.25	36.05	39.59	38.27	83.04	129.11	361.32

资料来源：垄断和合并委员会（1999）。

表 11.3 显示了电视转播权收入对于英超俱乐部的重要性。尽管在 1996—1997 赛季，曼联队分到的电视转播权收入仅次于阿森纳队，但与其他英超俱乐部相比，电视转播权收入在曼联的总收入中所有的比例是最小的。表 11.4 显示了英超各俱乐部收入组成的巨大差异。曼联队在 1996—1997 赛季收入最高，为 8800 万英镑，是排名第二的纽卡斯尔联队 4100 万英镑收入的两倍还多。

表 11.3　BSkyB 转播超级联赛税收的比例（1996—1997 年）

温布尔登	42.3%
南安普顿	34.6%
德比郡	34.0%
谢菲尔德星期三	28.9%
布莱克本流浪者	25.8%
考文垂城市	25.1%
西汉姆联队	24.6%
莱切斯特城	22.7%
桑德兰	22.3%
阿森纳	20.9%
阿斯顿维拉	20.6%
切尔西	19.6%
诺丁汉森林	19.3%
埃弗顿	18.5%
利兹联队	17.9%
托特纳姆热刺	15.6%
利物浦	14.7%
米德尔斯堡	13.8%
纽卡斯尔联队	13.6%
曼彻斯特联队	7.2%
总计（百万英镑）	83.0%

资料来源：垄断和合并委员会根据德勤会计公司的数据推算而来。

表 11.4 转会费税收（1996—1997 年和 1992—1993 年）

	1992—1993年税收(百万英镑)	1992—1993年(%)	1996—1997年税收(百万英镑)	1996—1997年(%)	税收增长(%)
曼彻斯特联队	25177	13.6	87939	19.0	249.3
纽卡斯尔联队	8743	4.7	41134	8.9	370.5
利物浦	17496	9.4	39153	8.4	123.8
托特纳姆热刺	16594	9.0	27874	6.0	68.0
阿森纳	15342	8.3	27158	5.9	77.0
切尔西	7891	4.3	23729	5.1	200.1
米德尔斯堡	3968	2.1	22502	4.9	467.1
阿斯顿维拉	10175	5.5	22079	4.8	117.0
利兹联队	13324	7.2	21785	4.7	63.5
埃弗顿	7994	4.3	18882	4.1	136.2
莱切斯特城	4775	2.6	17320	3.7	262.7
西汉姆联队	6571	3.5	15256	3.3	132.2
诺丁汉森林	7651	4.1	14435	3.1	88.7
谢菲尔德星期三	12806	6.9	14335	3.1	11.9
布莱克本流浪者	6305	3.4	14302	3.1	126.8
桑德兰	3806	2.1	13415	2.9	252.5
考文垂城市	4592	2.5	12265	2.6	167.1
德比郡	4183	2.3	10738	2.3	156.7
温布尔登	3556	1.9	10410	2.2	192.7
南安普顿	4307	2.3	9238	2.0	114.5
总计	185256	100.00	463949	100.00	150.4

资料来源：垄断和合并委员会根据德勤会计公司的数据推算而来。

1996—1997 赛季英超俱乐部中收入最少的是南安普顿队，为 920 万英镑，温布尔登队排名倒数第二。不过，从表 11.3 可知，温布尔登队的收入中电视转播权收入占 42.3%，居各队之首，南安普顿队的电视转播权收入占总收入的34.6%，位于第二位。而曼联队却以电视转播权收入仅占总收入的7.2%而在表11.3中垫底，虽然1996—1997赛季曼联在所有英超俱乐部中门票收入最高（3000万英镑），但门票收入也只占曼联总收入的34%而已。赞助和广告收入占曼联总收入的13%，会议和餐饮服务收入占6%，"相关产品销售及其他"收入占了33%，几乎与门票收入相等。

电视转播权出售带来的收入上的巨大增加是影响英超俱乐部经济状况的最重要的因素。不过，在足球联赛中的俱乐部只分到了这笔钱的极少部分，很多俱乐部自20世纪80年代起，就没有赚什么钱。尽管天空卫视最近花了1.25亿英镑买断了足球联赛5年的比赛转播权。顶级足球比赛电视转播权费用的飞涨，加大了俱乐部之间的贫富差距。英超各俱乐部每个赛季从电视转播权收入中至少分到800万英镑左右，而英甲联赛中的俱乐部只能分到50万英镑。

美国模式和英国职业团队体育

英超联赛在20世纪90年代的不断发展，俱乐部在股市上的沉浮，加上体育赞助、相关产品销售和电视转播权费用的大幅度增加，使得一些评论家认为，英国足球以及其他职业团队体育不断加深的商业化程度证明美国模式已经被引入了英国的职业团队体育。

当然，与20世纪80年代的状况相比，20世纪90年代的英国职业体育与美国职业体育有更多的相似之处。如我们已经指出的那样，在20世纪70年代和80年代的很多研究文献的重点均在揭示美国职业体育与英国职业体育在目标上的不同，利润最大化被认为是美国职业体育的目标，而追求获胜率最大化或是"功效最大化"被认为是英国和欧洲大陆其他国家职业体育的目标。

当很多英超俱乐部、一些足球联赛俱乐部和苏格兰的足球俱乐部纷纷进入伦敦股票交易市场或是另类投资市场后，上述状况发生了巨大的变化。1998—1999赛季，7家英超俱乐部（阿斯顿维拉、利兹联队、莱切斯特城、曼联、纽卡斯尔联队、南安普顿和托特纳姆热刺队）在伦敦股市报价，另有3家英超俱乐部（查尔顿竞技队、切尔西乡村队和诺丁汉森林队）在另类投资市场报价。此外，有5家级别较低的俱乐部（博尔顿流浪者队）、米德罗西安心队、米尔沃队、谢菲尔德联队和桑德兰队）在伦敦股市报价，还有5家级别较低的俱乐部（伯明翰城队、希尔提克队、罗夫图斯路队（QPR/黄蜂队）、普莱斯顿北端队、西布罗姆维奇·阿尔本队）在另类投资市场上报价。在这20家报价俱乐部中，只有曼联（1991）、米尔沃（1989）和托特纳姆热刺队（1983）三家是在1995年以前就曾进入投资市场的（蒂罗埃特和图什，1998）。因此，英国足球俱乐部（特别是英超俱乐部）在财务管理上的新发展显然是在加强俱乐部商业活动的管理方面。进入股市自然意味着俱乐部的目标中利润变得日益重要。事实证明，在20世纪90年代，一些俱乐部的利润的确得到了惊人的提高。

下面一段来自蒂罗埃特和图什（1998）对于1996—1997赛季俱乐部财务状况的研究的引文说明，重要的英超俱乐部获得了更多的利润，但同时，英超俱乐部与足球联赛俱乐部之间的贫富差距在加大：

英超联赛的营业额上升了34%，英甲联赛的营业额上升了

26%，英乙联赛的营业额上升了 32%，但英丙联赛的营业额下降了 1%。现在英超联赛的收入占足球总收入的 68.7%……英超排名前五位的俱乐部（曼联、纽卡斯尔联队、阿森纳、利物浦和阿斯顿维拉）的总营业额超过了足球联赛所有 72 个俱乐部营业额的总和……

蒂罗埃特和图什的报告继而指出，1996—1997 赛季所有英超俱乐部的总利润为 8600 万英镑，而 1995—1996 赛季时，其总利润为 5200 万英镑。在足球联赛的各级联赛中，所有俱乐部的总利润少于总成本，因此是净亏损状态。

这一证据表明，英超联赛至少在某些方面已经开始呈现出美国职业团队体育的某些特征，由于赞助的不断增加、相关产品的销售和比赛电视转播权的出售，英超联赛获得了更多的利润。不过，美国模式与英国职业足球的一个关键差异在于英国没有在参赛俱乐部数量和比赛场次上像美国那样进行严格的限制。美国的全国美式足球联赛在 2.6 亿人口的基础上拥有 30 支队伍。而英国则在 5600 万人口的基础上拥有英超和足球联赛俱乐部共计 92 个位于英格兰和威尔士，另外还有 40 个苏格兰足球俱乐部。

在美国，职业球队全年只打 3 个月的比赛，且每周只赛 1 场，而英国足球赛季是从 8 月开始，到下一年 5 月才结束。此外，对于绝大多数的美国职业体育队来说，国际比赛，无论是以国家队名义参赛还是以俱乐部名义参赛都不重要。而足球的世界杯和欧锦赛则意味着，每隔两年，6 月就成为国际比赛月，在这样的年份，7 月要进行这两项大赛的资格赛。在这样漫长的赛季中，俱乐部常常是每周赛两场。1999 年，欧洲冠军联赛重组后，事实上又进一步增加了欧洲主要的足球俱乐部的比赛数量。

此外，英国职业足球还与美国职业体育模式有两点明显的不同。首先，无论是英超联赛还是足球联赛，都没有像美国模式那样为保证赛果的不确定性而采取限制竞争、收入平分和工资封顶等措施。在美国的全国美式足球联赛中，联赛中90%的收入在各俱乐部之间平分，门票收入则按主客队6：4的比例分账。而在英超联赛和足球联赛中，主队从来都是获得全部的主场门票收入。这显然对那些拥有比较大的体育场和比较多的球迷的俱乐部更有利。即便在英超联赛中，评论家们普遍认为俱乐部事实上还是存在着2~3个不同等级间的差别的，因为只有极少的几家富有的俱乐部真正拥有夺取联赛冠军或其他重要头衔的现实机会，而另一部分俱乐部总是在排名榜上位于中段，还有一部分俱乐部则总是为保级而挣扎，这部分俱乐部中另有一小部分又总是在英超和英甲之间沉浮起落（蒂罗埃特和图什，1998）。

英国职业足球与美国模式的一个主要不同是英国职业足球联赛不重视其维持竞赛均衡性的作用。绿湾队作为一个小城队伍近年来在美国联赛中的成功，证明保证竞赛均衡性的措施确实可以使较小的俱乐部球队同样有可能获得成功。绿湾队的成功如果"换算"到英国职业足球联赛中，就相当于维尔港队夺得了英超联赛冠军或是英足总杯，在英国职业足球当前的经济氛围下，这几乎是不可想象的。

英国和美国在职业团队体育经济学方面的第二个显著不同还没有被充分地认识到，从长远来看，它对英国职业团队体育的经济健康性的潜在威胁比任何一个我们已经提到的因素都要大。

英国的主要职业团队体育已步美国的后尘，其比赛的电视转播权费用飞速上升。但是美国的电视机构竞争美国全国美式足球联赛的电视转播权时的动机，与默多克拥有40%股份的天空卫视竞争英超联赛的电视转播权时的动机是明显不同的。美国的电视机构竞争全国美式足球联赛的转播权是因为该比赛对于电视机构赢得市场份额极为重要，还因为在转播美式足球比赛期间电视台的广告收入会大幅度上升。而天空卫视竞争英超联赛的电视转播权是为了增加其收费频道的收视费收入。

在美国场景中，俱乐部、电视机构、联赛、做广告的企业和赞助企业的目标是可以达成一致的，因为它们追求的都是在国内最大规模的观众面前获得最高的曝光度。而在英国，电视机构的目标（收视费最大化）与联赛、俱乐部、做广告的企业和主赞助商的目标（曝光度最大化）是矛盾的。在某种程度上，这个矛盾的缓解，是因为BBC播出《当日比赛》节目，这个节目集中了比赛当日英超联赛中的高潮和进球，同时ITV还播出欧洲冠军联赛的比赛，该比赛的收视率在1998—1999赛季中是所有体育节目中最高的。通过天空卫视收看英超比赛的电视观众一般在100万~200万之间，只有极少数比赛的电视观众超过200万。而《当日比赛》节目的电视观众平均为600万，且经常性地超过1000万。1999年5月，ITV直播曼联对德国拜仁慕尼黑队的比赛时，吸引了1560万电视观众（高峰时段电视观众多达1880万）。

尽管英国的职业足球通过努力尽量避免了因天空卫视获得比赛电视转播权而造成的曝光度下降的负面影响，英国的其他职业团队体育，特别是橄榄球联赛和橄榄球联盟的比赛，却没能处理好这方面的关系。这两项联赛，均于1996年在足球英超联赛的成功鼓舞下，与天空卫视签订了由天空卫视独家转播其比赛的合同。其中橄榄球联赛还对其比赛建构动了大手术，特别建立了在夏天而不是在冬天进行比赛的超级联赛，以配合默多克的让英国、澳大利亚和新西兰三国俱乐部一同参赛的"世界橄榄球俱乐部超级联赛"。然而,英国的橄榄球联赛的电视观众量,却从以前比赛由 BBC《体育大看台》节目播出时的 250 万~350 万,下跌到了天空卫视播出比赛时的 10 万~20 万。这意味着这项联赛的曝光率和市场推广能力的严重下降。

相似地,橄榄球联盟的有英格兰队参加的国际比赛在 BBC 播出时,电视观众人数可达 400 万,但由天空卫视播出比赛后,电视观众人数下跌到了 50 万。六国巡回赛期间,尽管 ITV 会在天空卫视直播比赛之后播出一个综述当日比赛精彩片段的节目,但英格兰队在 6 个参赛队中是吸引电视观众最少的队伍。这种状况造成这些联赛对青年观众的吸引力的影响极大,因而对这些联赛未来的健康发展投下了深重的阴影。

结 论

早在关于体育的其他领域的经济学研究被承认之前,职业团队体育经济学已经是应用经济学中一个被承认的研究领域。这种"优越性"缘于团队体育经济学的奇特性质和联赛通过限制竞争以保证竞赛均衡性和赛果的不确定性的特殊需要。

英国在这一领域的研究晚于美国,而且主要集中在研究英国职业团队体育与北美职业体育的不同之处,特别是俱乐部所有者的不同目标。

到了 20 世纪 90 年代,对于英国顶级的团队体育特别是足球英超联赛来说,这种不同变得模糊起来。不过,主要的英超俱乐部和主要的美国全国美式足球联赛俱乐部的个体目标的日益接近,并没能使英国职业体育在其他方面也向美国职业团队体育靠拢。两者之间最大的不同在于,英国职业团队体育联赛中没有收入平分制度，也没有对联赛总曝光程度的限制。而这样做的结果是联赛中的少数俱乐部获得了大部分利润而不是联赛整体实现了利润最大化。这一模式也反映在其他欧洲国家的职业体育中，与美国模式最接近的应该是新建构的欧洲冠军联赛，该联赛中有更多的俱乐部实力相当，收入分配更加平均，并且通过免费电视获得了更高的曝光度。

第十二章

体育和转播

引 言

前面三章的内容分别强调了电视转播对于体育赞助、重大体育赛事和职业团队体育的重要性。所有针对体育赛事的或是针对体育团队的重大赞助,都须在赛事或队伍保证广泛电视报道的基础上才能实现。那些能够保证吸引最多的电视观众的赛事或队伍才能以最高的价格吸引最多的赞助商。我们前面已经谈到了奥运会、足球世界杯以及美国的"超级碗"杯比赛。从前三章的分析中,我们可以得出这样的结论,即电视转播权的出售在体育赞助、重大体育赛事和职业团队体育的经济意义中占有越来越重要的地位。

不过,前面三章在谈到电视转播时,考察的是其在体育市场的三个不同部分中的作用。在本章,我们考察的是体育对电视转播市场的作用。我们试图定义电视转播市场并考察体育对这个市场的作用,然后,我们将分析体育市场与电视转播市场之间的互动关系。1999 年《垄断和合并委员会报告》的发表,使得我们的研究变得相对容易了一些。该报告的分析对象是英国天空广播电视集团股份有限公司与曼彻斯特联队股份有限公司的建议合并案。该报告是迄今为止对英国的体育与电视转播市场之间关系的最具综合性的分析，并为本章提供了研究基础。必然地，对于天空卫视与曼联的个案研究也是本章的一个显著特点。不过，我们首先要简要回顾一下体育与电视关系的历史。

体育与转播的历史

前面三章强调了近来电视对体育的影响力越来越强，特别是当大量的电视转播权费用进入体育领域后。不过，霍特（1989）认为，体育和转播之间向来有着密切的联系：

事实上，20世纪对体育的发展起到最大作用的要素是转播，先是电台转播，之后是电视转播。在1926—1939年之间，电台收听许可证的数量从2份飞升到800万份。到第二次世界大战时，71%的英国家庭拥有一台无线电收音机。第一场被转播的体育赛事，是根据《每日邮报》的建议在1922年进行的基德·刘易斯与乔治·卡彭铁尔之间的拳击比赛。BBC认为体育是重要的、好的娱乐形式，尽管那时拳击比赛并没有完全得到政府的批准。当时BBC的新任董事长认为，推广体育就像推广基督教教义一样重要。里思绝对是维多利亚时代中学校长的最佳接班人，在他的指挥下，BBC很快就打造了一系列的体育节目，由于当时BBC独霸英国广播业，BBC的体育节目自然就有着在全国范围内的巨大影响力。一些重大的体育赛事就像"阵亡将士纪念日"那样也成了进行爱国主义教育的重要"时刻"，温网的观众甚至高唱《与我同在》。用瑞斯的话说，就是这些体育赛事给了英国人民在表达神圣的民族情感的集会和庆典中平等地展现自我的机会。板球考查赛、橄榄球国际赛、德比赛马和英足总杯决赛，都是当时的热门体育赛事。每年在两所古老的大学之间进行的划船比赛则是伦敦的大事之一，很多家庭会到泰晤士河两岸观看比赛，并穿着他们支持的队伍的服装。但是在 BBC 把划船比赛纳入其"英国赛事"名单之前，这一划船赛并不是一件举国关注的大事。"瞧瞧它是怎么变成一件大事的吧"，一位布里斯托尔的听众评论说，"过去我们都没听说过这个划船赛，可现在呢，对很多人来说，这成了一件不能错过的事情了"。1939 年 BBC 的一次听众调查显示，70% 的听众收听了划船比赛的转播，51% 的听众收听了拳击比赛的转播，50% 的听众收听了足球比赛的转播，50% 的听众收听了板球比赛的转播。足球和拳击比赛的收听率不出所料，因为它们一向是工人阶级喜爱的项目；但温布尔登网球赛居然也获得了 34% 的收听率，这清楚地表明，小资情调的体育项目的号召力也在加强。

英国的第一场电视体育比赛转播是在 1937 年 6 月进行的，播出了 25 分钟的温网男单比赛。1938 年 4 月 9 日，BBC 播出了世界上第一场电视直播的足球比赛，那是在英格兰队和苏格兰队之间进行的比赛。几个星期之后，在 4 月 30 日那天，BBC 首次电视直播了英足总杯决赛，决赛是在胡德斯菲尔德镇队与普莱斯顿北端队之间进行的（巴尼特，1990）。

然而，尽管这些赛事从电视转播的意义上讲是前所未有的创举，但当时拥有电视机的人太少了，因而这些赛事的电视转播没有造成全国性的影响。如霍特评论的那样："在 20 世纪 50 年代早期，拥有电视机的家庭只占 10%。可到了 20 世纪 60 年代，却只有 10% 的家庭没有电视机了。"

在这一时期，BBC 用体育赛事（特别是足球赛事）来鼓励 20 世纪 50 年代的工薪阶层购买或租用电视机，BBC 的口号是："当他们在电视上议论大赛的时候，你非得保持沉默吗？"（霍特，1989）。

所以，天空卫视并不是英国第一家通过提供独家的足球或其他体育比赛来赚取收视费的广播电视机构，不同之处只是在于 BBC 收取的是收视许可证费罢了。

在这一时期，BBC 垄断了英国所有的体育赛事的电视转播，并形成了一个全年的体育赛事转播时间表，从 1 月份的五国橄榄球联盟国际巡回赛开始，接下来是牛津剑桥的划船赛、全国越野障碍大赛马、橄榄球联赛挑战杯决赛、英足总杯决赛、德比赛马、板球考查赛、温布尔登网球赛和高尔夫球公开锦标赛。

惠恩奈尔（1992）认为，BBC 播出如此众多的体育赛事是有其经济原因的。他指出，二战后早期，在体育赛事的电视转播权的出售上买卖双方的市场地位是不平等的：

BBC 在电视转播领域的主宰地位，决定了其凌驾于体育组织之上的主宰权。在 1955 年独立电视台 ITV 建立之前，BBC 是体育赛事作为一种商品的唯一买家，而提供体育赛事的卖家却有很多。这些卖家，也就是各个体育组织，很少能够为了共同的利益而团结在一起。那时的英国电视体育市场是买方市场……

BBC 与其他组织谈判时，坚持其对事件的报道权与报社的报道权是相似的。因此，BBC 支付的费用是"设备费"，是对因其报道事件而给事件组织者带来的不便的一种补偿而已，而不被视为电视转播权费用……

在紧随二战之后的那个时期，BBC 试图形成一个二十五几郎的付费标准。这一点成了 BBC 与体育组织之间争论的焦点。BBC

坚持作为一种"设备费",这笔付费包括了对于因安置摄像机而占用的赛场座位的补偿,BBC不再支付其他的额外补偿。

然而,在20世纪50年代,随着时间的推移,这一政策越来越难以维持。1955年,ITV的建立摧毁了BBC在市场买方的垄断地位,并导致转播付费的上升。但是,BBC依然继续保持了在体育赛事电视转播领域的主导地位。

霍特为BBC的这种主导地位提供了一种可能的解释:

在英国,电视体育的表现方式在很多方面都崇尚并追随"业余主义"的理想。除了英足总杯决赛以外,独立电视频道集中报道星期六下午的娱乐,如赛马和摔跤,而不播出高尔夫球或板球比赛。目前,ITV的体育预算在1400万英镑左右,"如果与报纸地位作对比,BBC相当于《每日电讯》,我们则像是《每日镜报》,甚至是《太阳报》。"ITV体育节目的负责人说。BBC体育节目的负责人则表示,BBC作为一个历史悠久的全国性机构,"(我们)不会从一种纯商业的观点出发去报道生活"。历史上,BBC在与MCC、全英俱乐部委员会和四个橄榄球联盟的绅士业余运动选手们谈判时就占有优势地位。"温网一向对我们非常优待,我从未试图掩盖我的这种想法。"1952年BBC的室外赛事转播主任这样写道:"我认为这是一项业余体育运动对待一个'国营服务机构'的优惠政策。"很早以前政府就规定,某些"全国性"赛事的合同不可使任何一方占有垄断优势,但这个规定事实上保证了BBC的垄断特权。因为只有在独立的电视台也能播出体育赛事的情况下,广告收入才有可能最大化。

在解释缘何ITV未能在20世纪50年代和60年代对BBC形

成强有力的挑战时,惠恩奈尔(1992)给出了三个原因。首先,BBC已经建立起了领先优势。在室外赛事转播方面,BBC已经积累了丰富的经验,因此具有了竞争中的优势。而且当时BBC已经与很多体育组织签订了长期的独家转播赛事的合同。

其次,ITV的地域性结构意味着没有一家单独的公司可以吸引足够的电视观众,从而使其在室外赛事转播中所需设备的投资合理化,或是使其为获得独家转播权而出高价竞标的策略合理化:

与BBC竞争,需要各公司之间联合起来,这在当时是很难做到的。因为ITV电视网才刚刚以特别委员会的形式初具雏形……如果各公司像他们联手建起独立电视新闻集团(ITN)那样联手建立一个电视体育集团的话,ITV的体育可能会处于一个更有力的地位。(惠恩奈,1992)

第三,在20世纪50年代,人们还没有清楚地认识到体育是收视率的保证。

霍特指出,BBC在历史上领先ITV的优势,事实上形成了市场准入的障碍。BBC在多个体育项目上的评论员,如拳击方面的哈里·卡彭特、橄榄球联赛方面的埃迪·华林、足球和田径方面的大卫·科尔曼、板球方面的约翰·阿罗特和布莱恩·约翰斯顿,都是家喻户晓的名字,他们的声音已变成体育赛事的一部分,这一点ITV是难以与BBC竞争的。

此外,尽管因ITV的介入而使体育比赛的电视转播权费用有所上升,但当时转播体育比赛依然还是很便宜的,因此,BBC还享有经济上的优势。惠恩奈指出,20世纪60年代早期,《体育大看台》节目每小时的制作成本为2000英镑,而当时在演播室制作一小时节目的成本是 3000 英镑：

　　重要的橄榄球比赛的成本是 2500 英镑，板球考查赛每天的成本是 1600 英镑，顶级的跳跃障碍赛马每天的成本为 1200 英镑，田径比赛的成本是 2000 英镑或更少，而温网更便宜，每天成本才 600 英镑。

　　从 1960 年国际传媒报道罗马奥运会开始，电视体育的报道量在 20 世纪 60 年代大幅度增加。1966 年，当世界杯足球赛决赛英格兰对西德（联邦德国）的比赛把全国人民都吸引到电视机前时，体育在电视上的威力尽显无余。直到今天，那场决赛的画面还经常性地在英国播出，而 BBC 的喜剧性体育问答节目——《他们认为一切都结束了》，干脆就是以那场决赛中 BBC 的电视评论员肯尼斯·沃森霍姆的原话为节目名称，沃森霍姆是在吉奥夫·赫斯特为英格兰队攻入第四个球并为英格兰队锁定胜利后说这句话的。

　　凯什摩尔（1996）也用这场决赛为例来说明电视报道是如何在赛后的长达数年而不是数周的关于英格兰队的第三个进球是否真的越过球门线的议论中被反复引用的：

　　正是在这场比赛中，摄像机之于肉眼的优势被充分地认知了。这场比赛中，英格兰队的第三个进球仿佛是送给电视的礼物。球击中了西德队球门横梁的下边，在球重新弹回赛场之前，似乎有一瞬间它已经越过了球门线。如果说整个球身已经越过了球门线，那么这就是一粒进球。裁判员认为这是一个进球，德国人则认为不是。摄像机先是将动作放慢，然后定格，再翻转角度，却依然无法肯定地判断出球是不是已经越过了球门线。于是争论越来越激烈,那个镜头也就被一次又一次地重播。

1964年,BBC第二套节目的创建对于ITV来说又是一次竞争上的打击,因为这使得BBC在转播那些持续时间特别长的赛事(比如板球考察赛、温网和主要的斯诺克比赛)时有了特别大的优势。巴尼特(1990)在分析BBC2的创建是如何提升BBC的竞争优势时说:

> 在一天的比赛过程中,将转播从BBC1转到BBC2,这就使得有一个频道可以保持正常的节目时间表,这样BBC就避免了让那些对于体育赛事没有特殊兴趣的观众感到不悦,同时又对体育迷们尽到了自己的责任。对于单一频道的公共电视广播机构来说,长达6个小时的板球赛、高尔夫球赛,或者是斯诺克比赛的电视直播是难以维持的,对于单一的商业频道也是不划算的。得益于两个频道的报道的灵活性,BBC不仅让多数的体育迷满意了,也让其他的收视许可证持有人满意了,同样重要的是,BBC还通过转播完整的比赛而向主要的体育组织表示了其合作的诚意。

在20世纪60年代和70年代,ITV的确试图在足球的电视转播上与BBC相抗衡。1964年,"BBC推出了英国足球报道方面的标志性节目、每星期六晚上的电视节目压轴大戏:汇集了当天足球比赛精彩高潮的《当日比赛》。"(巴尼特,1990)。作为回应,1968—1969赛季ITV推出了每星期日下午的《大赛》节目。《大赛》节目很受欢迎,但是如巴尼特指出的那样,ITV的地域性结构使得其观众人数有限,因为《大赛》从未在格林那达、约克郡或是英国电视中心地带播出过。在那个时期，英足总杯决赛由 BBC 和 ITV 两家同时直播，但 BBC 的观众人数是 ITV 的观众人数的两倍。

整个 20 世纪 70 年代，足球比赛的电视转播是由 BBC、ITV 与足球联赛和英足总之间的谈判结果来决定的，惠恩奈尔将那个时期称为"BBC 和 ITV 分享足球的舒适的旧时代"。1979 年，ITV 又进行了一个打破 BBC 在体育赛事转播上的主宰地位的努力，像巴尼特描述的那样：

1979 年，和平不再。ITV 决心从此改写其在足球比赛转播方面长期屈居 BBC 之后的历史。在节目总监迈克尔·格瑞德的领导下，ITV 决定打乱 BBC 的计划，争取获得足球联赛的独家电视转播权。如果在合作精神指导下不能击败 BBC 的话，那么，这个合作精神就不得不牺牲掉。在 BBC 完全不知情的情况下，ITV 和足球联赛签字成交了，并向毫无疑心的公众宣布了交易的结果，接着自然是一片大乱。由于合同是完全合法的，使得 ITV 享有了独家转播英格兰足球联赛的权利，从某种程度上说，将一个全国性的电视机构排除在转播全国性体育赛事的活动之外，是不公平的竞争。抗议发表了，幕后活动也在紧张地进行，就连公平交易办公室也被要求介入。这在美国早已是电视体育领域司空见惯的事情，到了英国，却引发了愤怒的强烈反应，这个反应之强是 ITV 无法承受的。布罗姆利（ITV 体育部主任）说："最后，我们不得不承认，我们没法维持这个交易。"

在这次努力失败后，直到 20 世纪 80 年代后期，ITV 才重又成为 BBC 在足球比赛电视转播上的严重威胁。在购买 1988 年和 1992 年期间的足球比赛电视转播权时，ITV 把价格抬高了 250%，并最终击败BBC获得了独家转播权。

在此之前，当1982年第四频道开始转型时，体育与电视转播之间的关系发生了新的变化。第四频道在转播英国的重大体育赛事方面没有能力与BBC和ITV竞争。于是它选择播放外国体育赛事，比如美式足球、篮球和相扑。如惠恩奈尔指出的那样，第四频道是头一个教育其观众如何理解和欣赏这些体育比赛的英国电视台，而此前的英国电视只不过把这些体育赛事当做异国情调来对待罢了。在第四频道发展的早期，美式足球和相扑在吸引新观众方面特别成功。第四频道还引入了对环法自行车赛的逐天报道，同时，再次耐心地花时间向其观众解释环法赛的关键阶段有哪些。在20世纪90年代，第四频道每星期日下午的意大利足球比赛直播吸引了200万~300万的电视观众。

巴尼特分析了为什么第四频道的办法还使得节目成本比较低廉。1986—1987年间，第四频道作了一个所有节目的成本分析，发现体育节目的成本比除电影和卡通片以外的所有其他的节目的成本都低。尽管巴尼特对体育节目每小时平均成本这个概念本身持批评态度，因为这个概念掩盖了巨大的个体差异，但他还是认为第四频道的美式足球节目的每小时成本正是当时第四频道体育节目的精华所在：

尽管后来又进行了大量的编辑、组装、采访和预测等工作，这些节目的核心部分还是由美国电视网提供的比赛画面和评论组成。因此成本中的大部分，大约占2/3的样子，是用于在美国和英国进行的编辑过程中的。每周两期、每期75分钟的节目成本是30000英镑，其概念意义上的每小时预算为12000英镑。

与此相对应的，是电视剧每小时42000英镑的成本，新闻每小时37200英镑的成本，以及对当前时势报道的每小时33700英镑的成本。第四频道进入了体育赛事转播市场，并提供了全新的体育赛事菜单。同时，第四频道精明地运用了体育赛事转播的古怪经济学，特别是将复制外国电视机构的体育节目的廉价转变成了自身的经济优势。

不过，英国体育赛事转播领域发生巨变还是在天空卫视进入视线之后，其大动作是竞标1992—1997年的英超联赛的电视转播权。天空卫视的所有者早已习惯了美国那边对于体育比赛电视转播权的更为激烈的竞争，因此，天空卫视所做的不过就是把先前被人为压低的英国足球比赛的电视转播权费用提高了而已。

不过，体育之于天空卫视的经济重要性，远比体育之于BBC的重要性要大得多。BBC的收入来自收视许可证费用，并且负有向全国观众提供内容丰富的节目以满足"全国观众的需要"的责任。这当然包括重要的体育节目，因为体育在英国文化和历史中都有着重要的位置。但是，BBC永远也不可能把其收入的30%全都投入到体育节目中去，就好像天空卫视所做的那样，因为一旦如此，BBC作为公共服务机构就会被认为所提供的服务不均衡。

天空卫视则不必考虑这些。体育对天空卫视来说，意味着高利润和破产之间的区别。大多数财务分析专家认为天空卫视的股票价格严重依赖于其对体育比赛电视转播权的掌握。正是这种对于体育的依赖性，使得天空卫视在1999年向世界上商业运作最为成功的俱乐部——曼联俱乐部提出了价值6.25亿英镑的收购计划。在我们对这个收购计划做细节分析之前，我们需要先对天空卫视在其中操作的电视转播市场下一个定义。

电视转播市场

《垄断和合并委员会报告》（1999）将电视转播市场纵向地划分为四个层面：

1. 电视转播权的供给。比如体育赛事和音乐演出等。这些权利的所有者一般不参与该行业其他层面上的运作。

2. 节目的供给。节目制作人有时需要购买制作这些节目的权利，特别是电影和体育，节目的供给人可能参与也可能不参与其他层面的运作。

3. 在批发层面上的频道的供给。频道供给者将节目成批地在其频道中播出，他们也可能分销或零售自己的频道，也可能把频道批发给其他的付费电视零售商，或者是两者兼营。

4. 针对收视人的频道的分销和零售。在引入数码电视以后，现在共有5个分销平台：模拟地面发送、数码地面发送、模拟卫星发送、数码卫星发送和模拟有线发送。数码有线发送预期很快也能实现。

在英国，电视频道或由BBC和ITV这样的"免费"电视台提供，或由需交收视会员费的有线台或卫星台提供。BBC、ITV、第四频道和第五频道是所有交纳了电视收视许可证费用的观众都可以收看到的，电视收视许可证费用也是BBC主要的收入来源。ITV、第四频道和第五频道则通过广告和其他商业活动获得收入。有线台、卫星台和数码台则通过收视会员费和广告获得收入。当观众支付了主要频道（特别是体育频道和电影频道）的收视费用后，其他一些频道会作为奖励免费附送给观众。

282 体育休闲经济学

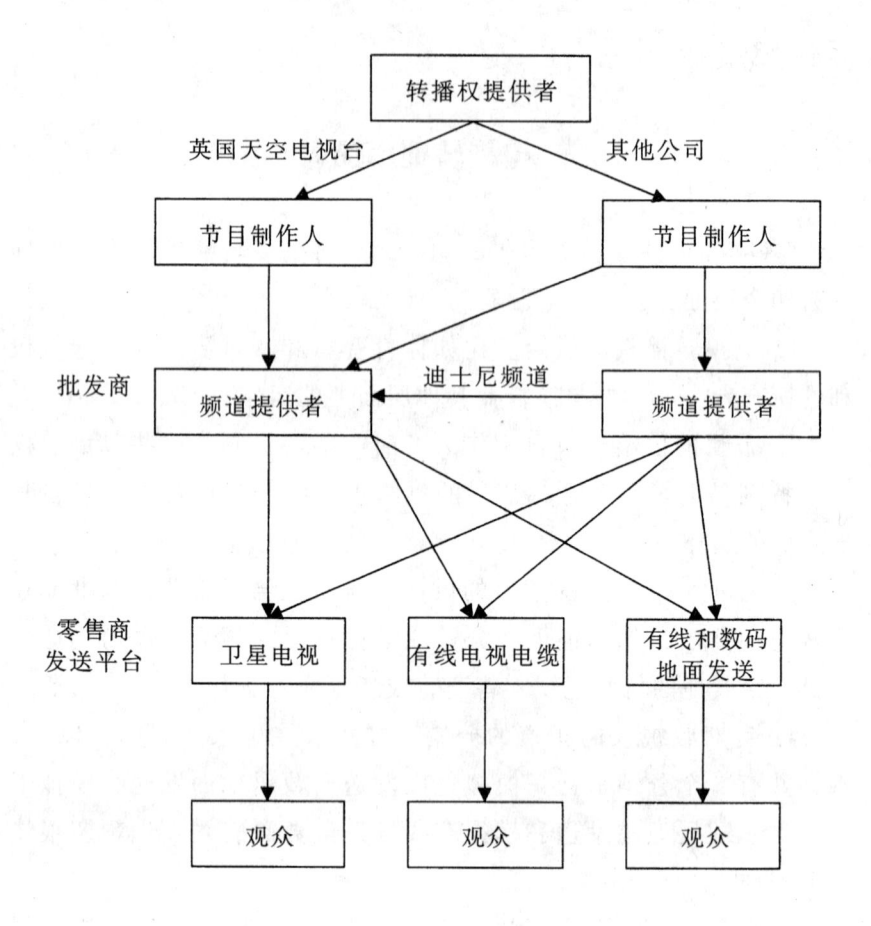

图 12.1　付费电视供给链条

为了理解上述四个层面的关系，让我们来看一看主要的收费电视台——天空卫视是如何运作的。图 12.1 显示了供给链条的不同层面和天空卫视在其中的作用。垄断和合并委员会（1999）这样描述这个供给链条：

这一链条始于转播权供给者，他们把转播权卖给节目制作人，节目制作人是链条的第二层。之后频道供给者把节目放入频道。比如，英超联赛把播放英超联赛比赛的权利卖给了天空卫视，天空卫视又把这些比赛安排在天空卫视体育一台播出。频道供给者向零售商批发频道，零售商再通过特殊的发送平台将频道零售给收视者。比如，天空卫视体育一台是由零售商 NTL 和其他的有线公司通过有线发送平台零售给收视者，或是由零售商天空卫视广播有限公司通过卫星发送平台零售给收视者，再或者是由零售商 ON 数码通过数码地面发送平台零售给收视者。

到 1998 年 9 月时，英国共有 330 万卫星电视收视会员和 290 万有线电视收视会员，相对应的是 2300 万个家庭收看模拟地面发送频道。天空卫视的影响力并不仅限于它的 330 万收视会员，如图 12.1 显示的那样，有线和数码地面发送公司（DTT）都从天空卫视那里购买频道，再通过他们自己的平台向其收视会员提供这些频道：

在英国和爱尔兰共和国，天空卫视的总收视会员人数（包括通过有线和 DTT 收看的收视会员）从 1994 年的 390 万增长到了 1998 年的 690 万。其中，增幅最大的是有线会员人数，1998 年通过有线电视收看天空卫视的一个或多个频道的收视会员占总会员数的 49%，而在 1994 年时，这一项仅占总会员数的 35%。（垄断和合并委员会报告，1999）

更为重要的是，天空卫视（作为批发商）在收费电视上提供了几乎所有主要的体育频道（曼联电视和赛马频道除外）。MUTV，即曼联电视为天空卫视、格林那达电视和曼联俱乐部三家共有，每家握有 1/3 的股份。如《垄断和合并委员会报告》评论的那样：

"在批发层面上，天空卫视的主要体育频道几乎将所有的主要体育频道的影像一网打尽了。"

1998年，有270万收视会员收看天空卫视体育台的一个或多个频道。在所有收看天空卫视体育台的会员中，82%的人定期收看足球比赛，47%的人认为足球是天空卫视体育台播出的所有体育比赛中他们唯一喜爱的项目。收视率排在足球之后的是板球，38%的天空卫视收视会员定期收看板球比赛，但只有7%的人认为板球是他们在天空卫视体育台播出的体育项目中的最爱。这些数字来自1996年NOP针对收看卫星电视和有线电视的家庭进行的媒体调查。在这项调查中，观众们还被问到他们付费收看卫星或有线电视的主要原因。49%的人说他们是为了有更多的节目和频道的选择。不过，40%的人把收看体育作为主要原因，其中足球比其他体育项目更多地被提及，如《垄断和合并委员会报告》(1999)指出的那样：

接受调查的人群中有10%认为收看足球比赛是他们付费收看卫星电视和有线电视的主要原因，5%的人干脆指明是为了收看英超比赛。提及任一其他体育项目的接受调查的人的比例均不足1%。

这些结果表明：体育，特别是足球，对付费电视获得收视费有着极为重要的作用。

天空卫视和曼联俱乐部

如第十一章提过的那样，曼联俱乐部是自英超联赛创办至今商业运作最为成功的俱乐部。曼联的营业额是其他任何一家英超俱乐部营业额的两倍以上，而且《垄断和合并委员会报告》还指出，曼联对于天空卫视有着特殊的重要性：

在过去的五个赛季中，天空卫视直播的获得了最高收视率的英超比赛都是有曼联队参加的比赛。在1993—1994赛季，天空卫视直播的排名收视率前四位的英超比赛都有曼联队参加。在1994—1995赛季，收视观众最多的两场比赛都是曼联队的比赛。在1995—1996赛季和1996—1997赛季，收视观众最多的三场比赛中就有两场是曼联队参加的比赛。1997—1998赛季，收视观众最多的三场比赛则全是有曼联队参加的比赛。

自英超联赛于1992—1993赛季创办以来，曼联队不仅是战绩最佳的球队，而且也是经济领域中最成功的球队，他们五次夺得英超联赛冠军，两次名列第二。在这一时期，有三个赛季曼联同时夺得联赛冠军和英足总杯冠军。1999年曼联更成为了第一个在同一赛季一举夺得英超联赛冠军、英足总杯冠军和欧洲冠军联赛冠军三大头衔的英格兰足球俱乐部。

蒂罗埃特和图什论证了曼联是世界上商业运作最成功的足球俱乐部。在这种情形下，欧洲最成功的赢利最多的体育电视机构有收购曼联的想法就不难理解了。问题是，政府为什么要阻止这个收购计划呢？

垄断和合并委员会（1999）在分析天空卫视和曼联的合并案时，认为有两点事关公众利益：一是一旦合并会对电视转播权费用产生影响，二是一旦合并会对足球运动产生影响。

合并对电视转播权竞争的影响

垄断和合并委员会得出了一个重要的结论，即将付费电视和免费电视置于不同的市场是比较合适的做法，在付费电视运作的市场上体育频道和电影频道还应处于明确区分开来的不同的分市场里。

这样做的原因是基于公平交易办公室（1996）和欧洲委员会（1998）对此展开的争论。后者认为将欧洲竞争法应用于体育赛事转播时，相应市场实际上也就是足球赛事的电视转播。公平交易办公室（1996）认为免费电视机构在体育节目方面很难与付费电视机构进行长期有效的竞争，因为：

1. 免费电视的节目容量受到限制，能用于播出体育节目的时间是有限的；而付费电视专门的体育频道却可能在任何时候都提供体育节目给其收视会员。

2. 由于体育节目可以带来丰厚的收视费用，因此，体育节目对于付费电视机构来说，远比它之于免费电视机构更具价值，这使得付费电视机构更有能力支付高额的体育赛事电视转播权费用。

在本章前面的部分里，我们已经清楚地知道，体育比赛电视转播对于免费电视机构有着怎样的经济意义，无论是从节目时间上看还是从观众人数上看，在过去的大部分时间里，体育赛事转播都是相对便宜的制作电视节目的办法。免费电视机构因为节目总时间的限制而不得不对体育节目的时间进行限制，这一点使得免费电视机构难以更多地从转播体育中获利。而专门的体育频道解除了体育节目的时间限制，而且还对此额外收费。正是这些经济事实使得专业体育频道应该位于另一个不同的市场之中。

在英国的专业体育频道市场中，天空卫视已经是垄断霸主了。尽管专业体育频道在20世纪90年代的中晚期获利丰厚，但并没有新的体育频道进入市场，天空卫视控制了足球、橄榄球和其他主要体育赛事的电视转播权，因此，事实上为新的竞争者进入市场设置了障碍。垄断和合并委员会（1999）得出结论：一旦天空卫视与曼联合并，那么，天空卫视将有可能获得其竞争对手无法获得的关于英超出售比赛电视转播权的相关信息，并有可能对英超联赛的比赛电视转播权出售施加其竞争对手无法施加的影响。同时，天空卫视还将因握有英超联赛股份而获益，这将使其在比赛的电视转播权竞标中更具优势。

最后的结论是，一旦天空卫视与曼联合并，天空卫视在专业体育频道市场上业已非常有力的地位还将进一步加强，而对英超联赛电视转播权的竞争却将因此而减弱。垄断和合并委员会还指出，正是基于这样的考虑，他们认为这一合并案将有损公众利益。不过，事关公众利益的还有合并对于足球运动的影响。

合并对于足球运动的影响

合并对于足球运动的影响中事关公众利益的问题是，一旦曼联与天空卫视合并，曼联与其他英超俱乐部之间的贫富差距将进一步拉大，曼联将变得过于强大而使得英超联赛作为一个整体的比赛结果的不确定性下降。

对于曼联来说，夺得欧洲冠军联赛冠军比夺得英超联赛冠军更有价值，这将使英超联赛作为一个联赛的整体价值下降。这种观点显然是建立在上一章中我们讨论过的职业团队体育经济学的基础上的。垄断和合并委员会得出结论：

我们的观点是，合并将导致俱乐部之间财富差距的扩大，而其后果可能是，一些俱乐部的竞争能力受到威胁，甚至最终会加速一些小俱乐部的"死亡"。而这将给英国足球运动的水平带来破坏性的影响。

上面引文倒数第二句话中的"加速"一词的使用表明，目前英超联赛中俱乐部贫富差距已经非常明显，如果曼联与天空卫视合并，就相当于再给那些较穷的俱乐部致命一击。这也就是为什么垄断和合并委员会的反对合并的裁决是建立在合并可能带给广播市场的反面作用的基础上的主要原因。

结　论

在这一章里，我们把前三章探讨过的电视转播对于体育的重要性同体育对于电视转播的重要性放在一起来考察。在第二次世界大战后，整体上说，BBC已经明确地强调了体育对其节目制作的重要性，BBC的初衷是坚信体育在英国文化中占有重要的地位。BBC的看上去相当古怪的体育赛事转播选择（比如牛津剑桥划船赛）确立了英国的大型体育赛事年历。ITV于1955年进入市场，但在20世纪80年代以前它未能在体育赛事转播方面对BBC构成真正的威胁。不久后，天空卫视有效地改变了英国体育比赛电视转播权费用的状况，并成为了欧洲赢利最多的电视机构。

不过，1999年在英国的免费电视台播出的体育节目比此前历史上任何时候都多。BBC的《当日比赛》节目收视率最高时，其观众是天空卫视收视率最高的直播的足球比赛观众的五倍还多。1998年，电视观众最多的直播体育赛事是世界杯中英格兰队对阿根廷队的比赛。1999年，电视观众最多的体育赛事是ITV直播的欧洲冠军杯曼联对拜仁慕尼黑的决赛。在某些方面，天空卫视对于体育比赛电视转播权的竞争使得免费电视台的体育赛事转播水平也上了一个新台阶。

主要参考文献

Allied Dunbar National Fitness Survey (1992) Sports Council and Health Education Authority, London.
Andreff, W. (1994) *The Economic Importance of Sport in Europe: Financing and Economic Impact*, Committee for the Development of Sport, Council of Europe, Strasbourg.
Audit Commission (1989) *Sport for Whom? Clarifying the Local Authority Role in Sport and Recreation*, HMSO, London.
Baade, R. and Dye, R. (1988) 'Sports stadiums and area development: a critical review', *Economic Development Quarterly*, **2**, No. 3, 265–275.
Barclay, Sir P. (1995) *Joseph Rowntree Foundation Inquiry into the Distribution of Income and Wealth in the UK*, Joseph Rowntree Foundation, York.
Barnett, S. (1990) *Games and Sets: The Changing Face of Sport on Television*, British Film Institute, London.
Barrett, J. and Greenaway, R. (1995) *Why Adventure?* Foundation for Outdoor Adventure, Coventry.
BBC (1965) *The People's Activities*, BBC, London.
BBC (1978) *The People's Activities and Use of Time*, BBC, London.
Bean, L. (1995) Ambush marketing: sports sponsorship confusion and the Lanhan Act, *Boston University Law Review*, **75**, 1099.
Becker, G.S. (1964) *Human Capital*, Columbia University Press, New York.
Becker, G.S. (1965) 'A theory of the allocation of time', *Economic Journal*, **75**, 3.
Becker, J.W. (1991) *The End of The Work Society*, Social and Cultural Planning Office, Pijswijk, The Netherlands.
Bianchini, F. (1991) 'Re-imagining the city', *Enterprise and Heritage*, 214–234.
Bramwell, B. (1991) 'Sheffield: tourism planning in an industrial city', *Insights*, March, 23–28.
Bramwell, B. (1995) Event Tourism in Sheffield: A Sustainable Approach to Urban Development? Unpublished paper, Centre for Tourism, Sheffield Hallam University.
British Travel Association/University of Keele (1967) *The Pilot National Recreation Survey*, London and Keele.
Buchanan, J.M. (1965) 'An economic theory of clubs', *Economica*, **32**, 1–14.
Burns, J.P.A., Hatch, J.H. and Mules, F.J. (eds) (1986) *The Adelaide Grand Prix: The Impact of a Special Event*, The Centre for South Australian Economic Studies, Adelaide.
Cairns, J. (1983) *Economic Analysis of League Sports – A Critical Review of the Literature*, University of Aberdeen, Department of Political Economy Discussion Paper No. 83-01, Aberdeen.
Cairns, J., Jennett, N. and Sloane, P.J. (1986) 'The economics of professional team sports: a survey of theory and evidence', *Journal of Economic Studies*, **13**, 1–80.

Cashmore, E. (1996) *Making Sense of Sports*, Routledge, London.
CCPR (1983) *Committee of Enquiry into Sports Sponsorship: 'The Howell Report'*, Central Council for Physical Recreation, London.
Centre for Advanced Studies in the Social Sciences (1995) *The Economic Impact of Sport in Wales*, Sports Council for Wales, Cardiff.
Centre for Leisure Research (1993) The impact of variations in changes on usage levels at local authority sports facilities: economic analysis, *Scottish Sports Council Research Digest*, No. 34, Edinburgh.
Charlesworth, K. (1996) *Are Managers under Stress? A Survey of Management Morale*, Institute of Management Research Report, Sept.
Cicchetti, C.J. (1973) *Forecasting Recreation in the US*, Lexington Books, Lexington, MA.
Cicchetti, C.J., Seneca, J.J. and Davidson, P. (1969) *The Demand and Supply of Outdoor Recreation: An Econometric Analysis*, Bureau of Outdoor Recreation, Washington, DC.
Clifford, M. (1992) Nike Roars, *Far Eastern Economic Review*, Nov.
Coalter, F. (1990) 'Sport and anti-social behaviour', in Long, J. (ed.) *Leisure, Health and Well Being*, Leisure Studies Association, Eastbourne.
Coalter, F. (1993) Sports participation: price or priorities? Leisure Studies, **12**, 171–182.
Coalter, F. (1996) *Sport and Anti-social Behaviour: a Policy-related Review* (SSC research digest no. 41), Scottish Sports Council, Edinburgh.
Coe, S. (1985) *Olympic Review: Preparing for '88*, Sports Council, London.
Commission for Social Justice (1994) *Social Justice: Strategies for National Renewal*, Vintage, London.
Compass (1999) *Sports Participation in Europe*, UK Sport, London.
Coopers and Lybrand (1994) *Preventative Strategy for Young People in Trouble*, Prince's Trust, London.
Council of Europe (1980) *European Sport for All Charter*, Strasbourg.
Council of Europe (1992) *European Sports Charter*, Strasbourg.
Cox, B.D., Blaxter, M., Buckle, A., Fenner, N., Golding, J., Gore, M., Roth, M., Stark, J., Wadsworth, M. and Whitelow, M. (1987) *The Health and Lifestyle Survey*, Health Promotion Research Trust, Cambridge.
Critcher, C. (1985) Professional football in Britain: Reading the signs, in Meijer, E. (ed.), *Everyday Life, Leisure and Culture*, Tilburg University Press, Tilburg, The Netherlands, 141–147.
Critcher, C. (1991) 'Sporting civic pride: Sheffield and the World Student Games of 1991', in *Leisure in the 1990's: Rolling Back the Welfare State*, LSA Conference 1991, LSA Publication No. 46, 193–204, Brighton.
Crompton, J.L. (1996) 'The potential contributions of sports sponsorship in impacting the product adoption process', *Managing Leisure*, **1**, No. 4, 199–212.
Crompton, J.L. (1998a) 'Emergence of the unfair competition issue in United States recreation', *Managing Leisure*, **3**, No. 2, 57–70.
Crompton, J.L. (1998b) 'Ethical challenges and misapplications of economic impact studies undertaken by and for professional sport franchises in the USA', paper given to *Sport in the City*, Sheffield Hallam University, 2–4 July.

Crompton, J.L. (1998c) Analysis of sources of momentum that underlie the investment of local public funds on major sporting facilities and events, paper given to *Sport in the City*, Sheffield Hallam University, 2-4 July.
Csikszentmihalyi, M. (1975) *Beyond Boredom and Anxiety*, Jossey Bass, San Francisco, CA.
Cullis, J.G. and West, P.A. (1979) *The Economics of Health: An Introduction*, Martin Robertson, London.
Culyer, A.J. (1980) *The Political Economy of Social Policy*, Martin Robertson, London.
Daily Telegraph (1996a) Euro 96 nets UK trade surplus, 25 September.
Daily Telegraph (1996b) FA hope UEFA can ease Euro loss, 12 October.
Davis Smith, J. (1998) *The 1997 National Survey of Volunteering*, National Centre for Volunteering, London.
Deloitte & Touche (1998) *Deloitte & Touche Annual Review of Football Finance*, Manchester.
Deloitte & Touche (1999) *20 Richest Clubs in the World*, Manchester.
Department of the Environment (1977) *Policy for Inner Cities*, Cmnd 6845, HMSO, London.
Department of Trade and Industry (1999) Competitiveness Analysis of the UK Sporting Goods Industry, London.
Dobson, N., Holliday, S. and Gratton, C. (1997) *Football Came Home: The Economic Impact of Euro 96*, Leisure Industries Research Centre, Sheffield.
Dower, M., Rapoport, R., Strelitz, Z. and Kew, S. (1981) *Leisure Provision and People's Needs*, HMSO, London.
Durnin, J.V.A. and Pasmore, R. (1967) *Energy, Work and Leisure*, Heinemann, London.
El-Hodiri, M. and Quirk, J. (1971) An economic model of a professional sports league, *Journal of Political Economy*, **79**, 1302–1319.
European Commission (1998) Broadcasting of sports events and competition law, *Competition Policy Newsletter*, 2 June.
Ewart, A. (1983) *Outdoor Adventures and Self-Concept: A Research Analysis*, Centre for Leisure Studies, University of Oregon, Portland, Oregon.
Fentem, P.H. and Bassey, E.J. (1978) *The Case for Exercise*, Sports Council, London.
Fentem, P.H. and Bassey, E.J. (1981) *Exercise: The Facts*, Oxford University Press, London.
Financial Times (1979) A Swag of Sponsors, October.
Fine, B. (1990) *Consumer Behaviour and the Social Sciences: A Critical Review*, Queen Mary College, London.
Fletcher, J.E. (1989) Input–output analysis and tourism impact studies, *Annals of Tourism Research*, **16**, 514–529.
Foley, P. (1991) 'The impact of the World Student Games on Sheffield', *Environment and Planning C: Government and Policy*, **9**, 65–78.
Gershuny, J. (1996) *High Income People Want Less Work*, ESRC Research Centre on Micro-Social Change Working Paper, University of Essex.
Gershuny, J. (1997) Time for the family, *Prospect*, Jan., 56–57.
Gershuny, J.I. (1979) The informal economy: its role in post-industrial society, *Futures*, **12**, No. 1, 3–15.
Gershuny, J.I. and Thomas, G.S. (1980) *Changing Patterns of Time Use*, University of Sussex, Science Policy Research Unit, Brighton.
Getz, D. (1991) *Festivals, Special Events, and Tourism*, Van Nostrand Reinhold, New York.

Gibson, P. (1979) 'Therapeutic aspects of wilderness programmes: a comprehensive literature review', *Therapeutic Recreation Journal*, No. 2.

Glyptis, S. and Jackson, G. (1993) 'Sport and tourism: mutual benefits and future prospects', paper presented at the international Leisure Studies Association conference, *Leisure in Different Worlds*, Loughborough, July.

Gratton, C. (1984) Efficiency and equity aspects of public subsidies to sport and recreation, *Local Government Studies*, **10**, 53–74.

Gratton, C. and Taylor, P.D. (1985) *Sport and Recreation: an Economic Analysis*, E & FN Spon, London.

Gratton, C. and Taylor, P.D. (1991) *Government and the Economics of Sport*, Longman, Harlow.

Gratton, C. and Taylor, P.D. (1994) The impact of variations in charges on usage levels at local authority sports facilities: economic analysis, *Scottish Sports Council Research Digest*, **34**, Edinburgh.

Gratton, C. and Taylor, P. (1995) 'From economic theory to leisure practice via empirics: the case of demand and price', *Leisure Studies*, **14**, 245–261.

Gratton, C. and Taylor, P. (1996) *Economic Benefits of Sport*, SSC research digest no. 44, Scottish Sports Council, Edinburgh.

Gratton, C. and Taylor, P.D. (1997) *Leisure in Britain*, Leisure Publications (Letchworth).

Gratton, C. and Tice, A. (1987) 'Leisure participation, lifestyle and health', paper delivered to the *International Conference on the Future of Adult Life*, Leeuwenhorst Conference Centre, Holland, April.

Gratton, C. and Tice, A. (1989) 'Sports participation and health', *Leisure Studies*, **8**, No. 1, 77–92.

Gratton, C. and Tice, A. (1994) Trends in sports participation in Britain: 1977–1986, *Leisure Studies*, **13**, No. 1, 49–66.

Greene, Belfield-Smith (1996) *The Impact of Euro '96 on Hotels: A Summary of Results*, Deloitte & Touche Consulting Group.

Greenley, D.A., Walsh, R.G. and Young, R.A. (1981) Option value: empirical evidence from a case study of recreation and water quality, *Quarterly Journal of Economics*, **XCVI**, No. 4, 657–673.

Grossman, M. (1972) On the concept of health capital and the demand for health, *Journal of Political Economy*, **80**, No. 2, 223–255.

Hall, C.M. (1992) *Hallmark Tourist Events: Impacts, Management and Planning*, Belhaven Press, London.

Harada, H. (1996) 'Work and leisure in Japan', in Gratton, C. (ed.) *Work, Leisure, and the Quality of Life: A Global Perspective*, Leisure Industries Research Centre, Sheffield.

Head, V. (1982) *Sponsorship: The Newest Marketing Skill*, Woodhead-Faulkner, Cambridge.

Heflebower, R. (1967) 'The theory and effects of non-price competition', in Kuenne, R.E. (ed.) *Monopolistic Competition Studies in Impact*, Wiley, London.

Hendry, L.B., Shucksmith, J., Love, J.G. and Glendinning, A. (1993) *Young People's Leisure and Lifestyles*, Routledge, London.

Henley Centre for Forecasting (1986) *The Economic Impact and Importance of Sport in the UK*, SC study 30, Sports Council, London.

Henley Centre for Forecasting (1989) *The Economic Impact and Importance of Sport in Two Local Areas: Bracknell and the Wirral*, SC study 33, Sports Council, London.

Henley Centre for Forecasting (1990) *The Economic Impact and Importance of Sport in the Welsh Economy*, Sports Council for Wales, Cardiff.

Henley Centre for Forecasting (1992a) *The Economic Impact and Importance of Sport in the UK Economy in 1990*, Sports Council, London.

Henley Centre for Forecasting (1992b) *The Economic Impact and Importance of Sport in the Northern Ireland Economy*, Sports Council for Northern Ireland, Belfast.

Henzler, H. (1992) The new era of Eurocapitalism, *Harvard Business Review*, Jul.–Aug., 57–68.

Holliday, S. (1996) 'Trends in British work and leisure', in Gratton, C. (ed.) *Work, Leisure, and the Quality of Life: A Global Perspective*, Leisure Industries Research Centre, Sheffield.

Holt, R. (1989) *Sport and the British: A Modern History*, Clarendon Press, Oxford.

Hopkins, D. and Putnam, R. (1993) *Personal Growth through Adventure*, David Fulton, London.

Hosseini, H. (1990) The archaic, the obsolete and the mythical in neoclassical economics, *American Journal of Economics and Sociology*, **49**, No. 1, 81–92.

Hughes, H. (1993) 'The role of hallmark event tourism in urban regeneration', paper to the *First International Conference on Investment and Financing in the Tourism Industry*, Jerusalem, May 1993.

Institute of Leisure and Amenity Management (1994) *Purposeful Leisure as an Alternative to Crime and Punishment*, Policy position statement 4, ILAM, Reading.

Investors Chronicle (1996) Euro '96. Shooting for Net Profits, June.

Jones, H. (1989) *The Economic Impact and Importance of Sport: A European Study*, Council of Europe, Strasbourg.

Kalter, R.J. and Gosse, L. (1970) Recreation demand functions and the identification problem, *Journal of Leisure Research*, **12**, 43–53.

Kolah, A. (1999) *Maximising the Value of Sports Sponsorship*, Financial Times Media, London.

Koutsoyiannis, A. (1982) *Non-Price Decisions*, Macmillan, London.

Lancaster, K. (1966) 'A new approach to consumer theory', *Journal of Political Economy*, **74**,132–157.

Law, C.M. (1994) *Urban Tourism: Attracting Visitors to Large Cities*, Mansell, London.

Le Grand, J. (1982) *The Strategy of Equality: Redistribution and the Social Services*, George Allen and Unwin, London.

Leisure Consultants (1992) *Activity Holidays: The Growth Market in Tourism*, Leisure Consultants, London.

Linder, S. (1970) *The Harried Leisure Class*, Columbia University Press, New York.

Long, C. (1993) Sporting link wins marketing results, *The Sunday Times*, 19 Sept.

LIRC (1996) *Valuing Volunteers in UK Sport*, Sports Council, London.

LIRC (1997a) *A Review of the Economic Impact of Sport*, report for the Sports Council, London.

LIRC (1997b) *Economic Impact of Sport in Wales, 1995*, report for the Sports Council, London.

LIRC (1997c) *Economic Impact of Sport in Scotland, 1995*, report for the Sports Council, London.

LIRC (1997d) *Economic Impact of Sport in Northern Ireland, 1995*, report for the Sports Council, London.
Loftman, P. and Spirou, C.S. (1996) 'Sports, stadiums and urban regeneration: the British and United States experience', paper to the conference *Tourism and Culture: Towards the 21st Century*, Durham, September 1996.
Loomis, J.B. and Walsh, R.G. (1997) *Recreation Economic Decisions: Comparing Benefits and Costs*, Venture, Pennsylvania.
Lynn, P. and Davis-Smith, J. (1991) *The 1991 National Survey of Voluntary Activity in the UK*, Volunteer Centre UK, London.
McAuley, A. and Sutton, W.A. (1999) 'In search of a new defender: the threat of ambush marketing in the global sport arena', *Sports Marketing & Sponsorship*, **1**, No. 1, 64–86.
McCarville, R.E. and Crompton, J.L. (1987) An empirical investigation of the influence of information on reference prices for public swimming pools, *Journal of Leisure Research*, **19**, 223–235.
McCarville, R.E., Crompton, J.L. and Sell, J.A. (1993) The influence of outcome messages on reference prices, Leisure Sciences, **15**, 115–130.
Mitchell, R.C. and Carson, R.T. (1989) *Using Surveys to Value Public Goods: The Contingent Valuation Method*, Resources for the Future, Washington, DC.
Moller, D. (1983) 'Sponsorship: Tobacco's Deadly New Ingredient', *Readers' Digest*, 121.
Monopolies and Mergers Commission (1999*) British Sky Broadcasting plc and Manchester United PLC: A Report on the Proposed Merger*, The Stationery Office, London.
Morris, J.N., Chave, S.P., Adam, C. et al. (1973) 'Vigorous exercise in leisure time and the incidence of coronary heart disease', *Lancet*, 1, 333–339.
Morris, J.N., Everitt, M.G., Pollard., R., Chave, S.P. and Semmence, A.M. (1980) 'Vigorous exercise in leisure time: protection against coronary heart disease', *Lancet*, 2, 1207–1210.
Morris, J.N., Heady, J.A., Roberts, C.G. and Parks, J.W. (1953) 'Coronary heart disease and physical activity of work', *Lancet* 2, 1111–1120.
Mules, T. and Faulkner, B. (1996) An economic perspective on special events, *Tourism Economics*, **12**, No. 2, 107–117.
Myerscough, J. (1988) *The Economic Importance of the Arts in Britain*, Policy Studies Institute, London.
National Heritage Committee (1995) *Bids to Stage International Sporting Events*, House of Commons, London, HMSO.
Neale, W.C. (1964) The peculiar economics of professional sports, *Quarterly Journal of Economics*, **78**, No. 1, 1–14.
Nicholl, J.P., Coleman, P. and Brazier, J.E. (1994) 'Health and healthcare costs and benefits of exercise', *PharmacoEconomics*, **5**, No. 2, 109–122.
Nicholl, J.P., Coleman, P. and Williams, B.T. (1991) *Injuries in Sport*, Sports Council, London.
Nichols, G. (1994) 'Major issues in evaluation of the impact of outdoor-based experiences, *Journal of Adventure Education and Outdoor Leadership*, **11**, No. 1, 11–14.
Nichols, G.S. and Booth, P. (1999) *Programmes to Reduce Crime and Which are Supported by Local Authority Leisure Departments*, Institute of Sport and Recreation Management, Melton Mowbray.

Nichols, G.S. and Taylor, P.D. (1995) 'A justification of public subsidy of the British Sports Council's National Mountain Centre using a contingent valuation approach', *Journal of Applied Recreation Research*, **20**, No. 4, 235–247.

Nichols, G.S. and Taylor, P.D. (1996) *West Yorkshire Sports Counselling Final Evaluation Report*, West Yorkshire Sports Counselling Association, Wakefield.

Nichols, G.S. and Taylor, P.D. (1998) 'Volunteers: the Sports Council strikes back', *Recreation*, December.

Nishi, M. (1993) Emerging work and leisure time patterns in Japan, in Brent Ritchie, J.R. and Howkins, D.E. (eds), *World Travel and Tourism Review: Indicators, Trends and Issues*, Vol. 3, CAB International, Oxford.

Noll, R.G. (ed.) (1974) *Government and the Sports Business*, Brookings Institution, Washington, DC.

Noll, R. (1988) Professional Basketball, Stanford University Studies in Industrial Economics, Paper no. 144.

Noll, G. and Zimbalist, A. (1997) Build the stadium – create the jobs, in Noll, G. and Zimbalist, A. (eds), *Sports, Jobs and Taxes*, Brookings Institution, Washington, DC, pp. 1–54.

Observer (1984) 'The $ Olympics', 5 February.

Office of Fair Trading (1996) *The Director General's Review of BSkyB's Position in the Wholesale Pay TV Market*, London, December.

Office for National Statistics (1998) *Living in Britain: Results from the 1996 General Household Survey*, The Stationery Office, London.

Office of Population Censuses and Surveys (1976) *The General Household Survey, 1973*, HMSO, London.

Office of Population Censuses and Surveys (1979) *The General Household Survey, 1977*, HMSO, London.

Office of Population Censuses and Surveys (1985) *The General Household Survey, 1983*, HMSO, London.

Office of Population Censuses and Surveys (1989) *The General Household Survey, 1986*, HMSO, London.

Oldenbroom, E.R., Hopstaken, P. and van der Meer, F. (1996) *De nationale bestedingen aan sport*, Stichting voor Economisch Onderzoek der Universiteint Van Amsterdam, Amsterdam.

Olson, M. (1965) *The Logic of Collective Action: Public Goods and the Theory of Groups*, Harvard University Press, Cambridge, MA.

Ono, A. (1991) Working time in Japan: 200 hours longer than in statistics, *Economist*, **B12**, 74–77 (in Japanese).

Owen, J.D. (1979) *Working Hours: An Economic Analysis*, Lexington Books, Lexington, MA.

Paulhus, D. (1983) Sphere-specific measures of perceived control, *Journal of Personality and Social Psychology*, **44**, No. 6, 1253–1265.

PEP (Political and Economic Planning) (1966) 'English professional football', *Planning*, **32**, No. 496.

Pieda (1991) *Sport and the Economy of Scotland*, SSC research report no. 18, Scottish Sports Council, Edinburgh.

Pieda (1994) *Sport and the Northern Regional Economy*, Sports Council Northern Region, Manchester.

Purdy, D.A. and Richard, S.F. (1983) 'Sport and juvenile delinquency: an examination and assessment of four major theories', *Journal of Sport Behaviour*, **6**, No. 4, 179–183.

Quirk, J. and Fort, R.D. (1992) *Pay Dirt: The Business of Professional Team Sports*, Princeton University Press, Princeton, NJ.

Rawls, J. (1971) *A Theory of Justice*, Clarendon Press, Oxford.

Reeves, M. and Jackson, G. (1996) 'Evidencing the sports–tourism interrelationship: a case-study of élite British athletes', paper delivered to the 4th International WLRA Conference, *Free Time and Quality of Life for the 21st Century*, Cardiff, July.

Riiskjaer, S. (1990) 'Economic behaviour and cultural perspectives in voluntary sport', *Sport Science Review*, 13, Jan., 44–51.

Ritchie, J.R.B. and Aitken, C.E. (1984) Assessing the impacts of the 1988 Olympic Winter Games: the research program and initial results, *Journal of Travel Research*, **22**, No. 3, 17–25.

Ritchie, J.R.B. and Aitken, C.E. (1985) 'OLYMPULSE II – evolving resident attitudes towards the 1988 Olympics', *Journal of Travel Research*, **23**, Winter, 28–33.

Ritchie, J.R.B. (1984) 'Assessing the impact of hallmark event: conceptual and research issues', *Journal of Travel Research*, **23**, No. 1, 2–11.

Ritchie, J.R.B. and Lyons, M.M. (1987) 'OLYMPULSE III/IV: a mid term report on resident attitudes concerning the 1988 Olympic Winter Games', *Journal of Travel Research*, **26**, Summer, 18–26.

Ritchie, J.R.B. and Lyons, M.M. (1990) 'OLYMPULSE VI: a post-event assessment of resident reaction to the XV Olympic Winter Games, *Journal of Travel Research*, **28**, No. 3, 14–23.

Ritchie, J.R.B. and Smith, B.H. (1991) The impact of a mega event on host region awareness: a longitudinal study, *Journal of Travel Research*, **30**, No. 1, 3–10.

Roberts, K. and Brodie, D.A. (1992) *Inner-city Sport: Who Plays and What Are the Benefits?* Giordano Bruno, Culemborg, The Netherlands.

Robins, D. (1990) *Sport as Prevention: The Role of Sport in Crime Prevention Programmes Aimed at Young People*, occasional paper 12, Centre for Criminological Research, University of Oxford.

Roche, M. (1992) 'Mega-event planning and citizenship: problems of rationality and democracy in Sheffield's Universiade 1991, *Vrijetijd en Samenleving*, **10**, No. 4, 47–67.

Roche, M. (1994) 'Mega-events and urban policy', *Annals of Tourism Research*, **21**, No. 1.

Rodgers, B. (1977) *Rationalizing Sports Policies; Sport in its Social Context: International Comparisons*, Council of Europe, Strasbourg.

Rodgers, B. (1978) *Rationalizing Sports Policies; Sport in its Social Context: Technical Supplement*, Council of Europe, Strasbourg.

Ross, R. and Fabiano, E. (1985) *Time to Think: A Cognitive Model of Delinquency Prevention and Offender Rehabilitation*, T3 Associates, Ottawa.

Rottenberg, S. (1956) 'The baseball players labour market', *Journal of Political Economy*, **64**, 243–258.

Sandler, T. and Tschirhart, J.T. (1980) 'The economic theory of clubs: an evaluative survey', *Journal of Economic Literature*, **XVIII**, 1481–1521.

Schor, J.B. (1991) *The Overworked American: The Unexpected Decline of Leisure*, Basic Books.
Schor, J.B. (1996) 'Work, time and leisure in the USA', in Gratton, C. (ed.) *Work, Leisure, and the Quality of Life: A Global Perspective*, Leisure Industries Research Centre, Sheffield.
Scitovsky, T. (1976) *The Joyless Economy*, Oxford University Press, New York.
Scitovsky, T. (1981) 'The desire for excitement in modern society', *Kylos*, **34**, 3–13.
Shepherd, R.J. (1990) Sport, physical fitness and the costs of sport, *Science Review*, 13.
Sillitoe, K.K. (1969) *Planning for Leisure*, Government Social Survey, HMSO, London.
Simkins, J. (1980) *Sponsorship 1980/81*, special report no. 86, Economist Intelligence Unit, London.
Skjei, S.S. (1977) Identification in the estimation of recreation demand curves from cross-section data: how important is it?, *Journal of Leisure Research*, **9**, No. 4, 301–309.
Slack, T. and Bentz, L. (1996) 'The involvement of small business in sport sponsorship', *Managing Leisure*, **1**, No. 3, 175–184.
Sloane, P.J. (1971) 'The economics of professional football: the football club as a utility maximiser', *Scottish Journal of Political Economy*, **18**, 121–146.
Sloane, P.J. (1980) *Sport in the Market*, Institute of Economic Affairs, London.
Smith, Y. (1991) 'The World Student Games, Sheffield 1991: an initial appraisal', *Regional Review*, No. 5, 8–10.
Sport England (1999) *Best Value through Sport: A Survey of Sports Halls and Swimming Pools in England*, Sport England, London.
Sports Council Reseach Unit, North West (1990) *Solent Sports Counselling Project: Final Evaluation Report*, Sports Council, London.
Szalai, A. (1972) *The Use of Time*, Mouton, The Hague.
Taylor, P.D. and Foote, C. (1996) *Passport to Leisure Schemes*, Institute of Sport and Recreation Management, Melton Mowbray.
Taylor, P.D. (1993) *The Financing of Excellence in Sport*, Sports Council, London.
Taylor, P.D., Crow, I., Irvine, D. and Nichols, G. (1999) *Demanding Physical Programmes for Young Offenders under Probation Supervision*, Home Office, London.
Taylor, P.D. and Page, K. (1994) *The Financing of Local Authority Sport and Recreation: A Service under Threat?* Institute of Sport and Recreation Management, Melton Mowbray.
Thomas, G.S., Lee, P.R., Franks, S.P. and Paffenbarger, R.S. (1981) *Exercise and Health: The Evidence and the Implications*, Gunn and Hain, Oelgeschlager.
Trujillo, C.M. (1983) 'The effect of weight training and running exercise intervention programmes on the self-esteem of college women', *International Journal of Sports Psychology*, **14**, 162–173.
Turco, D. and Kelsey, C. (1992) *Measuring the Economic Impact of Special Events*, NRPA, Alexandria, VA.
UKTS (1998) *The UK Tourist: Statistics 1997*, English, Scottish, Wales and Northern Ireland Tourist Boards.
Utting, D. (1996) *Reducing Criminality among Young People: A Sample of Relevant Programmes in the United Kingdom*, Home Office Research Study 161, Research and Statistics Directorate, Home Office, London.
Van Puffelen, F., Reijnen, J. and Velthuijsen, J.W. (1988) *De Macro Economische Betekenis*

Van Sport, Stichting voor Economisch Onderzoek der Universiteint Van Amsterdam, Amsterdam.

Vaughan, D.R. (1986) *Estimating the Level of Tourism-Related Employment: An Assessment of Two Non-survey Techniques*, BTA/ETB, London.

Veal, A.J. (1976) *Leisure and Recreation in England and Wales: 1973*, Countryside Commission, Cheltenham.

Veal, A.J. (1981) Using Sports Centres, unpublished report to the Sports Council, London.

Veal, A.J. (1982) 'Planning for leisure: alternative approaches', papers in *Leisure Studies*, No. 5, Polytechnic of North London.

Vickerman, R.W. (1975a) 'Demand and derived demand for recreation', *Hull University Economics Research Papers*, No. 5, Hull.

Vickerman, R.W. (1975b) *The Economics of Leisure and Recreation*, Macmillan, London.

Vickerman, R.W. (1980) 'The new leisure Society: an economic analysis', *Futures*, **12**, 191–199.

The Volunteer Centre UK (1995) *The Economic Value of Volunteering*, research bulletin 1, The Volunteer Centre UK, London.

Vuori, I. and Fentem, P. (1995) *Health: Position Paper*, Council of Europe, Strasbourg.

Weisbrod, B.A. (1968) 'Income redistribution effects and benefit–cost analysis', in Chase, S.B. Jr (ed.) *Problems in Public Expenditure Analysis*, Brookings Institution, Washington, DC.

Weisbrod, B.A. (1978) *The Voluntary Non-Profit Sector*, Lexington Books, Lexington, MA.

Weisbrod, B.A. (1988) *The Non-Profit Economy*, Harvard University Press, Cambridge, MA.

Whannel, G. (1992) *Fields in Vision: Television Sport and Cultural Transformation*, Routledge, London.

Whannel, G. (1996) 'Imported sport on British television: a feast of sport', in Collins, M. (ed.) *Leisure in Industrial and Post-industrial Societies*, Leisure Studies Association, Brighton.

Wilkinson, J. (1994) Using a reconviction predictor to make sense of reconviction rates in the probation service, *British Journal of Social Work*, **24**, No. 4, 461–475.

Willigan, G. (1992) High performance marketing: Nike, *Harvard Business Review*, July/Aug., **70**, No. 4, 90–101.

Wiseman, N.C. (1977) 'The economics of football', *Lloyds Bank Review*, Jan., 29–43.

Young, M. and Willmott, M. (1973) *The Symmetrical Family*, Routledge, London.

版 权 声 明

书名：Economics of Sport and Recreation

作者：Chris Gratton and Peter Taylor

Copyright：©2007 by The Breathe Trust.

All rights reserved. Authorized translation from the English language edition published by Routledge, a member of the Taylor & Francis Group.

图字：01—2005—5908

图书在版编目(CIP)数据

体育休闲经济学/(英)格拉顿,(英)泰勒著;凡红等译.
-北京:人民体育出版社,2009
ISBN 978-7-5009-3595-7

Ⅰ.体… Ⅱ.①格… ②泰… ③凡… Ⅲ.体育经济学
Ⅳ.G80-05

中国版本图书馆 CIP 数据核字(2009)第 016314 号

*

人民体育出版社出版发行
三河兴达印务有限公司印刷
新 华 书 店 经 销

*

787×960 16 开本 19.5 印张 228 千字
2009 年 5 月第 1 版 2009 年 5 月第 1 次印刷
印数:1—3,000 册

*

ISBN 978-7-5009-3595-7
定价:38.00 元

社址:北京市崇文区体育馆路 8 号 (天坛公园东门)
电话:67151482(发行部) 邮编:100061
传真:67151483 邮购:67143708
(购买本社图书,如遇有缺损页可与发行部联系)